诚信为本 操守为重
坚持准则 不做假账

——与学习会计的同学共勉

鉴赏金额不菲题材
投资长本 乐亦长重
收藏长本

——西安金石书画同好荐

"十四五"职业教育国家规划教材

高等职业教育在线开放课程新形态一体化教材

高等职业教育财会类专业 **经典传承 务本维新** 系列教材

会计信息系统

（第六版）

（用友 ERP-U8V10.1 版）

◆主 编 汪 刚
◆副主编 史耀雄

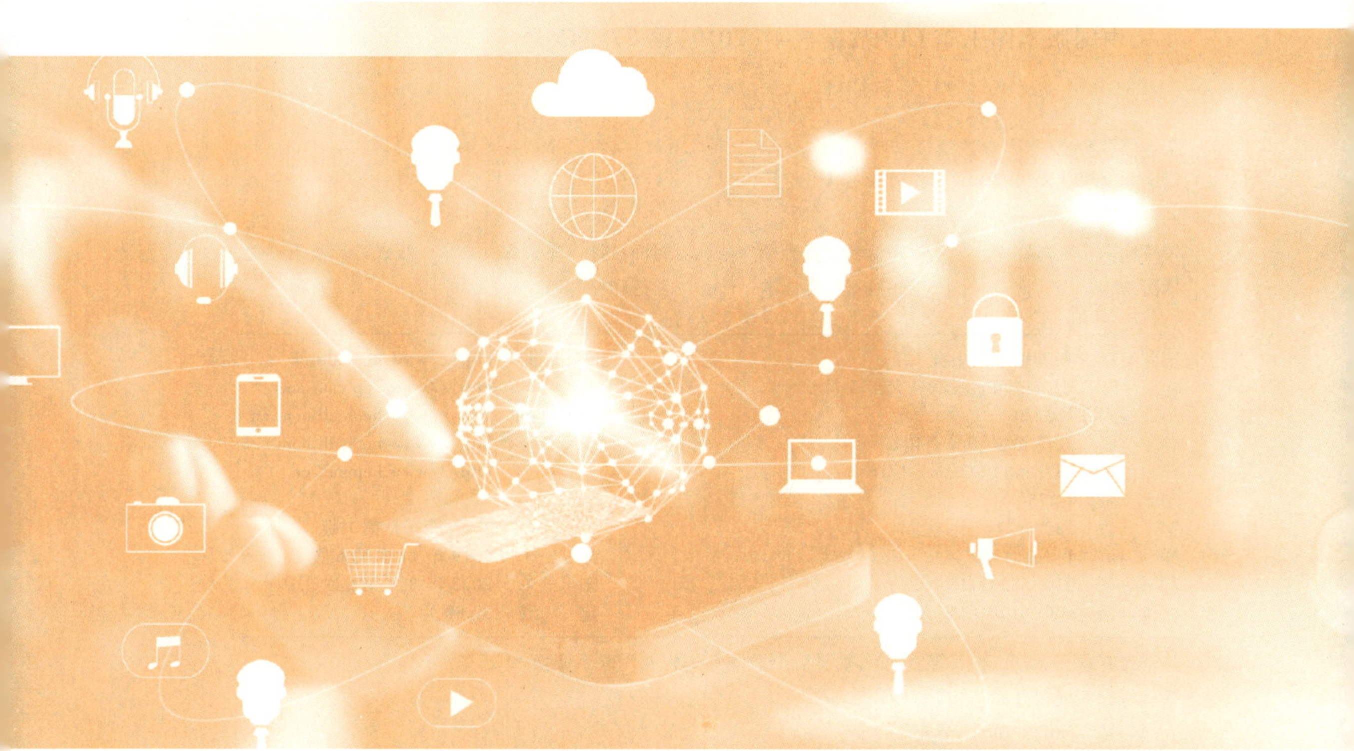

中国教育出版传媒集团
高等教育出版社·北京

内容提要

本书是"十四五"职业教育国家规划教材，也是高等职业教育财会类专业"经典传承 务本维新"系列教材之一。

本书以用友 ERP-U8V10.1 版软件为蓝本，以 2019 年 4 月起施行的最新增值税税率为依据，研究业财融合的会计信息系统，同时也关注"大智移云物"技术下会计信息化的新应用。本书共分 12 章，内容包括会计信息系统导论、系统管理与基础设置、总账管理子系统、UFO 报表子系统、薪资管理子系统、固定资产管理子系统、应收款管理子系统、供应链管理子系统初始化、采购管理子系统、销售管理子系统、库存管理子系统、存货核算子系统。本书结构按五大板块设计（本章学习目标、本章知识导图、知识学习、理解思考、实践应用），内容循序渐进。

本书可与《会计信息系统实验》（第六版）配合使用，通过上机实践环节，加深对会计信息系统应用的理解。

本书适合高等职业教育专科、本科院校及应用型本科院校财务会计类专业及其他相关专业教学使用，也可以作为财务人员及业务人员会计信息系统应用培训和业务学习资料。本书还可作为各类会计职业技能大赛的参考教材。

本书配套开发有教学课件、操作视频、参考答案、实验账套等数字化教学资源，并在智慧职教(www.icve.com.cn)建有数字课程，具体获取方式请见书后"郑重声明"页的资源服务提示。

图书在版编目（CIP）数据

会计信息系统：用友 ERP-U8V10.1 版／汪刚主编. --6 版. --北京：高等教育出版社，2019.11（2023.8 重印）
ISBN 978-7-04-053076-6

Ⅰ.①会… Ⅱ.①汪… Ⅲ.①会计信息-财务管理系统-高等职业教育-教材 Ⅳ.①F232

中国版本图书馆 CIP 数据核字（2019）第 275545 号

会计信息系统（第六版）
KUAIJI XINXI XITONG

策划编辑	武君红	责任编辑	张雅楠	封面设计	李卫青	版式设计	于 婕
插图绘制	于 博	责任校对	高 歌	责任印制	刁 毅		

出版发行	高等教育出版社	网 址	http://www.hep.edu.cn
社 址	北京市西城区德外大街 4 号		http://www.hep.com.cn
邮政编码	100120	网上订购	http://www.hepmall.com.cn
印 刷	天津嘉恒印务有限公司		http://www.hepmall.com
开 本	787mm×1092mm 1/16		http://www.hepmall.cn
印 张	14.75		
字 数	330 千字	版 次	2004 年 6 月第 1 版
插 页	1		2019 年 11 月第 6 版
购书热线	010-58581118	印 次	2023 年 8 月第 6 次印刷
咨询电话	400-810-0598	定 价	39.80 元

本书如有缺页、倒页、脱页等质量问题，请到所购图书销售部门联系调换
版权所有 侵权必究
物料号 53076-B0

"智慧职教"服务指南

"智慧职教"是由高等教育出版社建设和运营的职业教育数字教学资源共建共享平台和在线课程教学服务平台,包括职业教育数字化学习中心平台(www.icve.com.cn)、职教云平台(zjy2.icve.com.cn)和云课堂智慧职教 App。用户在以下任一平台注册账号,均可登录并使用各个平台。

● 职业教育数字化学习中心平台(www.icve.com.cn):为学习者提供本教材配套课程及资源的浏览服务。

登录中心平台,在首页搜索框中搜索"会计信息系统",找到对应作者主持的课程,加入课程参加学习,即可浏览课程资源。

● 职教云(zjy2.icve.com.cn):帮助任课教师对本教材配套课程进行引用、修改,再发布为个性化课程(SPOC)。

1. 登录职教云,在首页单击"申请教材配套课程服务"按钮,在弹出的申请页面填写相关真实信息,申请开通教材配套课程的调用权限。

2. 开通权限后,单击"新增课程"按钮,根据提示设置要构建的个性化课程的基本信息。

3. 进入个性化课程编辑页面,在"课程设计"中"导入"教材配套课程,并根据教学需要进行修改,再发布为个性化课程。

● 云课堂智慧职教 App:帮助任课教师和学生基于新构建的个性化课程开展线上线下混合式、智能化教与学。

1. 在安卓或苹果应用市场,搜索"云课堂智慧职教"App,下载安装。

2. 登录 App,任课教师指导学生加入个性化课程,并利用 App 提供的各类功能,开展课前、课中、课后的教学互动,构建智慧课堂。

"智慧职教"使用帮助及常见问题解答请访问 help.icve.com.cn。

第六版前言

随着"大智移云物"(大数据、人工智能、移动通信、云计算、物联网)等技术的应用推广,会计信息化步入了以规范化、标准化、知识化、智能化、互联化、云化、社会化、产业化为主要标志的第三次浪潮变革时代。会计信息化正朝着业财一体化、处理全程自动化、内外系统集成化、操作终端移动化、处理平台云端化、财务分析智能化等趋势发展。

党的二十大报告指出"加快构建新发展格局,着力推动高质量发展。""建设现代化产业体系,坚持把发展经济的着力点放在实体经济上,推进新型工业化,加快建设制造强国、质量强国、航天强国、交通强国、网络强国、数字中国。"数字中国建设就是要推动国家、政府、企事业单位全面进行数字化转型。企业全面信息化是企业数字化转型的基础,而数字化转型人才的培养是企业数字化转型的保障。

为加强对会计信息化工作的指导和规范,财政部根据《中华人民共和国会计法》颁布了一系列文件,具体包括《财政部关于全面推进我国会计信息化工作的指导意见》《企业会计信息化工作规范》《会计档案管理办法》《会计改革与发展"十四五"规划纲要》《财政部关于全面推进管理会计体系建设的指导意见》《管理会计基本指引》等,这些文件均对会计信息化提出了更高要求。与此同时,各类职业教育技能大赛正如火如荼地开展,会计信息化应用大赛每年都在举办。如何贯彻立德树人根本任务,在培养学生综合职业素养的同时让其掌握更新的会计信息化应用知识与技能,不断提高信息化人才培养质量,服务企业数字化转型,是本书编者不断努力的方向。

本书特色如下:

1. 知识体系全面,业财深度融合

本书采用了基于目标驱动的教材编写模式,目标明确,具有较强的可操作性。本书共分12章。第一章会计信息系统导论;第二章到第十二章分别介绍了系统管理与基础设置、总账管理、报表管理、工资管理、固定资产管理、应收款管理、供应链初始设置、采购管理、销售管理、库存管理、存货核算等内容。

全书结构清晰,内容完整,不仅包含了常用的企业财务链部分,也详细介绍了业务链部分,充分体现了业务财务深度融合的会计信息化发展理念,涵盖了业财一体化会计软件所应具备的大部分内容。本书既可作为各类院校,尤其是高职、中职院校教学用书,也可作为各

类会计信息化大赛的参考教材。

2. 教材结构完整，内容循序渐进

教材按五大板块设计，内容循序渐进。本书每个项目设计成五大板块，体现渐进式内容设计。

板块	特点
本章学习目标	体现每个项目学习后应获得的知识和能力
本章知识导图	通过本章知识导图，掌握本章所学知识的逻辑脉络
知识学习	系统讲述每章的理论知识
思考题	通过回答思考题，使学员对本章内容进一步消化、理解、提升
应用实践	设计了与每章理论知识相匹配的上机实验，上机实验环节提供详细的操作步骤与视频演示，供学员无障碍上机练习、体会与应用。（此部分与《会计信息系统实验》（第六版）教材配套。）

3. 主辅结合使用，突出应用能力培养

本书配套实验教材《会计信息系统实验》（第六版）。在实训应用部分，实验目的明确、实验资料翔实严谨、前后呼应，提供详细的操作步骤与操作视频。学生通过上机练习，能够更扎实地掌握各章内容。

4. 时效性强，内容新颖

本次修订以 2019 年 4 月起施行的 13%、9%的增值税税率及相关最新财税法规为编写依据，同时介绍了"大智移云物"技术下会计信息化的新应用，具有很强的时效性。

5. 教学资源丰富，便教易学

本书配有全新的立体化教学资源，包括教学课件、参考答案、实验账套、操作视频、授课教案、教学软件等。其中教学课件直接与操作视频相链接，无须安装播放软件和教学软件即可使用，极大地方便了教师授课。本书配套开发的电子课件和视频等教学资源也便于教师开启"翻转课堂""微课教学"等新形态教学模式。

本书由北京信息科技大学汪刚任主编，石家庄财经职业学院史耀雄任副主编。

感谢所有使用本书的读者，编者将继续倾听你们的宝贵意见和建议，以便不断地修订完善。由于编者水平有限，书中难免有疏忽及错漏之处，诚挚地希望广大读者给予批评指正。

编者
2023 年 6 月

第一版前言

2002年3月7日,原国家经贸委和信息产业部联合发出《关于大力推进企业管理信息化的指导意见》,对企业管理信息化提出了具体要求"国家重点企业管理信息化的起点要高,步伐要快。到'十五'末期,大多数国家重点企业要基本实现企业管理信息化,制造类企业可以 ERP 应用为主","其他国有大中型企业要努力实现比较完善的财务、营销管理信息化"。这些目标的提出,为我国企业信息化建设吹响了号角。企业信息化建设关键是人才,那么培养我国信息化建设的人才,就成为我们教育工作者义不容辞的责任。会计信息系统作为企业信息化的核心内容,其知识变化发展较快,研究和建立在现代信息技术环境下的会计信息系统是每一个会计专业的学生应掌握的基本技能之一。为了将理论与实践教学环节紧密联系起来,我们编写了《会计信息系统》及与之配套的《会计信息系统实验》两本教材。

本书共分九章。第一章系统而概括地介绍了有关会计信息系统的概念、构成、特点、发展;会计信息系统的总体结构及各个子系统之间的数据传递关系;会计信息系统的实施等。第二至九章分别介绍了系统管理、总账、报表、工资、固定资产、应收款、应付款、购销存等子系统的原理和应用。

本书有以下主要特点:

1. 新颖性

本书紧密结合国内外会计信息系统研究的最新成果,全面系统地介绍了会计信息系统的理论体系。

2. 系统性

本书全面系统地介绍会计信息系统的整体工作流程,内容包括系统管理、企业门户、总账、会计报表、工资管理、固定资产管理、应收款管理、应付款管理、购销存业务等各个子系统,并且详细地介绍了各个子系统间的数据传递关系。

3. 理论联系实际

在介绍会计信息系统的每一个子系统时,我们将其内容分为两个部分:第一个部分是原理部分,介绍每个子系统的功能目标、与其他子系统的关系、数据处理流程、系统总体功能模块结构;第二个部分是应用部分,结合"用友 U8"管理软件来详细讲授各个子系统每个模块的具体功能设计。理论联系实际,激发学生的学习兴趣。

4. 实践性

为了培养学生对"会计信息系统"这门学科的感性认识和实际操作能力，加深对理论的认知，我们配套编写了《会计信息系统实验》，主要用于实践教学，指导学生上机实际操作。为以后走向工作岗位打下好的基础。这两本书相互联系、相互配合，能够较好地完成教学目标。

本书由汪刚、沈银萱共同编写。北京机械工业学院会计系杨闻萍教授对书稿进行了审阅，提出了不少宝贵的意义和建议，在此深表谢意。

本书适用于各类高职高专院校会计及其他财经管理类专业的会计信息系统教学，也适用于本科院校相关专业，同时也可作为在职人员的培训教材。

限于编者的水平，且时间仓促，书中难免存在疏漏和不妥之处，敬请批评指正。

编者

2004 年 3 月

目　录

第一章　会计信息系统导论 ………… 1
第一节　会计信息系统概述 ……… 3
第二节　会计信息系统的功能
　　　　结构 ……………………… 9
第三节　企业会计信息化工作
　　　　规范 ……………………… 12
第四节　会计信息系统的实施
　　　　和运行管理 ……………… 14
第五节　"大智移云物"技术下
　　　　会计信息化新应用 ……… 20
思考题 ……………………………… 27
应用实践 …………………………… 27

第二章　系统管理与基础设置 ………… 29
第一节　系统管理应用基础 ……… 30
第二节　系统管理 ………………… 33
第三节　基础设置 ………………… 43
思考题 ……………………………… 49
应用实践 …………………………… 49

第三章　总账管理子系统 ……………… 51
第一节　总账管理子系统应用
　　　　基础 ……………………… 52
第二节　总账管理子系统初始
　　　　设置 ……………………… 56
第三节　总账管理子系统日常
　　　　业务处理 ………………… 70
第四节　总账管理子系统期末
　　　　处理 ……………………… 83
思考题 ……………………………… 88

应用实践 …………………………… 89

第四章　UFO 报表子系统 …………… 91
第一节　UFO 报表子系统应用
　　　　基础 ……………………… 92
第二节　UFO 报表子系统初始
　　　　设置 ……………………… 97
第三节　UFO 报表子系统日常
　　　　业务处理 ………………… 105
思考题 ……………………………… 108
应用实践 …………………………… 108

第五章　薪资管理子系统 ……………… 109
第一节　薪资管理子系统应用
　　　　基础 ……………………… 110
第二节　薪资管理子系统初始
　　　　设置 ……………………… 113
第三节　薪资管理子系统日常
　　　　及期末处理 ……………… 119
思考题 ……………………………… 124
应用实践 …………………………… 124

第六章　固定资产管理子系统 ……… 125
第一节　固定资产管理子系统
　　　　应用基础 ………………… 126
第二节　固定资产管理子系统
　　　　初始设置 ………………… 128
第三节　固定资产管理子系统
　　　　日常及期末处理 ………… 132
思考题 ……………………………… 138
应用实践 …………………………… 139

第七章　应收款管理子系统 ………… 141

　　第一节　应收款管理子系统
　　　　　　应用基础 …………… 142
　　第二节　应收款管理子系统
　　　　　　初始设置 …………… 145
　　第三节　应收款管理子系统
　　　　　　日常及期末处理 …… 150
　　思考题 ………………………… 157
　　应用实践 ……………………… 157

第八章　供应链管理子系统初始化 …………………… 159

　　第一节　供应链管理子系统
　　　　　　应用基础 …………… 160
　　第二节　供应链管理子系统
　　　　　　初始设置 …………… 162
　　思考题 ………………………… 168
　　应用实践 ……………………… 168

第九章　采购管理子系统 ………… 169

　　第一节　采购管理子系统应用
　　　　　　基础 ………………… 170
　　第二节　采购管理子系统业务
　　　　　　处理 ………………… 172
　　思考题 ………………………… 182
　　应用实践 ……………………… 182

第十章　销售管理子系统 ………… 183

　　第一节　销售管理子系统应用
　　　　　　基础 ………………… 184
　　第二节　销售管理子系统业务
　　　　　　处理 ………………… 186
　　思考题 ………………………… 196
　　应用实践 ……………………… 197

第十一章　库存管理子系统 ……… 199

　　第一节　库存管理子系统应用
　　　　　　基础 ………………… 200
　　第二节　库存管理子系统业务
　　　　　　处理 ………………… 201
　　思考题 ………………………… 207
　　应用实践 ……………………… 207

第十二章　存货核算子系统 ……… 209

　　第一节　存货核算系统应用
　　　　　　基础 ………………… 210
　　第二节　存货核算子系统业务
　　　　　　处理 ………………… 212
　　思考题 ………………………… 217
　　应用实践 ……………………… 217

附录　教学与学习资源一览表 …… 218

参考文献 ……………………………… 219

第一章

会计信息系统导论

【本章学习目标】

知识目标

- 了解会计信息系统的概念、特点、发展历程
- 了解管理信息系统的新发展
- 了解会计信息系统的实施及运行管理
- 明确会计信息系统的分类
- 掌握会计信息系统与手工会计核算的区别
- 掌握会计信息系统的功能结构、应用方案及工作规范
- 了解"大智移云物"技术下会计信息化新应用

能力目标

- 能结合企业实际,确定企业会计信息系统的应用方案

【本章知识导图】

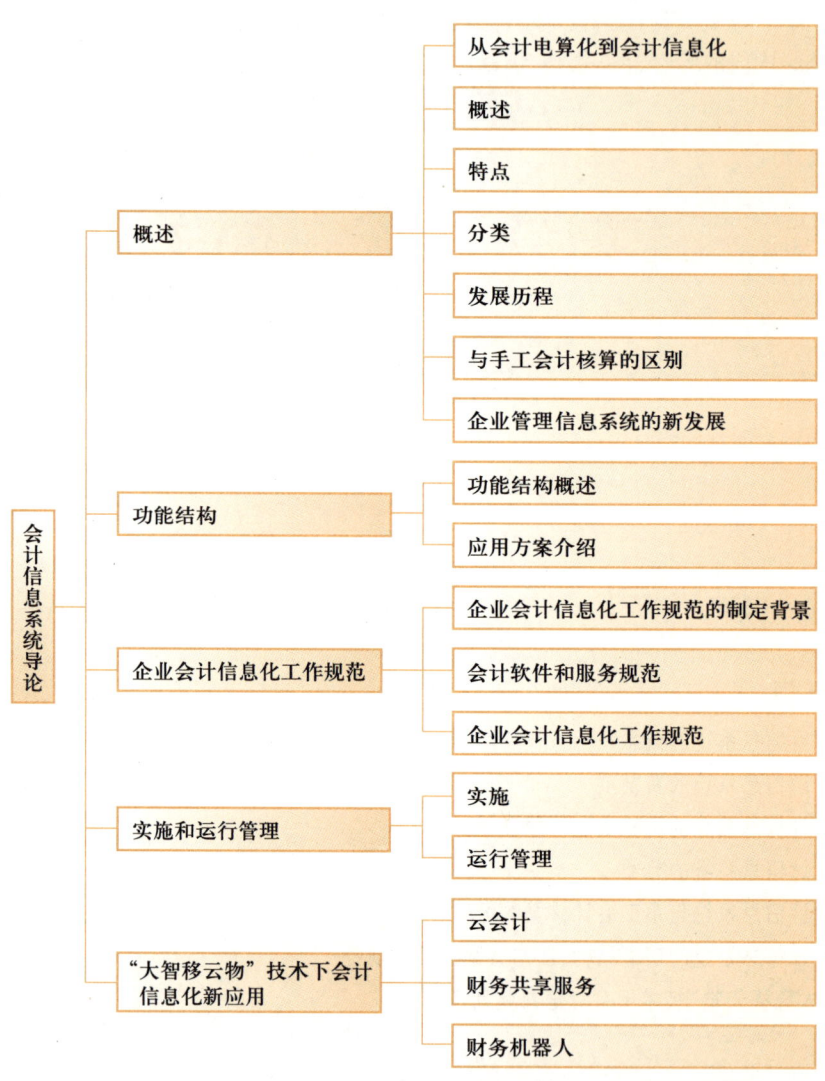

会计信息系统作为一个以提供财务信息为主的信息系统，长期以来在企业的经营管理中起着重要作用。随着现代信息技术的飞速发展，国家制定了以信息化带动工业化，发挥后发优势，实现社会生产力的跨越式发展这一覆盖现代化建设全局的战略方针。在这样的时代背景下，会计工作也急需引入先进技术以提高自身的现代化水平，迎接挑战。因此，以信息技术为基础的会计信息系统被引入会计工作并逐步得到推广、完善。

第一节 会计信息系统概述

20世纪中后期以来各种高新技术如雨后春笋般纷纷涌现,其中最为突出的就是信息技术。目前,信息技术已经成为当代新技术革命最活跃的领域。信息技术是由计算机技术、网络通信技术、传感技术等构成的综合性高新技术,是人类开发和利用信息资源的所有手段的总和。

一、从会计电算化到会计信息化

20世纪50年代初,计算机被一些发达国家应用于会计领域,从而引发了会计处理设备的重大变革。1979年,财政部向作为第一家试点单位的长春第一汽车制造厂拨款500万元人民币,进行会计电算化试点工作,并由此拉开了我国会计电算化工作的序幕。1981年8月,中国人民大学和第一汽车制造厂联合召开了"财务、会计、成本应用电子计算机专题讨论会",正式提出了会计电算化的概念。这次会议也是我国会计电算化理论研究的一个里程碑。

狭义的会计电算化,是指以电子计算机为主体的当代电子信息技术在会计工作中的应用。具体来说,就是利用会计软件指挥各种计算机设备替代手工完成在手工条件下很难完成甚至无法完成的会计工作的过程。广义的会计电算化是指与实现会计工作电算化有关的所有工作,包括软件开发与应用、人才培养、发展规划、制度建设、软件市场的培育与发展等。

进入20世纪90年代后,企业对会计电算化有了更深的理解和更高的要求,信息技术的发展也为会计电算化的推广、发展提供了更好、更经济的软硬件保证。企业开始将单项会计核算业务电算化整合、扩展为全面电算化,将企业内部的信息"孤岛"与企业连接起来。在这一阶段,企业积极研究对传统会计组织的业务处理流程的重新调整,从而实现企业内部以会计核算系统为核心的信息集成化,其主要特征为在企业组织内部实现会计信息和业务信息的一体化,并在两者之间实现无缝连接。

在这种形势下,会计电算化已不能满足经济发展的要求,会计信息化开始取代会计电算化成为会计发展的方向,这是会计发展过程中一次质的飞跃。

会计信息化,是指企业利用计算机、网络通信等现代信息技术手段开展会计核算,以及利用上述技术手段将会计核算与其他经营管理活动有机结合的过程。这种会计信息系统将全面运用现代信息技术,通过网络系统,使业务处理高度自动化,信息高度共享,能够主动和实时报告会计信息。它不仅是信息技术运用于会计上的变革,更代表一种与现代信息技术环境相适应的新的会计思想。

二、会计信息系统的概念

(一)系统及其特征

系统是由处于一定的环境中相互作用和相互联系的若干组成部分结合而成,并为达到整体目的而存在的集合。

系统具有以下特征：

（1）整体性，是指系统内各部分之间存在相互依存关系，既相对独立又有机地联系在一起。

（2）目的性，是指系统的全部活动都是为了实现特定的目标。虽然系统中各个部分的分工不同，整体目标却是相同的，系统内各部分都要为统一的目标发挥作用。

（3）相关性，是指系统内的各个部分都是相互联系、密不可分的，同时系统还与外部资源相互关联。

（4）环境适应性，是指系统应随外部环境的发展而做出相应的变动，以保持系统与外部环境的一致性。

（二）信息系统

信息系统是一个人造系统，它由人、硬件、软件和数据资源组成，目的是及时、正确地收集、加工、存储、传递和提供信息，实现组织中各项活动的管理、调节和控制。

从过程来看，数据输入、处理转化和信息输出的过程构成一个信息系统。企业的会计处理就是一个对资金运动进行处理的信息系统。会计人员将企业的各项交易或事项确认、计量、记录下来，输入各项经济活动的资料，通过会计人员的分类和整理将信息处理转化，而财务报告就是一个信息输出的过程。

（三）会计信息系统

会计信息系统，是指由会计软件及其运行所依赖的软硬件环境组成的集合体。会计信息系统是管理信息系统的一个子系统，它以现代信息技术为基础，以人为主导，充分利用计算机硬件、软件、网络通信设备以及其他办公设备，进行企事业单位会计业务数据的收集、存储、传输和加工，输出会计信息，并将其反馈给各有关部门，为企业的经营活动和决策活动提供帮助，为投资者、债权人、政府部门提供财务信息的系统。

三、会计信息系统的特点

计算机会计信息系统与手工会计操作相比具有以下主要特点。

（1）会计信息系统以计算机和互联网信息技术为主要工具，采用人、机结合的方式，进行相互操作。

（2）数据采集要求标准化和规范化。系统要从原始单据中接收或获取会计的原始数据，必须使输入的数据标准化、规范化，以适应计算机处理的需要。所以，要改变以往会计凭证不统一的状况，采取统一的编码，确立统一的数据输入格式，并加强对输入数据的校验，保证输入数据的正确性。

特别是在互联网的环境下，各种原始凭证变成电子化的，原始凭证的传递变成网络方式的，会计信息系统可以通过互联网直接在企业内部和外部各个部门分散收集原始数据，这大大节省了原始数据收集的成本和时间，提高了原始数据的准确性。

（3）数据处理方式集中化和自动化。数据处理集中化是指在实现会计电算化以后，由原各个业务岗位的核算工作统一为计算机处理。特别是建立网络以后，由于数据的共享，所以数据的处理必须集中。数据处理自动化，是指在数据处理过程中，人工干预明显减少，程序被设定后,将对数据进行自动处理。

(4) 会计信息载体无纸化。在会计信息系统中,会计证、账、表信息的存储介质采用看不见、摸不着的光、电、磁介质。计算机采用的光、电、磁介质不同于纸张介质,人不能直接读取信息,只能存放在光、电、磁介质上,且信息量大、查询速度快、易于复制和删除。在互联网环境下,会计信息不仅存储无纸化,而且数据输入、处理过程、会计信息输出都采用无纸化的形式。

(5) 财务和业务的协同处理。一是财务和企业内部业务的协同。企业内部的业务流程很多,例如,以购销链为主的物流,以生产管理为主的生产流等。在这些业务流程中,产生的信息需要和资金流管理相协调,一旦产生财务信息,要并行送入会计信息系统进行加工、存储和处理,会计信息系统同样应将产生的有关数据及时送给业务系统,从而保证财务与业务步调一致、协同前进。二是财务和企业外部业务的协同。外部业务包括向客户的销售、催账,向供应商的询价、采购,与银行的结算等。在企业经营链上,每一项业务活动的产生如果伴随着财务信息就必须及时处理,并将处理结果反馈给外部业务流程,实现与外部业务的协同。

四、会计信息系统的分类

计算机会计信息系统按功能层次可以分为以下几类。

(一) 电子数据处理系统

电子数据处理系统(Electronic Data Processing System,EDPS)是一种面向业务数据处理的信息系统。其主要功能是对业务数据进行登录、编辑、存储、按规定输出信息。它所追求的目标是用计算机代替人工操作,提高处理效率。

(二) 管理信息系统

管理信息系统(Management Information System,MIS)是为实现辅助管理功能而设计的一种信息系统。它是由 EDPS 逐渐发展形成的。其主要功能是在电子数据处理的基础上,依靠电子计算机存储的数据和建立的相应经济管理模型,迅速地为管理规划、实时控制提供必要的参考信息。一般来说,企业的计算机会计信息系统是管理信息系统的一个核心子系统。

(三) 决策支持系统

决策支持系统(Decision Support System,DSS),是以提高决策的效果为目标,面向决策者的一种信息系统。它是由 MIS 系统逐渐发展形成的。DSS 的关键组成部分是一个以计算机为基础的、反映决策者面临的某些方面问题的模型库和对应的方法库。它们利用 MIS 系统数据库中的信息,以及大量外部的、往往是半结构化和非结构化的信息,使决策者模拟实际经营活动中可能出现的情况,在计算机上实验各种各样的处理方案,并且选择最优方案辅助决策。

五、会计信息系统的发展历程

会计信息系统的发展与计算机硬件、系统软件、应用软件和专业人才培养息息相关。根据会计信息系统的系统结构、功能与技术的变化过程,我国会计信息系统的发展分为以下四个阶段。

(一)会计信息系统理论研究与定点开发阶段(1979—1988年)

在我国,计算机最早用于会计事务处理工作始于1979年。1979年,财政部拨款500万元人民币,在长春第一汽车制造厂进行会计电算化试点尝试。1981年,在长春召开的"财务、会计、成本应用计算机专题研讨会"上,正式把"计算机在会计工作中的应用"简称为"会计电算化"。

该阶段微型机还没有面市,计算机是昂贵的,只有实力强大的大型企业才有能力购置。市场上还没有商品化会计软件。部分高校和研究所的学者开始进行会计电算化理论的研究,框架性地提出了会计信息系统的结构和主要功能。部分单位开始进行自主开发,首选突破口一般为易于解决的会计核算工作和工资发放与管理业务。这一时期的开发工作非常艰难,应用单位不了解计算机技术,也不能准确描述自己的业务需求,而专业技术人员不了解会计业务处理过程,只能依赖于个人的理解能力,因此开发是盲目的,并且周期长,社会普及率低,低水平重复开发严重,造成大量人力、物力的浪费。

20世纪80年代中期,外部环境发生了变化:计算机技术的迅猛发展、微型计算机的出现、计算机网络技术的应用、数据库管理系统的发展,给会计电算化的发展开辟了广阔的天地,使其呈现出普及化的趋势。会计人员也不再把会计电算化看成是技术人员的工作,而是积极地参与到这一工作中来。1984年,财政部科研所开始招收"会计电算化"方向的研究生,着手培养会计电算化方向的专门人才。

(二)商品化会计软件面市(1989—1995年)

计算机技术在国内逐渐普及,使国民对计算机应用有了一定认识。经过了20世纪80年代初期的探索,部分参与开发的人员积累了一定经验,一大批既懂会计又懂计算机的复合型人才出现,为我国会计电算化软件的商品化、市场化打下了基础。

根据国际发展趋势和国内情况,我国认识到依靠定点开发是不能解决中国会计电算化问题的,必须走通用化的道路。1988年,中国会计学会在吉林省召开了第一届会计电算化学术讨论会,主题就是会计信息系统的通用化问题。与此同时,市场经济的大潮引领着一批年轻人先后成立了多家专门从事财务软件开发的专业公司,目前国内最大的管理软件供应商和服务商——用友软件股份有限公司就成立于1988年。1989年,财政部开始组织对会计软件进行评审。1989年12月,财政部颁布了关于会计电算化的第一个法规《会计核算软件管理的几项规定(试行)》,提出了对会计软件的"十条基本要求",建立了商品化会计核算软件的评审制度。管理部门的介入对会计软件开发从通用化向商品化发展起到了积极的推动作用。

这一期间开发出的商品化会计软件主要以计算机替代手工核算和减轻会计人员记账、算账的工作量为主要目标,一般称之为"核算型会计软件",适用于财务部门,是一种部门级的会计信息系统。它利用计算机替代了手工记账,实现了会计核算业务的计算机处理。软件模块构成主要包括账务处理、报表、工资核算、固定资产、材料核算等,各模块相对独立,没有形成一个整体系统。

（三）会计软件由核算向管理转型（1996—2000年）

在第一批商品化会计软件的开发与推广应用过程中，开发人员对怎样实现计算机信息处理技术与会计业务处理有机结合方面的认识不断加深，与此同时，会计信息系统应用单位对其需求也越来越明确。财政部1994年颁布的《会计核算软件基本功能规范》和《商品化会计软件评审规则》对于提高会计软件质量和商品化起到了积极的作用。此外，为了解决会计电算化人才不足的问题，从1995年开始财政部在全国范围内大规模开展会计电算化培训，以提高广大会计人员的计算机应用水平。

20世纪90年代中期以后的会计信息系统在功能上有了很大提高，总体上更加系统、规范，已由过去单纯的记账、算账、报账即核算型会计信息系统发展成为以管理为核心的、面向企业生产经营全过程的会计信息系统，即管理型会计信息系统；由单纯的只对资金流进行管理，发展成为财务与购销存业务一体化管理；由单一的财务部门级的应用系统，发展成为跨越多个部门的企业级会计信息系统；由单机型会计信息系统发展成为网络型会计信息系统；由孤立的几个财务模块，发展成为具有账务、报表、应收、应付、工资、固定资产、采购管理、库存管理、存货核算、销售管理、成本管理、财务分析、决策支持等各项功能高度集成化的通用会计信息系统。

（四）向企业全面管理信息系统发展（21世纪— ）

当会计信息系统从部门级升级为企业级之后，实际上已经同企业管理信息系统成功接轨。20世纪，国外的企业管理信息系统经历了60年代时段式MRP、70年代闭环式MRP、80年代MRPⅡ及90年代的ERP等发展阶段。从20世纪90年代末开始，我国一些财务软件公司开始向ERP（Enterprise Resources Planning）即企业资源计划软件进军，这也标志着我国会计信息化又一新阶段的到来。ERP系统除了涵盖企业会计与业务信息化的内容，还包括人力、生产、仓库等企业全面信息化的内容。

六、会计信息系统与手工会计核算的区别

无论是手工会计操作，还是采用计算机会计信息系统，对会计数据的处理和所提供的会计信息都要符合国家统一的会计制度的规定。但是，计算机和互联网环境下的会计信息系统与手工会计操作有很大的差别，主要体现在以下几个方面。

（一）改变了原有的组织体系

在手工操作中，以会计事务的不同性质为依据划分会计工作组织体系，一般财务部门分为若干个业务核算小组，如材料岗、工资岗等；在会计信息系统中，以数据的不同形态为依据划分会计工作组织体系，一般要设置数据输入、审核、处理、输出和维护等岗位。

（二）改变了会计核算形式和方法

手工操作下的会计核算形式和某些核算方法是手工条件下，必须进行设定，如要求账证核对、账账核对等就是为了减少手工核算的错误而设定的。在会计信息系统中，会计人员不必再考虑手工操作下的业务处理流程，只要符合国家统一的会计制度的规定，就可以从所要实现的目标出发，设计出业务流程更加合理、更能适应计算机处理、效率更高、计算更精确的会计核算形式和核算方法。

（三）改变了原有的内部控制制度

在会计信息系统中，原来的内部控制方式部分被改变或取消。例如，原来靠账簿之间互相核对实现的查错、纠错控制基本上已经不复存在，而代之以更加严密的输入控制。控制范围已经从财务部门转变为财会部门和计算机处理部门；控制的方式也从单纯的手工控制转化为组织控制、手工控制和程序控制相结合的全面内部控制。例如，会计信息系统本身已建立起了新的岗位责任制和严格的内部控制制度；会计信息系统增加了权限控制，各类会计人员必须有自己的操作密码和操作权限；系统本身增加了各种自动平衡校验措施等。

（四）改变了账表存储方式，增加了输出过程

在手工操作中，总账、明细账、日记账都是严格区分的，并有其特定的格式，存储介质是看得见、摸得着的纸张。在会计信息系统中，账簿、报表所需数据是以数据库文件的形式保存在光、电、磁介质上的。当需要查看这些账簿或报表时，需要执行相应的会计信息输出功能，系统按事先设计的程序，自动从数据库文件中取得数据并进行筛选、分类、计算、汇总，然后按照国家统一的会计制度规定的格式，将指定的凭证、账簿或报表在计算机屏幕上显示出来或用打印机打印出来。

（五）强化了会计的管理职能

在手工环境下，许多复杂、实用的会计模型，例如，最优经济订货批量模型、多元回归分析模型等很难在企业管理中得以实施，大部分预测、决策工作需要依赖管理者个人的主观判断。在会计信息系统中，会计人员一方面能够从繁重的会计核算工作中解脱出来，另一方面借助软件强大的分析、预测、决策功能，利用实时会计信息和其他信息，可以进行各种复杂的管理、分析和决策工作。

七、企业管理信息系统的新发展

（一）企业资源计划

企业资源计划（Enterprise Resources Planning，ERP）最初是由美国高德纳咨询公司（Gartner Group）在20世纪90年代初期总结了当时企业应用系统现状和经验提出的，是指将企业的各方面资源（包括厂房、仓库、物资、设备、工具、资金、人力、技术、信誉等全部可供企业调配使用的有形和无形的资源）充分调配和平衡，为企业加强财务管理、提高资金运营水平、建立高效率供销链、减少库存、提高生产效率、降低成本、提高客户服务水平等方面提供强有力的工具，同时为高层管理人员经营决策提供科学的依据，有效地提高盈利，最终全面建立企业竞争优势，提高企业的市场竞争力。

在ERP系统设计中企业考虑到仅靠自己的资源不可能有效地参与市场竞争，还必须把经营过程中的有关各方如供应商、制造工厂、分销网络、客户等纳入一个紧密的供应链中，才能有效地安排企业的产、供、销活动，满足企业利用全社会一切市场资源快速、高效地进行生产经营的需求，以期进一步提高效率和在市场上获得竞争优势；同时也考虑到企业为了适应市场需求变化不仅要组织"大批量生产"，还要组织"多品种小批量生产"。在这两种情况并存时，需要用不同的方法来制订计划。

ERP系统的这种设计思想体现出：第一，它把客户需求、企业内部的制造活动以及供应

商的制造资源整合在一起,体现了完全按用户需求制造的思想,这使得企业适应市场与客户需求快速变化的能力增强。第二,它将制造业企业的制造流程看作一个在全社会范围内紧密连接的供应链,其中包括供应商、制造工厂、分销网络和客户等;同时将分布在各地所属企业的内部划分成几个相互协同作业的支持子系统,如财务、市场营销、生产制造、质量控制、服务维护、工程技术等;此外还包括对竞争对手的监视管理。ERP系统提供了可对供应链上所有环节进行有效管理的功能,这些环节包括订单、采购、库存、计划、生产制造、质量控制、运输、分销、服务与维护、财务管理、人事管理、实验室管理、项目管理、配方管理等。

(二) 客户关系管理

客户关系管理(Customer Relationship Management,CRM)是一种旨在改善企业与客户之间关系的新型管理机制,它实施于企业的市场营销、销售、服务与技术支持等与客户相关的领域。CRM通过分析客户、了解客户、发展关系网络、传递客户价值、管理客户关系以及起辅助作用的各种活动的集合,达到与目标客户建立一种长期的、互惠互利的关系并以此确立自己竞争优势的最终目的。CRM的目标是一方面通过提供更快速和周到的优质服务吸引和保持更多的客户,另一方面通过对业务流程的全面管理来降低企业成本。

CRM软件是多种功能组件、先进的技术与多种渠道的融合。目前的CRM产品一般包括销售自动化、市场营销自动化和客户服务与支持自动化三个方面。

(三) 供应链管理

供应链管理(Supply Chain Management,SCM)是一种集成的管理思想和方法。它执行供应链到最终用户的物流计划和控制等职能。它把不同企业集成起来以增加整个供应链的效率,注重企业之间的合作;把供应链中各个企业作为一个不可分割的整体,使这些企业分担采购、生产、分销和销售职能,成为一个协调发展的有机体。

多年来,企业出于管理和控制的目的,对为其提供原材料、半成品或零部件的其他企业一直采取投资自建、投资控股或兼并的纵向一体化的管理模式。推行纵向一体化的目的是为了增加核心企业对原材料供应、产品制造、分销和销售全过程的控制,使企业能在市场竞争中掌握主动,达到增加各个业务活动阶段利润的目的。在市场环境相对稳定的条件下,采用纵向一体化战略是有效的。但在经济全球化和信息社会迅速发展、市场竞争日益激烈、客户需求不断变化的今天,纵向一体化战略已逐渐显示出其无法快速响应市场的缺陷。于是出现了横向一体化的思维模式,SCM正是其典型代表。

SCM强调核心企业应与最杰出的企业建立战略合作关系,委托这些企业完成一部分业务工作,自己则集中精力和各种资源,通过重新设计业务流程,做好本企业能创造特殊价值、比竞争对手更擅长的关键性的业务工作。这样不仅可以大大提高本企业的竞争能力,而且可以使供应链上的其他企业受益。

第二节 会计信息系统的功能结构

一个实用的计算机会计信息系统,通常由若干个子系统组成。每个子系统处理特定部分的信息,各个子系统之间通过信息传递相互支持、相互依存形成一个完整的系统。

一、会计信息系统功能结构概述

会计信息系统的功能结构主要是随着企业需求的不断发展而逐步进步和完善的。计算机引入会计工作之初主要是以规范会计核算业务、减轻会计人员繁重的手工劳动为基本目的,因此这种以解决会计核算为目的的系统其基本构成主要有账务、报表、工资核算和固定资产核算等子系统,结构简单、功能单一。

随着企业管理水平的不断提高,对会计信息系统的要求也越来越高。人们开始从企业经营管理的角度来设计会计信息系统,以便实现会计核算和财务管理一体化的目的。会计信息系统也逐渐演进成集业务处理与会计核算于一体的系统。这种系统可以跨部门使用,使企业的各种经济活动信息充分共享,使企业各个部门都能及时得到业务处理最需要的相关信息,尽可能地消除企业各部门的信息"孤岛"现象,从而实现购销存业务与财务的一体化管理,有效地对资金使用和财务风险进行控制,并能提供较充分的分析决策信息。

这种财务业务一体化的会计信息系统的功能结构可以分成三个基本部分,分别是财务、购销存和管理分析,而每部分又由若干子系统组成。一个好的会计信息系统应该可以根据需求灵活地选择需要的子系统,并可以方便地分期分批组建和扩展自己的会计信息系统。

(一)财务部分

财务部分主要由总账(账务处理)、薪资管理、固定资产管理、应付款管理、应收款管理、成本核算管理、会计报表、资金管理等子系统组成。这些子系统以总账子系统为核心,为企业的会计核算和财务管理提供全面、详细的解决方案。其中薪资管理子系统可以实现工资核算和发放以及银行代发、代扣税等功能。固定资产管理子系统可以处理固定资产增减变动,计提折旧,固定资产盘盈、盘亏等工作,以帮助企业有效地管理各类固定资产。

需要说明的是:在各种会计信息系统中一般都有成本核算子系统。成本核算子系统是以生产统计数据及有关工资、折旧和存货消耗数据为基础数据,按一定的对象分配、归集各项费用,以正确计算产品的成本数据,并以自动转账凭证的形式向账务及销售系统传送数据。但是,由于不同企业的生产性质、流程和工艺有很大的区别,单纯为成本核算而设计的系统应用非常有限。

(二)购销存部分

购销存部分以库存核算和管理为核心,有库存管理、采购管理和销售管理等子系统。购销存部分可以处理企业采购、销售与仓库管理等部门各环节的业务事项,能有效地改善库存的占用情况,有效地控制采购环节的资金占用,并对应收账款进行严格的管理,以尽可能地避免坏账的产生。

(三)管理分析部分

管理分析部分一般包括财务分析、利润分析、流动资金管理、销售预测、财务计划、领导查询和决策支持等子系统。目前在我国大多数会计信息系统软件中有关管理分析的部分都还不够完善,多数子系统还处于准备开发和正在开发的阶段。目前比较成熟的主要是财务分析、领导查询等子系统。

会计信息系统各部分功能结构及相关子系统的关系可以用图1-1表示。

第二节 会计信息系统的功能结构

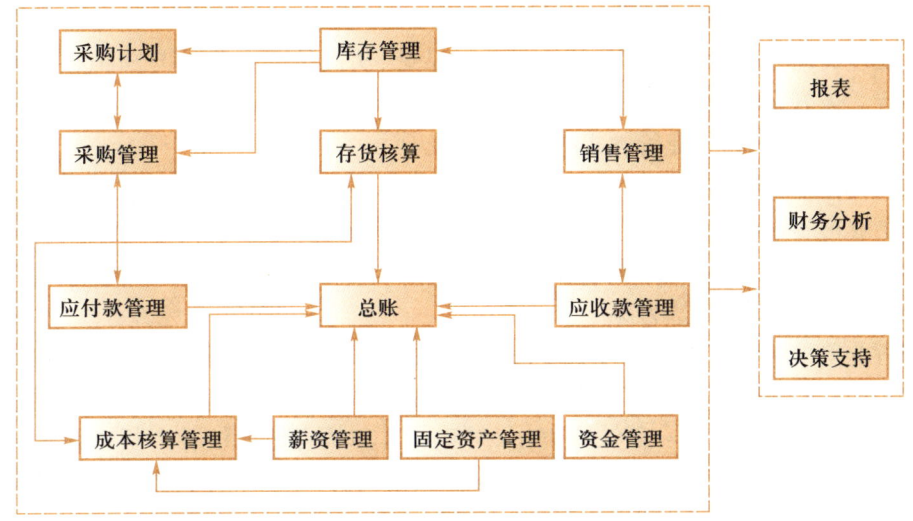

图1-1 会计信息系统功能结构及相关子系统的关系

二、会计信息系统应用方案介绍

不同性质的企业对会计信息系统会有不同的需求。因此,一个好的通用商品化会计信息系统的各子系统应该可以根据用户的不同需求灵活地组合。同样,企业也应根据自己需要重点解决的问题和自己的人力、财力,选择合理的解决方案以达到物尽其用,以最少的耗费取得最大的效用。

(一)财务解决方案

财务解决方案适用于只希望使用会计信息系统解决企业会计核算与资金管理的企业。在这一方案中,系统构成主要为总账、应收款管理、应付款管理、报表。其扩展子系统为:薪资管理、固定资产管理、资金管理和财务分析。

其使用方案是:在总账及薪资管理子系统中完成日常财务核算。在报表子系统中编制有关的财务报表。

在固定资产管理子系统中进行固定资产的日常管理及折旧的计提。在资金管理子系统中进行企业内、外部存贷款的管理。

在财务分析子系统中制定各项支出、费用计划并进行相应的考核。

在这一方案中对往来业务一般有两种基本的处理方法。对于往来业务不多、只需要进行简单的往来管理和核算的企业,可以使用总账子系统提供的往来管理功能进行往来业务的处理。对于往来业务频繁,需要进行详细和严格的往来管理的企业则可以使用应收款管理、应付款管理子系统与总账子系统集成运行来解决往来管理和核算的需要。

(二)工业企业解决方案

工业企业解决方案可以全面解决企业会计核算、资金管理和购销存管理的问题。

在工业企业解决方案中,系统的标准构成为财务解决方案中的各子系统及库存核算管理、库存管理、采购管理、销售管理、成本核算管理子系统。其扩展系统为采购计划子系统。

其使用方案是:财务处理过程与财务解决方案相同。在这一方案中针对工业企业的特点增加了处理购销存业务和成本核算的相关子系统,从而使财务系统与购销存业务处理系统集成运行。该方案可消除信息"孤岛"现象,及时传递有关信息并对购销存业务的处理过程进行控制,从而为强化企业管理提供有利条件。

(三) 商业企业解决方案

商业企业由于没有产品的生产过程,因此商业企业解决方案除了没有成本核算子系统外,系统构成和解决方案均与工业企业解决方案基本相同。

(四) 行政事业单位解决方案

行政事业单位会计核算与财务管理的核心是预算的制定和预算执行情况的统计分析。因此,这一方案中总账、财务分析与报表子系统是其核心子系统。其扩展系统为薪资管理和固定资产管理子系统。在这一解决方案中,财政预算和执行情况统计分析由财务分析子系统进行处理。在总账系统中进行会计核算并根据财务分析子系统中制定的预算进行资金控制。

第三节 企业会计信息化工作规范

一、企业会计信息化工作规范的制定背景

文本:
会计信息化发展规划(2021—2025年)

信息化是当今世界发展的必然趋势,是推动我国现代化建设和经济社会变革的技术手段和基础性工程。2006年,中共中央办公厅、国务院办公厅制定发布了《2006—2020年国家信息化发展战略》,要求各部门、各地区全面推进信息化建设,并有计划有步骤地组织实施。会计信息化是国家信息化的重要组成部分,为了贯彻国家信息化发展战略,全面推进我国会计信息化工作。2009年4月12日,财政部发布了《财政部关于全面推进我国会计信息化工作的指导意见》,要求全面推进会计信息化工作,通过全面推进会计信息化工作,使我国的会计信息化达到或接近世界先进水平。

为了规范企业会计信息化工作,提高会计信息化工作质量,节约社会资源,同时充分发挥市场的主导作用,促进社会产品和服务模式的创新,财政部于2013年12月6日印发《企业会计信息化工作规范》,自2014年1月6日起施行。企业(含代理记账机构)开展会计信息化工作,软件供应商(含相关咨询服务机构)提供会计软件和相关服务,适用本规范。2021年12月27日,中央网络安全和信息化委员会印发《"十四五"国家信息化规划》,对我国"十四五"时期信息化发展作出部署安排。2022年1月5日,财政部发布了《会计信息化发展规划(2021—2025年)》,文中强调了要深入推动业财融合和会计职能拓展,加快推进单位会计工作数字化转型。

二、会计软件和服务规范

（1）会计软件应当保障企业按照国家统一会计准则制度开展会计核算，不得有违背国家统一会计准则、制度的功能设计。

（2）会计软件的界面应当使用中文并且提供对中文处理的支持，可以同时提供外国或者少数民族文字界面对照和处理支持。

（3）会计软件应当提供符合国家统一会计准则制度的会计科目分类和编码功能。

（4）会计软件应当提供符合国家统一会计准则制度的会计凭证、账簿和报表的显示和打印功能。

（5）会计软件应当提供不可逆的记账功能，确保对同类已记账凭证的连续编号，不得提供对已记账凭证的删除和插入功能，不得提供对已记账凭证日期、金额、科目和操作人的修改功能。

（6）鼓励软件供应商在会计软件中集成可扩展商业报告语言（XBRL）功能，便于企业生成符合国家统一标准的 XBRL 财务报告。

（7）会计软件应当具有符合国家统一标准的数据接口，满足外部会计监督需要。

（8）会计软件应当具有会计资料归档功能，提供导出会计档案的接口，在会计档案存储格式、元数据采集、真实性与完整性保障方面，符合国家有关电子文件归档与电子档案管理的要求。

（9）会计软件应当记录生成用户操作日志，确保日志的安全、完整。

（10）以远程访问、云计算等方式提供会计软件的供应商，应当在技术上保证客户会计资料的安全、完整。

（11）客户以远程访问、云计算等方式使用会计软件生成的电子会计资料归客户所有。

（12）以远程访问、云计算等方式提供会计软件的供应商，应当做好本厂商不能维持服务情况下，保障企业电子会计资料安全以及企业会计工作持续进行的预案。

（13）软件供应商应当努力提高会计软件相关服务质量，按照合同约定及时解决用户使用中的故障问题。

（14）鼓励软件供应商采用呼叫中心、在线客服等方式为用户提供实时技术支持。

（15）软件供应商应当就如何通过会计软件开展会计监督工作，提供专门教程和相关资料。

三、企业会计信息化工作规范

（1）企业应当充分重视会计信息化工作，加强组织领导和人才培养，不断推进会计信息化在本企业的应用。

（2）企业开展会计信息化工作，应当根据发展目标和实际需要，合理确定建设内容，避免投资浪费。

（3）企业开展会计信息化工作，应当注重信息系统与经营环境的契合，通过信息化推动管理模式、组织架构、业务流程的优化与革新,建立健全适应信息化工作环境的制度体系。

(4)大型企业、企业集团开展会计信息化工作,应当注重整体规划,统一技术标准、编码规则和系统参数,实现各系统的有机整合,消除信息孤岛。

(5)企业配备的会计软件应当符合本规范关于"会计软件和服务的规范"的要求。

提供合格的会计软件是软件供应商的责任。企业同样也负有使用合格软件的责任。两者不能相互替代。

(6)企业配备会计软件,应当根据自身技术力量以及业务需求,考虑软件功能、安全性、稳定性、响应速度、可扩展性等要求,合理选择购买、定制开发、购买与开发相结合等会计软件配备方式。

定制开发包括企业自行开发、委托外部单位开发、企业与外部单位联合开发。

(7)企业通过委托外部单位开发、购买等方式配备会计软件,应当在有关合同中约定操作培训、软件升级、故障解决等服务事项,以及软件供应商对企业信息安全的责任。

(8)企业应当促进会计信息系统与业务信息系统的一体化,通过业务的处理直接驱动会计记账,减少人工操作,提高业务数据与会计数据的一致性,实现企业内部信息资源共享。

(9)企业应当根据实际情况,开展本企业信息系统与银行、供应商、客户等外部单位信息系统的互联,实现外部交易信息的集中自动处理。

(10)企业进行会计信息系统前端系统的建设和改造,应当安排负责会计信息化工作的专门机构或者岗位参与,充分考虑会计信息系统的数据需求。

(11)企业应当遵循企业内部控制规范体系要求,加强对会计信息系统规划、设计、开发、运行、维护全过程的控制。

(12)处于会计核算信息化阶段的企业,应当结合自身情况,逐步实现资金管理、资产管理、预算控制、成本管理等财务管理信息化;处于财务管理信息化阶段的企业,应当结合自身情况,逐步实现财务分析、全面预算管理、风险控制、绩效考核等决策支持信息化。

第四节 会计信息系统的实施和运行管理

一、会计信息系统的实施

(一)会计信息系统实施的前提条件

会计信息系统是一个人机系统,因此企业实施会计信息化,必须有先决条件,企业具备了这些条件,就可以很好地开展会计信息化工作。

1. 准备会计信息系统实施的环境

一个适宜的工作环境是保证企业会计软件这一项目顺利实施的必要条件。一般来讲,项目实施需要一个相对独立的空间,以方便项目实施小组成员讨论问题,设计解决方案等。环境的构建应考虑计算机硬件设备、网络连接设备、打印机、电话等设备。其中涉及计算机硬件的购置需要专业人员去购买,并且应该根据所购软件情况决定硬件配置,以保证其优质的性能,并能适应企业业务需要。

2. 上级部门及领导的重视

企业实施会计信息化,几乎涉及企业的所有部门和人员,同时还涉及管理机构及管理体制的变动,这都需要企业领导出面组织和协调。没有领导的重视与支持,企业实施会计信息化所遇到的问题将很难得到解决。因此,在会计信息化工作中企业财务部门负责人应领导该项工作,有条件时还可吸收有关部门领导组成信息化领导小组,领导整个企业的会计信息化工作。

3. 良好的管理基础工作,尤其是会计基础工作

管理基础主要指有一套比较全面、规范的管理制度和方法,以及较完整的规范化的数据,这是搞好信息化工作的重要保证。计算机处理会计业务,必须事先设置好处理方法,因而要求会计数据输入、业务处理及有关制度都必须规范化、标准化,以使信息化会计信息系统顺利进行。否则信息化工作的开展将困难重重。

4. 系统软件及会计软件的配置

要实施会计信息系统,必须配备相应的系统软件及会计软件。配备会计软件是会计信息系统的基础工作,选择合适的会计软件对会计信息系统的成败起着关键性的作用。不同的软件对硬件和系统软件的要求是不同的,应该根据所购软件情况决定硬件配置。如果反其道而行之,在选择软件之前就已经建好了计算机网络、安装了微机与服务器操作系统以及数据库管理系统,则在选择会计软件时就要考虑如何保护原有投资并充分利用现有资源,势必会束缚手脚,损失软件功能及适用性。因此选购软件是会计信息系统建设的重中之重,应先于硬件平台的选择。

(1) 系统软件是指与计算机硬件直接联系,供用户使用的软件,它担负着扩充计算机功能,合理调用计算机资源的任务。系统软件是保证会计信息系统正常运行的基础软件。

(2) 会计软件,是指企业使用的,专门用于会计核算、财务管理的计算机软件、软件系统或者其功能模块。会计软件一般通过以下几种方式获得。

① 定制开发。包括自行开发、委托开发、联合开发几种情况。自行开发方式一般适用于特定的单位和行业,从我国目前的实际情况看,采用此方式的一般是大型企事业单位和行业特点突出、一直进行行业统一管理的单位,如铁路、邮电、金融等行业的单位。由此获得的会计软件能够将本企业的业务流程优化与重组直接体现在软件设计中,使系统更有针对性。但自行开发软件需要很多的资金和很高的技术,因此除了极少数存在特殊需要的企业外,大多数企业采用购买方式获得会计软件。

② 购买通用商品化会计软件。企业可根据自身情况选择购买适合的商品化会计软件,大多数企业都是通过这种方式获取会计软件的。商品化会计软件一般而言都是通用软件,因此会增加系统初始化的工作量。购买时要特别注意会计软件与企业自身的管理水平、业务处理与核算要求是否相适应,是否具有较高的性价比。另外,客户培训、售后服务水平、软件公司知名度、软件市场占有率、软件性能稳定性、发展前景等因素也需要重点考虑。

目前,通过购买使用会计软件的方式也出现了新的变化。对于一些刚刚成立或资金不够充足的公司可以通过云计算、远程登录等方式购买软件的使用权,这样企业既可以使用会计软件,又可以节约资金、省去安装软硬件系统的麻烦。但是,由于会计数据存放在云端,客

观上存在着会计数据泄密的风险。

③ 购买和开发相结合。存在特殊业务的企业可以先购买会计软件,然后在软件开发商的帮助下,根据企业业务的需要对商品化会计软件进行二次开发。

5. 专业人员的合理配置

实施会计信息化,将改变原手工会计信息系统的岗位分工与职能,单纯的财会人员已不能满足会计信息化后的工作需要,必须另外配置与信息化工作有关的专业人员,以负责会计信息化工作的管理以及项目开发和系统运行、维护等。

6. 资金保证

实施会计信息化工作需要专门人才,也需要软件及硬件设备,这些都需要有一定的资金投入。会计信息化所需费用,根据信息化会计信息系统的建立方法和规模不同,数额也不相同,有的甚至相差很大,要具体情况具体分析。为了保证会计信息化工作的顺利开展,所需经费必须有来源,所需数额也必须控制。

7. 实施前的组织和计划

组织是指适应信息化的需要,设置单位信息化的机构并调整原有会计部门的内部组织。该项工作必须由单位领导或总会计师亲自抓,成立一个能制定本单位会计信息系统发展规划和管理制度,能组织会计信息系统的建立和本单位财务人员培训并负责会计信息系统投入运行的组织策划机构。

会计信息系统的实施计划包括主计划和分阶段详细计划,其中主计划应该确认每阶段的起止时间、工作内容、应配备的人力资源、应提交的实施成果等。项目组负责人依据此主计划制订以后各阶段的详细工作计划,即分阶段详细计划,它是主计划的分解,要有明确的阶段目标,还要对工作任务进行分解,并落实到具体人员,明确完成时间以及阶段的最终交付成果。

(二) 会计信息系统的实施步骤

1. 系统调研

通过系统调研可以收集必要信息,为实施运行阶段做好准备,还可以进一步明确各阶段的任务以及要实现的目标等,为规范企业业务管理,使软件标准化、规范化以及为下一步软件的实施打下坚实、可靠的基础。

2. 建立相应的管理制度

会计信息系统的实施还要结合本单位特点和内部管理的需要,建立相应的管理制度,包括会计信息化岗位责任制、会计信息化操作管理制度、计算机硬软件和数据管理制度、信息化会计档案管理制度等会计信息化内部管理制度。

3. 人员培训

企业会计软件运行过程中,对不同层次、不同工作性质、不同职务的人员要有针对性地进行不同内容的培训。对企业管理层进行管理思想及实施理念的培训;对管理人员应进行软件整体架构、处理流程、数据分析、管理监控的培训;对最终用户进行软件操作流程培训。这种培训是贯彻始终的,不是暂时的。

4. 数据准备

在进行系统初始化前,要准备大量的基础数据,为系统初始化做好准备。基础数据是系统运行的基础,应准确、全面、及时地准备好各项基础数据,如系统参数的选择、各项基础档案资料、各账户期初余额、各存货期初余额、各客户供应商期初余额、期初固定资产卡片等。

5. 系统初始化

要将通用的商品化会计信息系统转换为适合企业专用的会计信息系统,同时保证企业新旧系统业务处理的连续性,必须要经过系统初始化。会计信息系统的初始化工作包括以下两个方面:

(1) 整个会计信息系统数据环境及安全机制的建立,包括建立账套、设置操作员及权限。

(2) 各子系统的初始化,包括系统参数设置、基础信息设置以及期初数据的录入。

6. 系统试运行

信息化会计信息系统建立以后,手工和计算机要并行一个阶段,并行时间应不少于3个月(一般不超过6个月)。通过手工和计算机的并行,可以检查建立的信息化会计信息系统是否满足要求,使用人员对软件的操作是否存在问题。这一阶段的主要任务是验证会计信息系统的正确性、可靠性与安全性,若发现问题,应及时分析解决。

7. 二次开发

通过试运行,发现存在的问题,调整有关基础设置、流程设置以及完善相关功能,必要时聘请软件开发商或企业的软件开发负责人进行二次开发,进一步完善会计应用软件。

8. 系统应用效果的定期评价

对系统应用效果的定期评价是企业信息化会计信息系统实施中容易忽视的一步,但却是相当重要的一步。只有通过对系统应用情况的定期评价,才能了解新系统所存在的问题及满足系统原定目标的程度。通过了解实际执行结果和预期目标的主要差异,企业才有可能采取必要的调整措施,以便尽可能地延长系统的使用寿命,同时研究发展措施。

二、会计信息系统的运行管理

企业实现会计信息系统上线运行后,还需要建立各种规章和管理制度,以保障会计信息系统安全、有效运行。

(一) 建立内部控制制度

为了对会计信息系统进行全面管理,保证会计信息系统安全、正常运行,在企业中应切实做好会计信息系统内部控制,以及操作管理、会计档案管理等工作。

内部控制制度是为了保护财产的安全、完整,保证会计及其他数据正确、可靠,保证国家有关方针、政策、法令、制度和本单位制度、计划的贯彻执行,提高经济效益,利用系统的内部分工而产生相互联系的关系,形成一系列具有控制职能的方法、措施、程序的一种管理制度。内部控制制度的基本作用是保护财产的安全和完整,提高数据的正确性、可靠性,是贯彻执行国家方针、政策、法令、制度及本单位计划的保证,同时也是审计工作的重要依据。

内部控制制度的基本目标是健全机构、明确分工、落实责任、严格操作规程,充分发挥内部控制作用。其具体目标是:合法性,保证处理的经济业务及有关数据符合规章制度;合理性,保证处理的经济业务及有关数据有利于提高经济效益和工作效率;适应性,适应管理需要、环境变化和例外业务;安全性,保证财产和数据的安全,确保系统具有严格的操作权限、保密功能、恢复功能和防止非法操作功能;正确性,保证输入、加工、输出数据正确无误;及时性,保证数据处理及时,及时为管理提供信息。

2008年,财政部、证监会、审计署、银监会、保监会联合发布了《企业内部控制基本规范》,并于2009年7月在上市公司范围执行。2010年4月26日,五部委又联合发布了《企业内部控制配套指引》。该配套指引包括18项《企业内部控制应用指引》《企业内部控制评价指引》和《企业内部控制审计指引》,并规定自2011年1月1日起首先在境内外同时上市的公司执行,2012年1月1日起在上海证券交易所、深圳证券交易所主板上市公司执行。《企业内部控制配套指引》连同此前发布的《企业内部控制基本规范》,标志着适合我国企业内部控制规范的体系已基本建成。

《企业内部控制应用指引第18号——信息系统》对企业做好会计信息系统的内部控制具有一定的指导意义。

(二)建立岗位责任制

建立健全岗位责任制是会计信息系统运行管理的重要内容,要明确每个工作岗位的职责范围,切实做到事事有人管、人人有专职、办事有要求、工作有检查。按照会计信息系统的特点,在实施会计信息系统建设过程中,各单位可以根据内部控制制度和本单位的工作需要,对会计岗位的划分进行调整和设立必要的工作岗位,严格划定每个人的操作权限,设置密码,制定相应的内部控制制度。每个人都应该按照操作规程运行系统,履行自己的职责,从而保证整体流程顺畅。

会计信息化后的会计工作岗位可分为基本会计岗位和信息化会计岗位。基本会计岗位可包括会计主管、出纳、会计档案管理员等。信息化会计岗位和工作职责一般可划分为:

(1)信息化主管。负责协调会计信息系统的运行,要求具备会计和计算机知识,以及相关的会计信息化组织管理的经验。一般而言,在企业实现全面管理信息化阶段,应该设置专门的信息化管理部门及信息化主管,而中小型企业会计信息化主管可由会计主管兼任。

(2)软件操作员。负责账务及其他专项核算子系统的操作,如输入记账凭证、输出记账凭证和会计账簿、编织财务报表、工资核算、固定资产核算、往来账核算等。

(3)审核员。负责对输入计算机的会计数据(记账凭证和原始凭证等)进行审核,操作会计软件登记机内账簿,对打印输出的账簿、报表进行确认。可由主管会计兼任。

(4)信息系统维护员。负责保证计算机硬件、软件的正常运行,管理机内会计数据。

(5)信息系统审查员。负责监督计算机及会计软件系统的运行,防止利用计算机进行舞弊。可由会计稽核人员兼任。

(6)数据分析。负责对计算机内的会计数据进行分析,为各管理层决策提供有用信息。可由主管会计兼任。

实施会计信息化过程中,各单位可根据内部牵制制度的要求和本单位的工作需要,参照上述对信息化会计岗位的划分进行调整和设立其他必要的工作岗位。例如,有些单位可以设置工资核算员,主要负责工资核算工作,此岗位可由会计担任,也可以根据单位内部业务性质的不同而设置不同的工作岗位。基本会计岗位和信息化会计岗位,可在保证会计数据安全的前提下交叉设置,各岗位人员要保持相对稳定。由本单位人员进行会计软件开发的,还可设立软件开发岗位。小型企事业单位设立信息化会计岗位,应根据实际需要对上述岗位进行适当合并。

(三)建立完善的管理制度

管理工具的变化必然导致内部控制和管理制度的变革,新的工作规程和管理制度的建立是保证计算机会计信息系统安全运行的必要条件。

1. 操作管理制度

建立严格的操作管理制度并严格实施,才能保证系统正常、安全、有效地运行,否则会给各种非法舞弊行为以可乘之机,造成系统数据损毁或丢失。

操作管理的任务是严格按照操作规程操作,正确录入数据,按一定业务流程运行系统,输出各类信息,并做好系统内有关数据的备份及故障的恢复工作。具体包括:

(1) 严格划分操作人员的使用权限。由系统管理员或主管为各类操作人员设置操作权限和操作密码,详细规定每个操作人员可以使用的功能模块和可以查询的数据范围,其他人员未经授权,不得进入系统。授权时要考虑不相容职责的划分。

(2) 建立严格的上机记录制度。操作人员上机必须登记,包括姓名、上机时间、操作内容、系统运行状况等。很多系统提供上机日志,自动登记上述内容,为审计和系统维护留下线索。

(3) 为确保数据安全,防止非法修改和意外删除,应及时做好数据备份工作,按照企业业务量大小决定备份策略,最好保存双备份。

(4) 为保证系统安全,最好专机专用,不要使用未经检查的移动存储设备,以有效避免计算机病毒的侵入,确保会计数据的安全完整。

2. 软、硬件管理制度

计算机软件和硬件的安全运行是会计电算化工作顺利开展的基本条件,因此应制定相应的管理制度。如机房管理制度、软硬件维护及保管制度、修改会计软件的审批及监督制度等。

软件维护一般包括正确性维护、适应性维护、完善性维护。正确性维护是指诊断和清除系统运行错误;适应性维护是指当单位的业务发生变化时,为了适应这种变化而进行的软件修改;完善性维护是指为了改进现有应用而做的与软件相关的工作。一般来讲,企业可以通过软件提供的自定义功能来改进应用水平,而不主张修改软件程序,尤其对商品化软件来说更是如此。对自行开发系统,修改软件要有严格的审批、执行、检验手续。

3. 会计档案管理制度

计算机会计信息系统中,会计档案所包括的内容和管理方式都有其新特点。会计档案主要以磁介质和纸介质两种形式存储。会计档案在产生和保管过程中存在许多不安全因素:从硬件角度来讲,计算机突然断电会引起数据混乱;从软件角度来讲,计算机病毒的入侵轻则破坏数据,重则会引起整个系统瘫痪。另外还有人本身的因素,如操作不当、蓄意破坏等。为了保证会计资料的完整,应建立严格的会计档案保管制度。

会计档案管理主要是建立会计档案立卷、归档、保管、调阅、销毁等制度。会计档案的内容包括打印输出的各种账簿、报表、凭证;存储会计数据的各种存储介质;系统开发的全部文档及其他会计资料。档案管理的内容包括:

（1）存档的手续。主要指各种审批手续，如打印输出的账表，必须由会计主管签章才能存档。

（2）安全措施及保密规定。会计数据不得随意堆放，严防损毁、散失和泄密。各种存放会计档案的介质均应存放在安全、洁净、防潮、防火、防盗的场所。存放在磁盘、光盘上的会计备份要定期检查，以防数据损坏。对任何伪造、非法涂改或更改、故意毁坏数据文件、账册、磁性介质的行为要有相应的处理措施。

（3）档案保管及使用的审批手续。查阅会计、档案由专门人员审批，并严格记录借用人员的姓名、借阅内容和归还日期。各类会计档案的保存期限按 2015 年 12 月通过修订、2016 年 1 月 1 日起施行的新《会计档案管理办法》规定的保管期限进行保管。

第五节 "大智移云物"技术下会计信息化新应用

财务的未来是信息化、自动化、数字化和智能化。"大智移云物"——大数据、人工智能、移动互联网、云计算和物联网等技术的快速发展，正在促使未来成为一个"万物互联、无处不在、虚实结合、智能计算、开放共享"的智能时代。随着机器人流程自动化（Robotic Process Automation，RPA）的出现，传统标准化的财务会计工作正在逐渐被 RPA 替代。德勤公司在 2018 年的《关键时刻：数字化世界中的财务》报告中认为，云计算、流程机器人、可视化、高级分析、认知计算、内存计算和区块链七项技术对财务的影响愈发显著，它们共同构筑了新时代下的财务工具集。

视频：
会计信息化新应用
——财务云

一、云会计

随着云计算和大数据技术的发展，使得"会计+云计算=云会计"逐渐成为现实。计算机硬件、软件及互联网技术的升级换代促使云计算技术日渐成熟，并被广泛运用。云计算在企业会计工作中的应用，有效地推动了会计信息化的发展。

（一）云会计的含义

云会计是近几年才出现的一个新名词。程平、何雪峰（2011）在发表的论文中对云会计的概念进行了如下描述：云会计是指构建于互联网上，并向企业提供在线会计核算、会计管理和会计决策服务的虚拟会计信息系统，是利用云计算技术和理念构建的会计信息化基础设施和服务。何日胜（2018）认为，云会计是指用户通过互联网租借基于云计算的云会计平台，利用计算机终端或手机端在云会计软件上，对经济业务的纸质及电子凭证进行会计核算、会计管理和会计决策处理，并通过相关接口与国家相关系统对接实现自动计税、自动缴税、自动缴费、远程审计等的一种虚拟会计信息系统。

（二）云会计的体系结构

云会计表现为云会计服务提供商提供云会计服务，因此云会计的构成主要包括会计应用软件、应用服务平台以及具有存储和数据计算能力的基础设施三个层次。云会计的每一层次都由对应的服务构成。

1. 软件即服务(SaaS)

构建云会计的会计核算、管理、决策系统,并与其他相关系统融合,是以租用的方式通过网络交付给用户。开发者可以每天对软件进行多次升级,而这些对于用户来说都是透明的。用户可以彻底打破空间和时间的限制,在任何时间、任何可以连通互联网的地方以多种方式实现报账、报税、审计、汇款等远程工作,真正实现"移动办公"。

2. 平台即服务(PaaS)

构建会计信息化新应用、新服务的开发平台以及云会计的数据库服务。一旦用户的应用被开发、部署完成,所涉及的运行、管理、监控工作都将由该平台负责,企业的财务数据也通过该平台的数据库服务进行统一管理。

3. 基础设施即服务(IaaS)

提供虚拟化的基础硬件设施源,以虚拟机的形式向用户提供动态的计算资源,实现有弹性的存储计算能力,构建云会计存储及数据中心的应用环境。

(三) 云会计的优势

云会计相对于传统单机版、局域网版、网络版财务系统,具有以下几个较为明显的优势。

1. 成本相对较低

云会计供应商是通过出租软件服务、硬件服务的方式提供相关服务,云会计的使用者通过计算机、手机等电子终端访问,按需购买,亦可按时或者按量付费。使用者无须在服务器、网络数据中心、交换中心、机房等基础设施上投入巨大的费用,只需交纳相应租金即可。

2. 扩展空间较大

企业无须拥有服务器、交换机等设备,不受系统配置、存储空间等硬件条件的限制,因此可以根据企业的需求选择云会计服务品种和数量,灵活性强,扩展空间大。

3. 数据安全性较高

云会计供应商配备有专业的技术团队负责日常管理与维护,负责云会计系统的平台建设,以及包括虚拟化管理、数据库、用户接口、防火墙等在内的基础设施,提高了云会计数据的安全性。

4. 实现移动办公

云会计可以让用户在任意地点、任意时间,利用计算机、手机等终端设备访问会计信息系统,只要有网络,就能够通过网络服务随时查询数据,大大增加了财务系统使用的灵活性。

5. 增加了协同性

云会计将弥补传统财务软件系统封闭式的缺点,通过身份授权及权限分配,税务、银行、会计师事务所、工商及政府机构等部门的系统连接,实现网上报税、银行对账、网上审计、线上交易、网上报审等业务,实现企业与相关部门的网上协同。

(四) 云会计运行机理

云会计的核心仍是会计软件,只是其硬件系统、软件系统及管理平台在云端。云会计亦可理解为在线会计软件(Online Accounting Software),而传统会计软件则是安装在一台计算机或局域网上的会计软件。云会计中所说的"云",包括公共云(Public Cloud)、私有云(Private Cloud)和混合云(Hybrid Cloud)。云会计的运行机理需由用户端和云端两方面共同协作来完成。

1. 用户端

用户端,是云会计的主体。既然是主体,则需由会计核算人员、会计管理人员、会计信息使用者等组成。

会计核算人员指云会计经济业务的操作者,包括记账会计、助理会计、出纳人员、报税员等。记账会计负责将经济业务录入云会计系统,自动生成记账凭证,进行记账,同时生成总账、明细账、日记账、多栏账、余额表等各种账簿,编制会计报表等,报税员可以在云会计系统中随时由系统根据业务自动生成的报税数据进行税务申报。

会计管理人员负责云会计系统的设置和控制,不进行具体的功能操作。主要是对云会计账套的设置,会计核算人员的增加、删除及权限的分配,对会计数据进行维护和保证会计数据安全等。

会计信息使用者主要有会计核算人员、会计管理人员和企业经营管理者。可以通过设置生成管理者账号和密码,管理者通过台式计算机、平板电脑和手机,不论何时何地查看企业的各类报表、关键数据等信息,管理者可以直接参与云会计之中,享受云会计带来的便捷之处。

2. 云端服务平台

云会计的实现是以云端服务平台运行来支持的。这个云端服务平台由互联网链接、网络存储基础设施、有云计算能力的服务器集群、数据资源管理、公共资源管理平台及会计软件等组成。线下用户在用户终端上,通过云会计统一门户登录入口进入系统,利用便捷和强大的互联网网络系统,与云端云会计平台连接。在云端云会计平台中,通过软件应用层与用户指令接口,管理平台层对用户指令与数据计算、储存进行公共管理,利用基础设施上的超级数据存储和数据处理中心,在超级服务器集群上进行数据云计算,将运算数据反馈给用户,由此完成用户云会计运行。

3. 云会计平台基本处理流程

就云会计用户端而言,云会计基本处理流程,大致有如下内容。

(1) 注册。在云会计平台(常见的有好会计、易代账、云 ERP 财务、在线会计、快海、云财税、云财务、快记等)上注册。

(2) 登录门户。在云会计平台统一门户登录入口,输入注册用户名、密码及注册号等验证信息,登录云会计平台。

(3) 账套管理。设置公司名称,选择会计制度,选择增值税纳税人类型等内容。

(4) 用户及权限设置。按实际情况注册用户名,并对各用户进行权限分配。

(5) 系统初始化。设置各类基础档案。设置会计科目、输入期初数据等。

(6) 凭证处理。利用"新增凭证"功能进行凭证填制。同时系统提供语音输入、模板输入等智能生成凭证的手段。

(7) 账簿查询。可查询总账、明细账、余额表等各类账簿。也可查询各类管理报表。

(8) 期末结转。利用期末结转功能,云会计平台根据凭证及账簿数据,可以自动进行结转销售成本、计提工资、计提折旧、摊销待摊费用等成本和费用,以及实现计提税金、结转未交增值税、计提所得税等自动计税功能。

(9) 报表生成。只要填制和保存了记账凭证,云会计平台能够即时生成资产负债表、利润表、现金流量表、所有者权益变动表、纳税统计表等各种会计报表。

（10）结账。用户检查会计报表无误后，可进行结账，结账前系统要求对资产类科目余额情况（主要检查是否出现赤字）、期末结转情况、往来挂账情况、费用控制情况、纳税调整情况以及有无其他异常情况等进行全面检查。若有非正常情况则不能结账，若情况正常则可进行本月结转，终结本月账务，系统自动转入下一会计循环。

二、财务共享服务中心

财务共享服务中心作为一种新型的管理模式，通过将易于标准化的运营业务进行整合、流程再造，来提高管理效率，压缩成本，提升服务水平，解决了大型企业集团财务组织重复建设和效率低下的问题，为企业管理服务提供了全球范围企业资源达到最佳配置的可能。

（一）财务共享服务的概念

20世纪80年代，美国的福特公司率先实施共享服务。1993年，Gunn Partners公司的创始人罗伯特·冈恩（Robert Gunn）等人率先明确了共享服务的思想。随后，共享服务在理论和实务界得到了广泛的探讨和深入实践。

视频：
会计信息化新应用
——财务共享服务

从财务共享服务的基本理念及国内外对于财务共享服务概念的论述，可以得出，财务共享服务是指将企业集团大量重复、易于实现标准化和流程化的会计核算从分散的业务部门抽出，集中到一个新的独立运营的业务单元（财务共享服务中心），进行流程再造、标准化和集中化的处理，以达到提升业务处理效率，进而达到降低成本、加强管控、提升客户满意度、创造价值的目的，最终提升集团整体财务管理水平的一种作业管理模式。

（二）财务共享服务中心建设的必然性

当前，我国正处于"互联网+"和"大数据"的变革时代，建设财务共享服务中心存在技术基础，而当前电子发票制度的实施更为财务共享服务中心的落地创造了可能。

1. 国家政策要求

2013年12月6日，财政部印发《企业会计信息化工作规范》。其中，第三十四条规定：分公司、子公司数量多、分布广的大型企业、企业集团应当探索利用信息技术促进会计工作的集中，逐步建立财务共享服务中心。这一规范为我国大型企业集团建立和实施财务共享服务提供了重要的政策依据。

2. 财务会计转型要求

从财务会计转型到管理会计，是当前我国会计领域变革的重大趋势。对于大型企业、企业集团来说，通过建立财务共享服务中心的方式，可以将会计基础核算等低附加值的作业劳动集中起来，基于流程再造和IT系统整合，提升会计核算业务的处理效率。在巩固财务会计基础、加强管控的同时，作为后台服务的财务共享服务中心，可以为企业制定战略、进行经营决策提供重要的信息，以支持能为公司创造价值的管理会计活动。通过建立财务共享服务中心，企业不仅提升了会计核算处理的效率，降低了成本，加强了管控。更为重要的是，通过建立财务共享服务中心，企业能够释放大量的财务会计人员，让他们从低附加值、重复、劳动力密集型的基础核算工作中解脱出来，从而集中精力去从事业务型、战略型财务工作，实现财务与业务、战略的一体化，让管理会计真正落地实施，实现财务为企业增加价值的目标。

3. 企业集团实践要求

企业集团一旦进入成熟期，或者经济处于下行趋势，或者开展全球运作，必将面临收入增长缓慢、成本持续增加、对分子公司管控不力等突出问题。财务共享服务中心通过将大量分子公司的会计运营工作集中到一个或多个机构中，实现会计处理的规模化，从而大幅度降低运作成本。财务共享服务中心的出现，还为集团管控水平的改进提供了一个很好的平台和工具。企业集团能够随时获取各分、子公司的财务经营结果，并基于财务共享服务中心产生的数据进行财务分析。

经过30多年的发展，财务共享服务中心已经被广泛应用于企业运营管理中。虽然我国已经出现了中兴通讯、阳光保险集团、四川长虹、中国平安、华为集团、海尔集团、中国电信等大批较早实践财务共享服务的大型企业集团，但是对于中国大多数的企业和企业集团来说，财务共享服务还是一件新鲜事。

（三）财务共享服务中心的模式选择

依据企业发展的战略定位，从财务共享服务中心的建设目的出发，财务共享服务中心可以分为成本节约型、管控型、成本节约与管控结合型三种。

1. 成本节约型财务共享服务中心

成本节约型财务共享服务中心的主要建设目的是在确保企业持续有效运行的情况下，最大限度地降低企业的财务运作成本。该类财务共享服务中心纳入范围的业务多为劳动密集型、发生率高的会计核算业务，侧重实现会计集中化核算，然后通过不断优化业务流程，提高会计业务处理质量和效率，保证集团内部会计核算工作的标准化和规范化，逐步释放规模效应，降低财务人员人力成本，提高财务核算水平与效率。本类型财务共享服务中心适用于不断进行业务扩张、处于发展中的国内乃至全球范围内具有同质业务的企业集团。

2. 管控型财务共享服务中心

管控型财务共享服务中心的建设目的是将其作为企业集团管理控制的一项重要手段。其核心理念认为，管理的核心在于控制，控制的核心在于会计控制。希望通过财务共享服务中心的集中管控功能，在会计控制领域实现规范化、流程化、标准化，然后以此去带动业务的流程化、标准化，实现企业集团对于分、子公司管控的目标。对于以管控为主要建设目的的企业集团，通常是已经处于成熟期，业务类型多元化、重组、并购、变革频繁，并且已经实现全国乃至全球运营的企业集团。

3. 成本节约与管控结合型财务共享服务中心

单纯的成本节约或管控，都不能充分发挥财务共享服务中心的全部优势，因此更多的公司使用了成本节约与管控结合模式。它结合了前两种模式的优势，以企业战略发展为依托，在释放规模效益、节约成本的同时发挥整体管控作用，建立从基础核算、预算管控到决策分析的全方位企业财务管理。它可以有效提升企业整体管理水平，为企业发展和持续管理优化提供全面支持。

（四）财务共享服务中心的业务范围

典型案例的研究表明，在纳入财务共享服务中心业务范围这一问题的考虑上，大多数企业在初期本着简单易行、平稳可控的原则，权衡成本效益，将最易于标准化、低附加值、非核心业务、业务量大且重复性高、可自动化、容易见效的会计基础核算业务纳入财务共享服务中心的业务范围。一般来说,下列业务属于最早纳入财务共享服务中心的业务范围:① 应收账款管理;② 应付账款管理;③ 费用管理(报销);④ 总账及明细账管理;⑤ 资金管理;⑥ 资产管理等。对于个性化较强的业务,建设初期一般不纳入财务共享服务中心的业务范围。当然,随着财务共享服务中心运营管理的不断成熟、专业水平的持续提升、技术手段的优化升级,原本留在本地的很多专业程度较高、难以标准化的工作未来也可能会越来越多地被纳入财务共享服务中心的业务范围,如财务报表编制、财务分析、税务管理等。纳入财务共享服务中心的业务范围体现了不同的企业对于自身的战略发展规划及财务共享服务中心定位的考虑。

(五)财务共享服务中心的适用范围

不是所有的企业或企业集团都适合采用财务共享服务中心运作模式。从公司规模上来说,财务共享服务中心主要适用于大型的跨国企业、跨地域企业或企业集团。因为这些类型的企业或企业集团规模、体量通常比较大,如果将各业务单位的非核心业务整合到财务共享服务中心,可以大大减少业务人员数量,降低人力资源成本。与此同时,各业务单位的非核心业务整合后有利于快速统一服务标准、行为方式、业务规则等,继而大大提高运营效率和标准化程度,形成规模经济,从而间接降低企业成本。否则,财务共享服务中心难以体现其规模经济效应。当然,财务共享服务中心还适用于那些重组、并购、变革比较频繁的企业。

从已经实施财务共享服务中心的行业来看,电信、旅游、运输及物流、零售及餐饮行业采用财务共享服务中心的比例最高;软件及高科技、能源及化工、物业行业采用财务共享服务中心的比例最低;医药及生命科学、消费包装品及制造业、银行、金融服务、保险行业处于中间比例。

三、财务机器人

机器人流程自动化(RPA),即通过使用用户界面层中的技术,模拟并增强人与计算机的交互过程,执行基于一定规则的可重复任务的软件解决方案。财务机器人是机器人流程自动化(即 RPA 技术)在财务领域的具体应用。财务机器人在 RPA 技术的基础上,针对财务的业务内容和流程特点,以自动化替代财务手工操作,辅助财务人员完成交易量大、重复性高、易于标准化的基础业务,从而优化财务流程,提高业务处理效率和质量,降低财务合规风险,使资源分配在更多的增值业务上,促进财务转型。

(一)财务机器人的产生

1. 企业变革驱动

财务机器人是企业顺应数字化变革、更好地发挥财务大数据中心作用的有效工具和手段。通过在财务工作中应用 RPA 技术,财务工作效率大幅提升,企业数据信息安全可控,保障了企业业务发展和管理决策中的数据需求,为财务变革与转型奠定了数据基础。另一方面,财务机器人模拟人类操作和基于明确规则的判断,能够将财务人员从简单重复的低附加值工作中解放出来,使得财务人员转型从事更具创造性、更有价值的工作,从而为财务变革与转型提供组织基础,为企业发展提供有效支撑。

2. 业务特点吻合

视频:会计信息化新应用——RPA 财务机器人

财务是一个强规则领域,在业务流程中存在大量重复的工作需要手工完成,这些工作的业务特点与 RPA 技术的应用条件高度匹配。因此,RPA 应用于财务领域,实现了 RPA 技术特点和财务业务特点最大限度地匹配,能够极大地发挥 RPA 技术的应用价值。

3. 财务共享服务中心大量出现

在财务共享服务中心这种新型管理模式的应用中,大量简单重复且易于标准化的财务业务集中到财务共享服务中心统一处理,财务共享服务中心有巨大动力去应用新技术提升组织内的工作质量和运转效率,于是财务机器人作为流程节点上提高工作质量、提升工作效率的有力工具得到推崇,财务共享服务中心为财务机器人的应用创造了良好的运行环境。

(二)财务机器人的功能

基于 RPA 的应用特点和功能,可将财务机器人的功能划分为五个功能模块,即数据检索与记录、图像识别与处理、平台上传与下载、数据加工与分析、信息监控与产出。

1. 数据检索与记录

数据检索与记录是财务机器人最基础的功能,通过记录传统模式下财务人员的手工操作,设置计算机规则进行模拟,从而使财务机器人执行数据检索、迁移、输入的动作。

2. 图像识别与处理

图像识别与处理功能是指财务机器人依托光学字符识别技术(Optical Character Recognition,简称 OCR)对图像进行识别,提取图像有用字段信息并输出能够结构化处理的数据,从而进一步对数据进行审查与分析,输出对管理、决策有用的信息。

3. 平台上传与下载

上传与下载的核心在于后台对数据流的接收与输出,财务机器人按照预先设计的路径,登录内部、外部系统平台,进行数据的上传与下载操作,完成数据流的自动接收与输出。

4. 数据加工与分析

基于检索、下载的数据信息,财务机器人可进一步对数据进行检查、筛选、计算、整理以及基于明确规则的校验和分析。

5. 信息监控与产出

信息监控与产出是指财务机器人模拟人类判断,推进财务运行工作流程的一系列功能,包括工作流分配、标准报告出具、基于明确规则决策、自动信息通知等。

(三)财务机器人适用的业务特点

总体来讲,财务机器人适用于模拟人类进行简单重复的操作,处理量大易错的业务,并且以 7×24 小时不间断的工作模式,在不改变原有信息架构的基础上实现异构系统的贯通。

1. 简单重复操作

财务工作流程中,有些环节需要人工机械、重复地进行信息系统操作,在这些环节应用财务机器人,企业可以减少人力成本,提高工作效率,移除人为错误,提高财务处理质量和准确性。

2. 量大易错业务

工作量大、易于出错的业务更适合引入财务机器人。例如,在大量数据的计算、核对、整合、验证的过程中,由于数据处理工作量大,需要投入较高的人力资源去处理,导致人员占用高、人力成本高,同时,此类业务人工操作往往容易出错,而借助财务机器人,能够批量处理数据,数据处理速度快,并且能够大大提高处理的准确性。

3. 7×24小时业务

由于财务机器人是基于机器处理的程序,因此财务机器人可以不间断、高效率地工作,并且可以弥补人工操作容忍度低、峰值处理能力差的缺点,适用于企业7×24小时业务。

4. 多个异构系统

对于多个异构系统间的数据流转,使用财务机器人分别登录多个系统自动执行数据的采集、迁移、输入、校验以及上传、下载和通知等操作,不需要对数据交互需求涉及的多个异构系统进行改造和应用程序编程接口(API)开发,不会改变企业原有的信息系统架构。在异构系统间数据接口开放存在困难的情况下,使用财务机器人是一个有效的解决方案。

(四)财务机器人的收益与局限性

相对于传统人工的财务运作模式和信息系统改造的方式,财务机器人具备众多优势,财务机器人的应用为企业带来了切实的收益。具体包括:效率提升、质量保障、成本节约、价值增值、数据可得、安全可控、响应及时等。

应用财务机器人为企业带来了众多收益,其应用场景和实施范围得以不断拓展。但是,企业也必须正视财务机器人存在的局限性,比如:无法处理异常事件、运营保障要求高、需要跟踪优化机制等。

思 考 题

1. 什么是会计信息系统?会计信息系统的特点是什么?
2. 计算机会计信息系统分为哪几类?
3. 会计信息系统的发展经历了哪几个阶段?
4. 会计信息系统与手工会计核算的区别是什么?
5. 与核算型会计信息系统相比,管理型会计信息系统有哪些改进的地方?
6. 会计信息系统的功能结构包括哪些内容?工业企业会计信息系统解决方案的特点是什么?
7. 简述会计信息系统实施的前提条件及实施步骤。
8. 会计信息系统的运行管理包括哪些内容?
9. 请谈谈对管理信息系统新发展趋势的认识。
10. 请谈谈对企业会计信息化工作规范的认识。
11. 简述"大智移云物"技术对财务的影响及新时代背景下云会计、财务共享服务中心、财务机器人的应用情况。
12. 党的二十大报告指出:建设现代化产业体系。坚持把发展经济的着力点放在实体经济上,推进新型工业化,加快建设制造强国、质量强国、航天强国、交通强国、网络强国、数字中国。请结合我国企业数字化转型案例,谈谈对数字中国的理解。
13. 实施会计信息化需要专门的人才。党的二十大报告指出:我们要坚持教育优先发展、科技自立自强、人才引领驱动,加快建设教育强国、科技强国、人才强国。在这一背景下,新型会计信息化人才应具备哪些知识和技能呢?

应用实践

请登录财政部网站：http://www.mof.gov.cn

1. 查找会计信息化法规《企业会计信息化工作规范》，认真研读。
2. 查找会计信息化法规《〈企业会计信息化工作规范〉解读》之一、二、三、四，认真研读。
3. 参考研读文件：

《财政部关于全面推进我国会计信息化工作的指导意见》

《"十四五"国家信息化规划》

《会计档案管理办法》

《财政部关于全面推进管理会计体系建设的指导意见》

《管理会计基本指引》

《会计信息化发展规划(2021—2025年)》

要求：

1. 写一篇2 000字左右的会计信息化小论文。
2. 制作PPT，讲解论文。

文本：
会计改革与发展"十四五"规划纲要

文本：
关于中央企业加快建设世界一流财务管理体系的指导意见

第二章 系统管理与基础设置

【本章学习目标】

知识目标

- 了解系统管理的主要功能、存货基础信息设置、供应链基础信息设置、其他基础信息设置
- 明确年度账管理、系统安全维护、基础档案整理的内容及顺序
- 掌握系统管理的使用者、操作的基本流程
- 掌握账套管理、用户及权限管理
- 掌握机构基础信息设置、财务基础信息设置、往来单位基础信息设置、收付结算基础信息设置

能力目标

- 能结合企业实际,进行账套建立、设置用户及权限分配
- 能结合企业实际,进行部门档案、人员类别、人员档案、客户和供应商分类、客户和供应商档案、外币种类及汇率等设置

【本章知识导图】

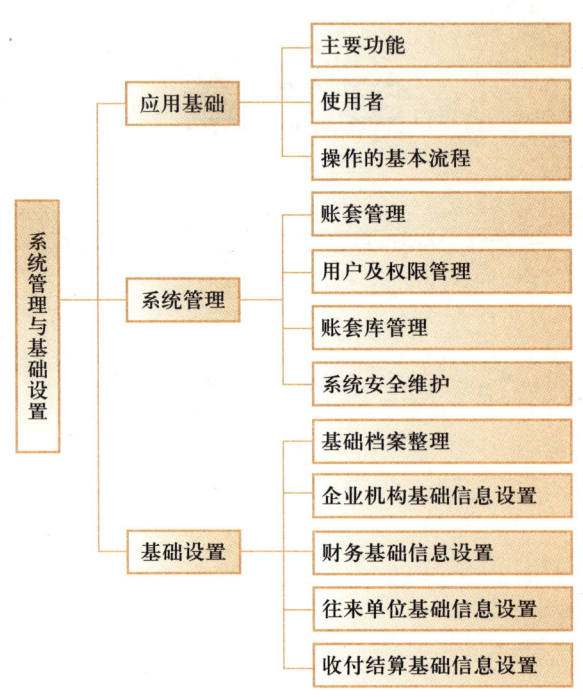

第一节　系统管理应用基础

现阶段，业财一体化的会计信息系统由若干个能实现独立功能的子系统组成，每个子系统又由若干个功能模块组成，各个子系统之间相互联系、数据共享，共同实现财务、业务一体化的管理。对于多个子系统的操作，系统需要具备对账套的建立、修改、删除和备份，对操作员的建立、角色的划分和权限的分配等进行处理的功能，因此，系统应设立一个独立的系统管理模块，为各子系统提供统一的环境，便于企业管理人员进行管理、及时监控，随时掌握企业的信息系统状态。

一、系统管理的主要功能

系统管理模块可以提供给各子系统一个统一的操作平台，对会计信息系统的各个子系统进行统一的操作管理，主要功能包括账套管理、权限管理、账套库管理以及系统安全维护。

（一）账套管理

账套是指一组相互关联的数据。用户可以为企业中每一个独立核算的单位建立一个账套。账套管理是对账套的统一管理,包括账套的建立、修改、引入和输出(恢复备份和备份)等功能。U8 软件最多可以建立 999 套账。

(二)权限管理

为了保证系统及数据的安全、保密以及进一步加强企业内部控制,系统管理提供了操作员及操作权限的集中管理功能。通过对系统操作分工和权限的管理,一方面可以避免与业务无关的人员进入系统,另一方面可以对会计信息系统中所含的各个子系统的操作进行协调,以保证各负其责,流程顺畅。操作权限的集中管理包括设定系统用户、定义用户的角色以及设置用户的权限等功能。

(三)账套库管理

为便于账套数据的管理,账套可以由一个或多个账套库组成,一个账套库可以含有一年或多年的会计数据。一个账套对应一个经营实体或核算单位,账套中的某个账套库对应这个经营实体的某年度区间内的业务数据。账套库管理包括账套库的建立、清空、引入、输出和账套库初始化等功能。

> **思考与理解**
>
> ABC 公司账套下包含 001 账套库和 002 账套库。其中 001 账套库包含 2018 年度会计数据;002 账套库包含 2019—2020 年度会计数据。请思考这样设置的好处。

(四)系统安全维护

用户在使用会计信息系统时需要在一个安全、稳定的环境下进行操作,因此,为了保证系统运行和数据存储的安全,系统应建立一个强有力的安全保障机制。在系统管理中,系统安全维护包括系统运行监控、设置数据自动备份计划、清除系统运行异常任务、记录上机日志和刷新等功能。

二、系统管理的使用者

鉴于系统管理模块在整个会计信息系统中的地位和重要性,对系统管理模块的使用应予以严格控制。会计信息系统只允许以两种身份注册进入系统管理。一是以系统管理员(admin)的身份,二是以账套主管的身份。

(一)以系统管理员的身份注册进入系统管理

系统管理员负责整个应用系统的总体控制和维护工作,可以管理该系统中所有的账套。以系统管理员的身份注册进入,可以进行账套的建立、引入和输出,设置操作员权限,监控系统运行过程,清除异常任务等。

系统管理员是系统中权限最高的操作员,要对系统数据安全和运行安全负责。通用会计信息系统中一般预置默认的系统管理员及口令,企业在正确安装应用系统后,应该及时更改系统管理员的密码,以保障系统的安全性。

微课:
系统管理员与账套主管设置

🔔 **例 2-1** 以系统管理员（admin）的身份注册进入系统管理。

　　操作路径：在"新道教育-用友 U8 [系统管理]"窗口中，执行"系统→登录"命令。注册过程如图 2-1 所示。

图 2-1　注册系统管理

（二）以账套主管的身份注册进入系统管理

　　账套主管负责所选账套的维护工作。主要包括对所管理的账套进行修改、对账套库的管理（包括创建、清空、引入、输出以及账套库初始化），以及该账套操作员权限的设置。

　　对所管辖的账套来说，账套主管是级别最高的，拥有所有模块的操作权限。

　　由于账套主管是由系统管理员指定的，因此第一次必须以系统管理员的身份注册进入系统管理，建立账套和指定相应的账套主管之后，才能以账套主管的身份注册系统管理。

三、系统管理操作的基本流程

（一）系统启用当年操作流程

系统启用当年操作流程如图 2-2 所示。

（二）更换账套库操作流程

更换账套库操作流程如图 2-3 所示。

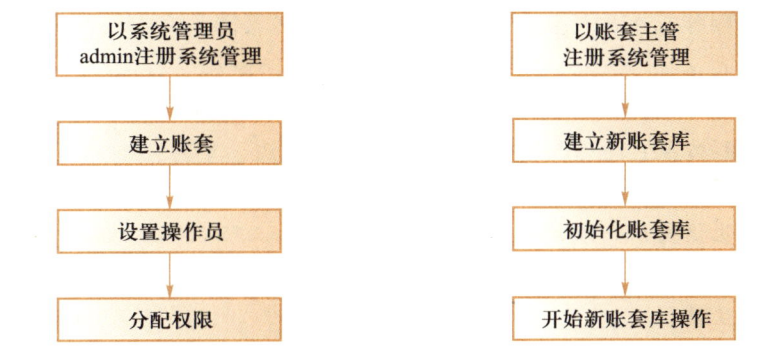

图2-2 系统启用当年操作流程图　　图2-3 更换账套库操作流程

第二节 系统管理

一、账套管理

每个企业可以为其每一个独立核算的单位建立一个核算账套,即每一个核算单位都有一套完整的账簿体系。账套管理就是对账套的统一管理,包括账套的建立、修改、引入、输出(恢复备份和备份)等功能。

(一)建立账套

建立账套,就是在企业软件中为本企业或本核算单位建立一套符合核算要求的账簿文件。根据企业的具体情况进行账套参数设置,软件将按照这些基础参数自动建立一套"账",而将来进行系统的数据输入、处理、输出时,数据的内容和形式就会由账套基础参数决定。

只有系统管理员才有权创建新账套。

系统的账套参数主要包括账套信息、单位信息、核算类型、基础信息、分类编码方案、数据精度、系统启用等内容。

例2-2　建立账套。北京明达科技有限责任公司账套相关信息如下。

(1)账套信息:

账套号:666;账套名称:北京明达公司账套;账套路径:默认;启用会计期:2020年1月;会计期间设置:1月1日至12月31日。

(2)单位信息:

单位名称:北京明达科技有限责任公司;单位简称:明达科技;单位地址:北京市海淀区中关村路6号;法人代表:张同;邮政编码:100085;联系电话及传真:66886688;电子邮件:zht@sohu.com;税号:111112222233333。

(3)核算类型:

记账本位币:人民币(RMB);企业类型:工业;行业性质:2007年新会计制度科目;账套

主管:刘宁;要求按行业性质预置会计科目。

(4) 基础信息:

该企业有外币核算,进行经济业务处理时,需要对存货、客户、供应商进行分类。

(5) 分类编码方案:

科目编码级次:4222。

其他编码级次设置采用默认值。

(6) 数据精度:

采用系统默认值。

(7) 系统启用:

总账子系统启用日期为"2020年1月1日"。

操作路径:执行"账套→建立"命令。

1. 账套信息(如图2-4所示)

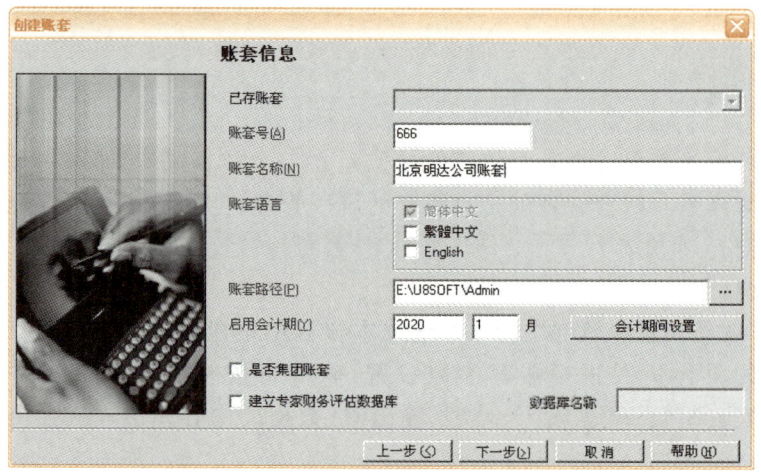

图2-4 账套信息

账套信息用于输入新建账套的有关信息。主要包括已存账套、账套代码(或称账套号)、账套名称、账套路径、启用会计期等内容。

"已存账套"是将系统内现有的账套以下拉列表框的形式在此显示出来,用户只能参照,而不能输入或修改。

"账套号"是系统用于区分不同核算账套的编号。账套号具有唯一性,即每个账套只能用一个账套号表示,一般不能重复,它与核算单位名称是一一对应的关系,共同用于代表指定的核算账套。

"账套名称"用于输入新建账套的名称,即核算单位的名称。其作用是标志新账套的信息,以便在显示和打印账簿及报表时使用。

"账套路径"是新建账套所要存放在系统中的路径,通常系统核算数据都会储存在系统中某一指定目录下的数据库文件中。有的软件会指定某一路径为系统默认路径,用户不能更改,但大多数软件允许用户自行指定账套路径。

"启用会计期"是用于输入新建账套将被启用的会计核算时间,一般为某年一月份。启用日期应在新建账套时设定,而且一旦设定便不能更改。规定启用会计期主要是用于明确账务处理的起始点,以保证核算数据的完整性和连续性。设置启用会计期时,同时进行会计期间设置,确认当前会计年度以及会计月份的起始日期和结账日期。一般财务软件按照国家统一会计制度的规定划分会计期间。如果不选择启用会计期,系统则自动默认设置为系统当前的机器时间。

2. 单位信息(如图2-5所示)

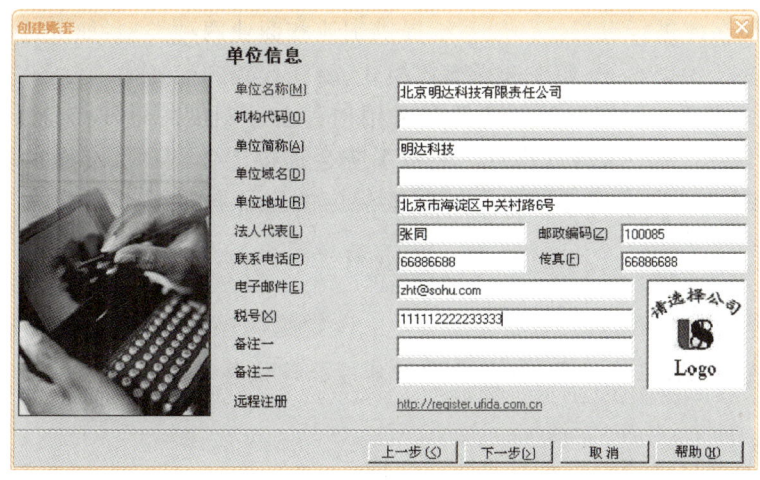

图2-5 单位信息

单位信息用于输入新建账套的基本信息,主要包括单位名称、单位简称、单位地址、法人代表、邮政编码、联系电话及传真、电子邮件、税号和备注等内容。其中"单位名称"是系统必要的信息,必须输入,将来在打印发票时使用;"单位简称"是核算单位的简称,最好输入。

3. 核算类型(如图2-6所示)

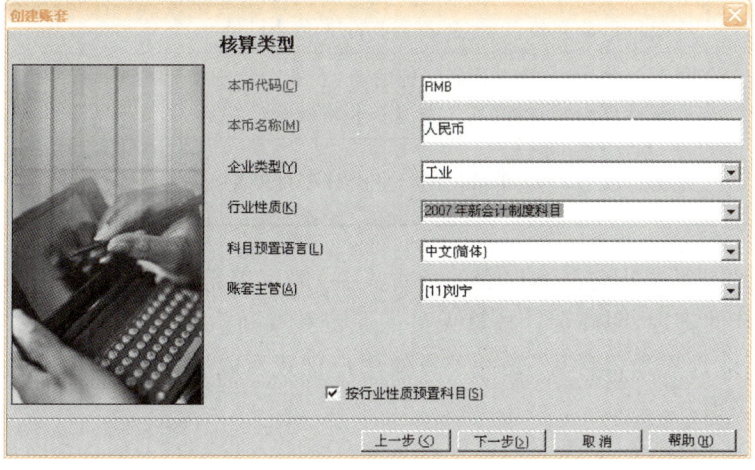

图2-6 核算类型

核算类型用于记录新建账套的基本核算信息，主要包括本位币代码（或称本币代码）、本位币名称（或称本币名称）、企业类型、行业性质、账套主管、是否按行业性质预置科目等内容。

记账本位币是核算单位按照会计法规要求采用的记账本位币名称，通常系统默认的记账本位币是人民币，如果需要进行外币核算，可以在此进行设置，将来在账务处理子系统中还要设置外币币种和相应的外币汇率。"本币代码"用来输入新建账套所使用的本位币的代码；"本币名称"用来输入新建账套所使用的本位币的名称。

"企业类型"是区分不同企业业务类型的必要信息，用于明确核算单位特定经济业务的类型。用户必须在此进行设置。一般系统提供工业和商业两种类型：如果选择工业模式，系统则不能处理受托代销业务；如果选择商业模式，委托代销和受托代销业务都能进行处理。

"行业性质"是系统用来明确新建账套采用何种会计制度的重要信息。行业性质的选择将决定企业用到何种一级会计科目。通常系统会提供工业、商业、交通运输、金融、高校、2007年新会计制度科目等现行行业会计制度规定的会计科目预设在系统内，供用户选择使用。

> **思考与理解**
> 行业性质的选择非常重要，你知道它对后续会计核算的影响吗？

微课：
行业性质
的选择

表2-1为企业可选择的主要行业性质的特点。

表2-1 主要行业性质特点

行业性质	特点	一级科目编码	科目大类
小企业会计准则（2013）	2013年1月1日起施行，一级科目较2007年新会计制度科目简化很多，不包括大企业和特殊行业的会计科目	4位	5类
2007年新会计制度科目	根据2007年1月1日起实施的新《企业会计准则》制定，一级科目最完整，包含金融企业特殊会计科目	4位	6类
新会计制度科目	根据2001年1月1日起实施的新《企业会计制度》制定，一级科目相对完整，不含金融企业特殊会计科目	4位	5类
分行业会计制度科目	根据财政部1993年推出的行业会计制度制定	3位	5类

"账套主管"是系统指定的本账套的负责人，一般可以是会计主管。设置账套主管是为了便于对该账套的管理，明确会计核算人员的职责和权利。

是否"按行业性质预置科目"是为了方便用户预置所属行业的标准一级会计科目，用户可以自行选择该项。

4. 基础信息（如图2-7所示）

基础信息也是用于记录新建账套的基础核算信息，主要包括存货、客户、供应商是否分类以及有无外币核算等内容。

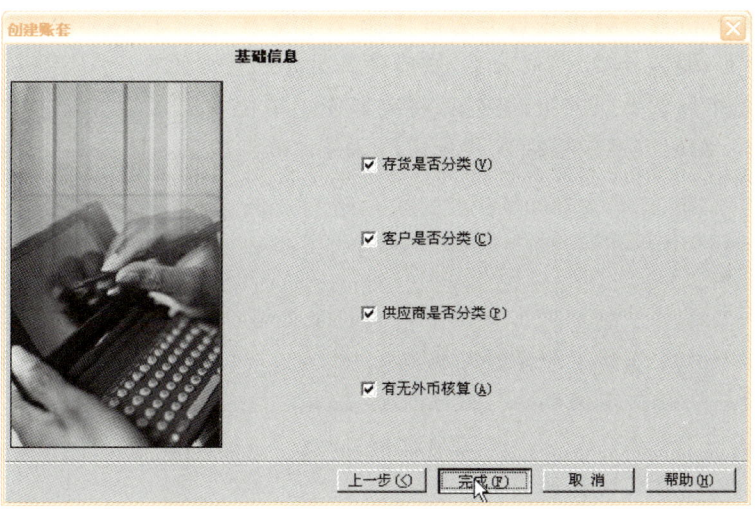

图 2-7 基础信息

如果企业存货、客户、供应商相对较多,可以对其进行分类管理。如果选择对存货、客户、供应商进行分类,在进行基础信息设置时,必须先设置存货、客户、供应商分类,然后才能设置存货、客户、供应商的档案。如果没有选择对存货、客户、供应商进行分类,在进行基础信息设置时,可以直接设置存货、客户、供应商的档案。

5. 分类编码方案(如图 2-8 所示)

项目	最大级数	最大长度	单级最大长度	第1级	第2级	第3级	第4级	第5级	第6级	第7级	第8级	第9级
科目编码级次	9	15	9		2	2	2					
客户分类编码级次	5	12	9	2	3	4						
供应商分类编码级次	5	12	9	2	3	4						
存货分类编码级次	8	12	9	2	2	2	3					
部门编码级次	5	12	9	1	2							
地区分类编码级次	5	12	9	2	3	4						
费用项目分类	5	12	9	1	2							
结算方式编码级次	2	3	3	1	2							
货位编码级次	8	20	9	2	3	4						
收发类别编码级次	3	5	5	1	1	1						
项目设备	8	30	9	2	2							
责任中心分类档案	5	30	9	2	2							
项目要素分类档案	6	30	9	2	2							
客户权限组级次	5	12	9	2	3	4						

图 2-8 分类编码方案

为了便于对经济业务数据进行分级核算、统计和管理,系统将对会计科目、企业部门、结算方式、客户分类、地区分类、存货分类、供应商分类等进行编码。

编码方案是指设置编码的级次方案,将决定使用单位如何对经济业务数据进行分级核算、统计和管理。编码方案包括级次和级长两部分。级次表示本档案共有几级编码;级长表示每级编码的位数。

微课:
科目编码
方案

> **思考与理解**
> 本例中科目编码方案为4222。你理解它的含义吗?
> 请用此编码方案给如下会计科目编码:
> 应交税费——应交增值税——进项税额
> ——销项税额
> ——应交消费税

6. 数据精度(如图2-9所示)

数据精度是指定义数据的小数位数。由于各用户对数量、单价的核算精度要求不一致,为了适应不同的需求,系统提供自定义数据精度的功能。数据精度定义主要包括存货数量小数位、存货单价小数位等内容。用户可以根据本核算单位的具体情况进行设置。

用户在进行上述内容的设置后,系统会根据这些信息自动建立一套符合用户要求的新的账套。

7. 系统启用(如图2-10所示)

会计信息系统由若干子系统构成。企业当前会计核算涉及哪些子系统,即可先对其启用。

总账子系统是会计信息系统中的核心子系统。一般情况下,需要启用此子系统。若暂不使用某子系统,以后可以到企业应用平台中启用。

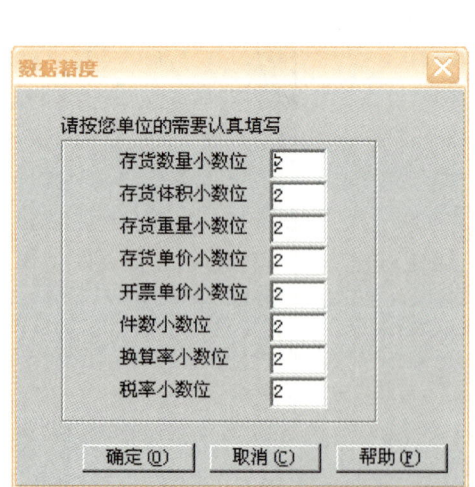

图2-9 数据精度

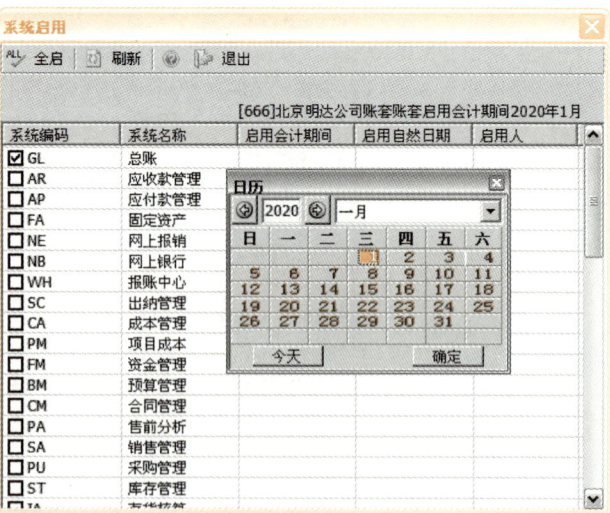

图2-10 系统启用

（二）修改账套

当系统管理员建完账套后,在未使用相关信息的基础上,需要对某些信息进行调整,以使信息更真实准确地反映企业的相关内容时,可以进行适当的调整。

只有账套主管有权修改账套,系统管理员无权修改。在修改账套过程中,系统会自动列出所选账套的账套信息、单位信息、核算类型、基础信息、分类编码方案和数据精度,账套主管可以根据需要,对允许修改的内容进行修改。

（三）账套的引入

账套的引入功能(即会计数据恢复)是指将系统外某账套数据引入本系统中。该功能有利于保证系统数据的安全,一旦系统出现故障或遭受病毒侵袭而使系统数据丢失,就可以利用账套引入功能恢复系统数据。同时该功能也有利于集团公司的操作,子公司的账套数据可以定期被引入到母公司系统中,以便进行有关账套数据的分析和合并工作。

只有系统管理员有权进行账套引入的操作。

（四）账套的输出

账套的输出功能(即会计数据备份)是指将所选的账套数据进行备份输出。账套输出的作用,一是为了保证数据的安全。如果企业由于不可预知的原因(如地震、火灾、计算机病毒、人为的误操作等),需要对数据进行恢复,此时就可以利用已备份的数据使系统恢复正常,保证企业业务正常进行;二是解决审计和数据汇总的问题。对于异地管理的公司,分公司和子公司可将账套备份后发给总公司,总公司引入账套数据后即可进行审计和数据汇总等相关操作。

应定期将账套数据备份存储到不同的移动存储介质上(如 U 盘、移动硬盘等),应至少备份两份数据,分别存放在与原系统不同的建筑物内。

在账套输出的同时,还可以选择删除账套。

只有系统管理员有权进行账套输出的操作。

二、用户及权限管理

为了保证系统及数据的安全与保密,系统一般提供角色管理、用户管理以及权限管理等功能。

（一）角色管理

在系统中为了继续加强对企业内部控制中权限的管理,增加了按角色分工管理的理念,以加大控制的广度、深度和灵活性。角色是指在企业管理中拥有某一类职能的组织,即权限组。这个角色组织可以是实际的部门,也可以是由拥有同一类职能的人构成的虚拟组织。例如,实际工作中最常见的会计和出纳两个角色(他们可以是一个部门的人员,也可以是不在一个部门但工作职能相同的角色统称)。在设置角色后,可以定义角色的权限。用户被设置为某个角色后,在系统内的所有账套都拥有该角色的权限,而无须重新设置。进行角色管理的优点是方便控制操作员权限,可以依据职能统一进行权限的划分。

只有系统管理员才有权设置角色。

(二)用户管理

用户是指有权登录系统,对应用的系统进行操作的人员,即通常所指的"操作员"。每次登录系统,都要进行用户身份的合法性检查,只有设置了具体的用户之后,才能进行相关的操作。

只有系统管理员才有权设置用户。用户管理主要包括用户的增加、删除、修改等维护工作。

例 2-3　设置用户。

编号:11;姓名:刘宁;口令:1;所属部门:财务部。

操作路径:执行"权限→用户"命令。设置用户操作的界面如图 2-11 所示。

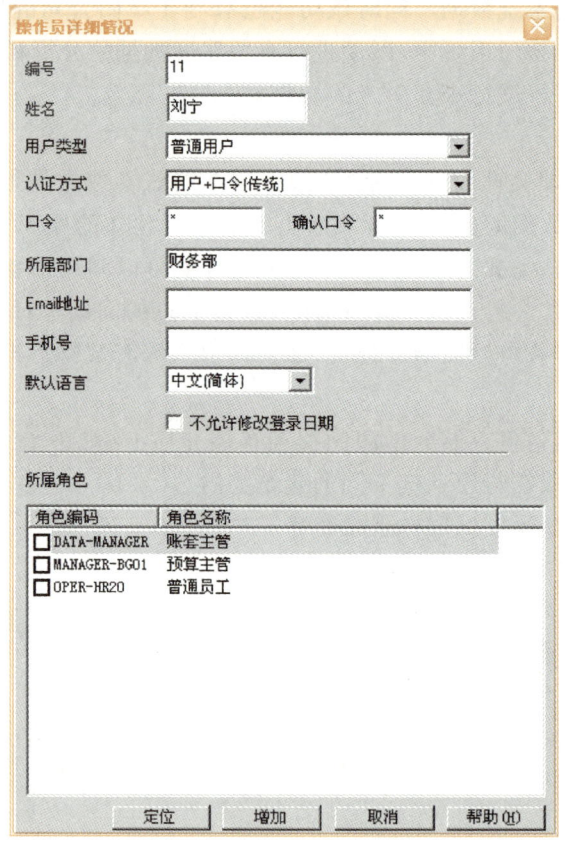

图 2-11　设置用户操作的界面

(三)权限管理

为了保证权责清晰和企业经营数据的安全与保密,企业需要对系统中所有的操作人员进行分工,设置各自相应的操作权限。

1. 功能级权限

功能级权限是指某操作员具有某账套相应功能的查询或操作权限。例如,对某个操作员设定功能级权限时,为其设定了总账子系统中出纳的全部权限,那么该操作员注册进入总账子系统后,只拥有出纳管理的全部权限,而不能进行总账子系统的设置、凭证管理、期末处

微课:
权限管理

理等功能。

只有系统管理员和该账套的账套主管才有权进行权限设置,但两者的权限又有区别。系统管理员可以指定某账套的账套主管,还可以对各个账套的用户进行权限设置。而账套主管只可以对所管辖账套的用户进行权限指定。

功能级权限管理主要完成对用户权限的增加、删除、修改等维护工作。

设置功能级权限有两种方式。区别见表2-2所示。

表2-2 功能级权限设置方式

方式	步骤	适用范围
直接分配权限	1. 新建用户 2. 给用户直接设置相应权限	适用于用户少、权限不同的情况
通过角色分配权限	1. 新建角色 2. 给角色设置相应权限 3. 新建用户 4. 给用户指定角色	适用于用户多、权限相同的情况

例2-4 设置用户"李芳"具有666账套的"出纳签字"权限。

操作路径:执行"权限→权限"命令。设置用户操作权限的界面如图2-12所示。

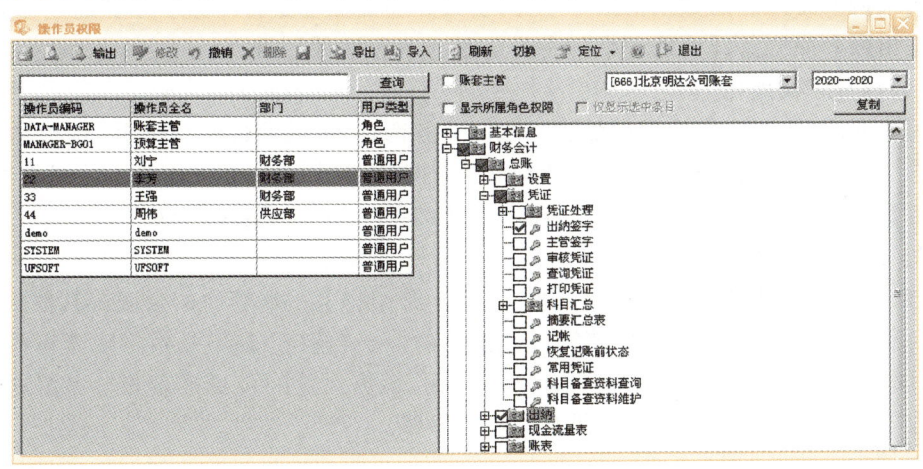

图2-12 设置用户操作权限的界面

2. 数据级权限

数据级权限可以通过两个方面进行权限控制:一个是字段级权限控制,另一个是记录级权限控制。字段级权限控制是指对单据中包含的字段进行权限分配,这样可以提高系统的安全保密性。记录级权限控制是指对具体业务对象进行权限分配,通常根据所选定的用户或角色以及业务对象进行明细的数据权限分配工作。例如,可以限制某制单人所能使用的凭证类型或会计科目。

3. 金额级权限

金额级权限主要用于完善内部金额控制,实现对具体金额数量划分级别。对不同岗位和职位的操作员进行金额级别控制,限制他们制单时可以使用的金额数量,不涉及内部系统控制的不在管理范围内。例如,可以设定某制单人录入的凭证最大金额或某业务员所签订的采购订单的最大金额。

三、账套库管理

在系统管理中,用户不仅可以建多个账套,而且每一个账套中可以包含若干账套库。账套库管理主要包括建立账套库、引入和输出账套库、账套库初始化、清空账套库等。对账套库的管理只能由账套主管进行。

(一)建立账套库

对于企业来讲持续经营是其基本特质,因此企业的日常工作是一个连续性的工作,U8支持在一个账套库中保存连续多年数据,理论上一个账套可以在一个账套库中一直使用下去。但是由于某些原因,比如需要调整重要基础档案、调整组织机构、调整部分业务等,或者一个账套库中数据过多影响业务处理性能,需要使用新的账套库并重置一些数据,这样就需要新建账套库。

(二)引入和输出账套库

引入和输出账套库,其基本含义与引入和输出账套是一致的,作用都是对数据的备份与恢复。所不同的是两者的数据范围不一样,引入和输出账套是针对整个账套的全部数据,而引入和输出账套库则是针对账套中某一特定账套库数据进行的。

(三)账套库初始化

新建账套库后,为了支持新旧账套库之间业务衔接,可以通过账套库初始化功能将上一个账套库中相关模块的余额及其他信息结转到新账套库中。为了统计分析的规整性,每个账套库包含的数据都以年为单位,上一账套库的结束年+1 就是新账套库的开始年。

(四)清空账套库数据

有时,用户会发现某账套库中错误太多,或不希望将上一账套库的余额或其他信息全部转到下一年度,这时便可使用清空账套库数据的功能。"清空"并不是指将账套库的数据全部清空,而是还要保留一些信息,主要有基础信息、系统预置的科目报表等。保留这些信息主要是为了方便用户使用清空后的账套库重新做账。

四、系统安全维护

用户在使用会计信息系统时需要在一个安全、稳定的环境下进行操作,因此,为了保证系统运行和数据存储的安全,系统应建立一个强有力的安全保障机制。在系统管理中,系统安全维护包括系统运行监控、设置数据自动备份计划、清除系统运行异常任务、记录上机日志和刷新等功能。

(一)系统运行监控

在系统管理中,可以提供对本会计信息系统中已经登录到系统管理的子系统、操作员、操作时间、系统状态等内容进行监控,以保证整个会计信息系统正常运行。

(二)设置数据自动备份计划

设置数据自动备份计划的作用是自动定时对设置的账套进行输出(备份)。这种方式的好处是可以实现对多个账套同时输出,而且可以进行定时设置,实现无人干预自动输出,减轻了系统管理员的工作量,保障了系统数据的安全,以便于更好地对系统进行管理。

(三)清除系统运行异常任务

系统运行过程中由于死机、网络阻断等原因,可能造成系统异常,针对系统异常,系统管理中通常会提供清除单据锁定、清除异常任务两项功能。

清除单据锁定功能是在使用过程中,由于不可预见的原因可能会造成单据锁定,此时单据的正常操作将不能使用,应使用清除单据锁定功能,恢复正常功能的使用。

清除异常任务功能是指系统除了提供手动清除异常任务的功能之外,还提供了自动处理异常任务的能力,即无须每次由系统管理员登录系统管理后手工清除。用户在使用过程中,可在服务管理器中设置服务端异常和服务端失效的时间,提高使用中的安全性和高效性。如果用户服务端超过异常限制时间未工作或由于不可预见的原因非法退出某系统,则视此为异常任务,在系统管理中会显示"运行状态异常",系统在到达服务端失效时间时,会自动清除异常任务。在等待时间内,用户也可选择"清除异常任务"来自行删除异常任务。

(四)记录上机日志

为了保证系统的安全运行,系统随时对各个子系统的每个操作员的上下机时间、操作的具体功能等情况进行登记,形成上机日志,以便使所有的操作都有所记录、有迹可循。

用户可以对上机日志的内容进行删除、排序、刷新。

(五)刷新

系统管理的一个很重要的用途就是对各个子系统的运行实施适时的监控。为此,系统将正在登录到系统管理的子系统及其正在执行的功能在界面上列示出来,以便于系统管理员或账套主管进行监控。如果需要查看最新的系统内容,则需要启用刷新功能来适时刷新功能列表显示的内容。

第三节 基础设置

一个新账套建立以后,在进行核算前要对一些子系统共用的基础信息进行设置,一般可以根据企业的实际情况及业务要求,先手工整理出一份基础资料,再按软件的系统要求将其输入到计算机中,以便顺利完成初始建账工作。

通常,会计信息系统中包含了众多的子系统,在这些子系统中存在很多的共性,用户既可以单独注册进入任何一个子系统,也可以在启用其他子系统之前进行集中设置,其结果都是由各个模块共享。这样既可以节约时间,也可以充分体现数据共享和系统集成的优势。

设置基础档案之前应首先确定基础档案的分类编码方案,基础档案的设置必须遵循分类编码方案中的级次和各级编码长度的设定。

一、基础档案整理

一般情况下,企业会计核算需要整理的基础档案如表2-3所示。

表2-3 企业会计核算需要整理的基础档案

基础档案分类	基础档案目录	档案用途	前提条件
机构设置	部门档案	设置与企业财务核算和管理有关的部门	先设置部门编码方案
	人员档案	设置企业的各个职能部门中需要对其核算和业务管理的职工信息	先设置部门档案,才能在其下增加职员
往来单位	客户分类	便于进行业务数据的统计、分析	先对客户分类,然后确定编码方案
	客户档案	便于进行客户管理和业务数据的录入、统计、分析	先建立客户分类档案
	供应商分类	便于进行业务数据的统计、分析	先对供应商分类,然后确定编码方案
	供应商档案	便于进行供应商管理和业务数据的录入、统计、分析	先建立供应商分类档案
	地区分类	针对客户/供应商所属地区进行分类,便于进行业务数据的统计、分析	
存货	存货分类	便于进行业务数据的统计、分析	先对存货分类,然后确定编码方案
	存货档案	便于存货核算、统计、分析和实物管理	先确定对存货分类,确定编码方案
财务	会计科目	设置企业核算的科目目录	先设置科目编码方案及外币
	凭证类别	设置企业核算的凭证类型	
	外币	设置企业用到的外币种类及汇率	
	项目目录	设置企业需要对其进行核算和管理的对象、目录	可将存货、成本对象、现金流量直接作为核算的项目目录
收付结算	结算方式	设置资金收付业务中用到的结算方式	
	付款条件	设置企业与往来单位协议规定的收、付款折扣优惠方法	
	开户银行	设置企业在收付结算中对应的开户银行信息	

二、企业机构基础信息设置

(一) 部门档案

在会计核算中,通常将数据按部门逐级进行分类和汇总,下一级将自动向有隶属关系的上一级进行汇总。部门档案就是设置会计科目中要进行部门核算时的部门名称,以及要进行个人往来核算中的职员所属的部门。

部门档案需要按照已经定义好的部门编码级次原则输入部门编号及信息,其主要内容包括部门编码、部门名称、负责人、部门属性、电话、地址等信息。

如果在设置部门负责人时已经输入了人员档案,就可以从已输入的人员档案中进行选择;如果还未设置人员档案,则可以在设置人员档案后再返回到部门档案设置中,采用修改功能进行补充设置。

例 2-5 设置如下部门档案。

部门编码:1;部门名称:管理中心;部门属性:行政管理。

操作路径:执行"基础档案→机构人员→部门档案"命令。设置部门档案如图 2-13 所示。

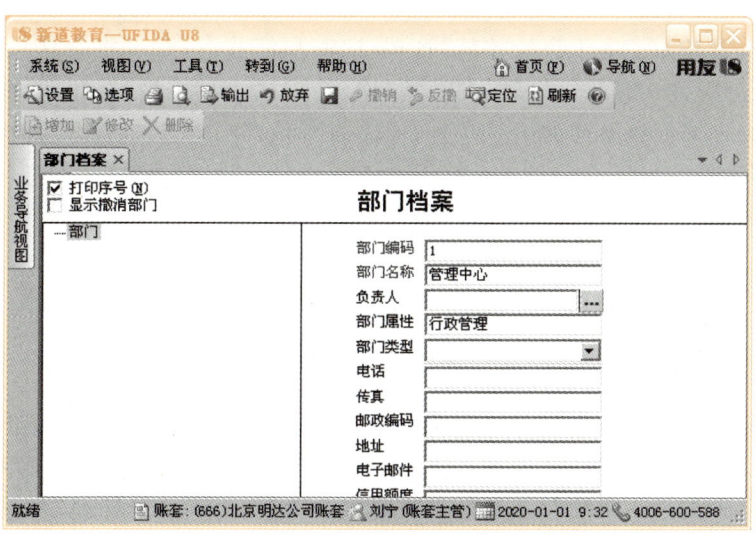

图 2-13 设置部门档案

(二) 人员类别

人员类别与工资费用的分配、分摊有关,工资费用的分配及分摊是薪资管理系统的一项重要功能。人员类别设置的目的是为工资分摊生成凭证设置相应的入账科目做准备,可以按不同的入账科目需要设置不同的人员类别。

人员类别是人员档案中的必选项目,需要在人员档案建立之前设置。

（三）人员档案

人员档案主要用于记录本企业职员的个人信息资料，设置人员档案可以方便地进行个人往来核算和管理等操作。在设置人员档案时，应先设置好部门档案后才能在这些部门下增加其相应的职员信息。除了固定资产管理和成本核算管理两个子系统以外，其他子系统均可以使用人员档案。若对职员没有核算和管理要求，则可以不设置该档案。人员档案设置主要包括职员编码、职员名称、部门名称、职员属性等内容。

三、财务基础信息设置

财务基础信息设置主要包括会计科目设置、凭证类别设置、外币设置、项目管理设置。

（一）会计科目设置

会计科目是对会计对象具体内容进行分类核算的目录。它是填制凭证、登记账簿、编制报表的基础。会计科目设置的完整性影响着会计工作的顺利实施，同时会计科目设置的层次深度也直接影响会计核算的详细、准确程度。

在设置会计科目时，需要设置的基础信息包括：科目编码、科目名称、科目类型、账页格式、助记码、余额方向、是否有外币核算、是否有数量核算、是否有各项辅助核算、是否日记账、是否银行账等。

（二）凭证类别设置

凭证类别设置是为了便于会计核算、管理、记账和汇总，一般可将会计凭证进行分类编制。通常，凭证分类方式有收、付、转方式；现、银、转方式；现收、现付、银收、银付、转账方式等。不同的分类方式会有不同的约束条件，但是，任何一种分类方式都不会影响记账结果。

（三）外币设置

企业的经济业务中涉及外币业务时，需要进行汇率设置与管理。进行外币设置的作用是：一方面可以减少录入汇率的次数和差错，另一方面可以避免在汇率发生变动时出现错误。进行外币设置主要包括设置固定汇率与浮动汇率、折算方式、小数位数、币符、币名等内容。

（四）项目管理设置

企业在实际业务处理中会对多种类型的项目进行核算和管理，如在建工程、对外投资、技术改造项目、项目成本管理、合同等。进行项目管理的目的是将具有共同特性的一类项目定义成一个项目大类。一个项目大类可以核算多个项目，为了便于管理，企业还可以对项目进行分级管理。若企业需要进行项目核算与管理，应先在建立会计科目时设置相关的项目核算科目，然后再定义项目大类、指定核算科目、定义项目分类、定义项目目录。

由于以上财务信息内容与总账子系统联系紧密，故放在下一章介绍。

四、往来单位基础信息设置

往来单位基础信息设置主要包括客户分类、客户档案、供应商分类、供应商档案、地区分类。

(一) 客户分类

当往来客户较多时,可以先对客户进行分类,以便对客户分类统计和汇总,从而达到分类管理的目的。可以按行业、地区、客户信誉资质等对客户进行分类。建立起客户分类后,必须将客户档案设置在最末级的客户分类之下。只有当本账套设置了需要对客户进行分类,且已经设置好客户分类的编码方案时才可以进行客户分类档案的编辑。如果对客户没有进行分类管理的需求,则可以直接建立客户的档案。客户分类设置主要包括类别编码和类别名称两项内容。

(二) 客户档案

对每一个被定义为客户往来核算的会计科目,都要建立相应的客户档案。建立客户档案是为企业的销售管理、库存管理、应收账管理服务的。将每一客户的详细信息输入档案卡片中,系统会自动形成客户档案列表。

客户档案中按客户信息类别分为"基本""联系""信用""其他"四个选项卡存放。客户档案信息主要包括客户编码、客户名称、客户所属分类码、所属地区名称、发展日期、联系人、电话、邮政编码、开户银行、银行账号、专营业务员名称、分管部门名称等内容。

例 2-6 设置如表 2-4 所示的客户档案。

表 2-4 客户档案

客户编码	客户名称	客户简称	所属分类码	所属地区	税号	开户银行	银行账号	地址	邮政编码
001	北京飞宇中学	飞宇中学	01	04	11111	工行	73853654	北京市朝阳区开拓路1号	100011

操作路径:执行"基础档案→客商信息→客户档案"命令。增加客户档案如图 2-14 所示。

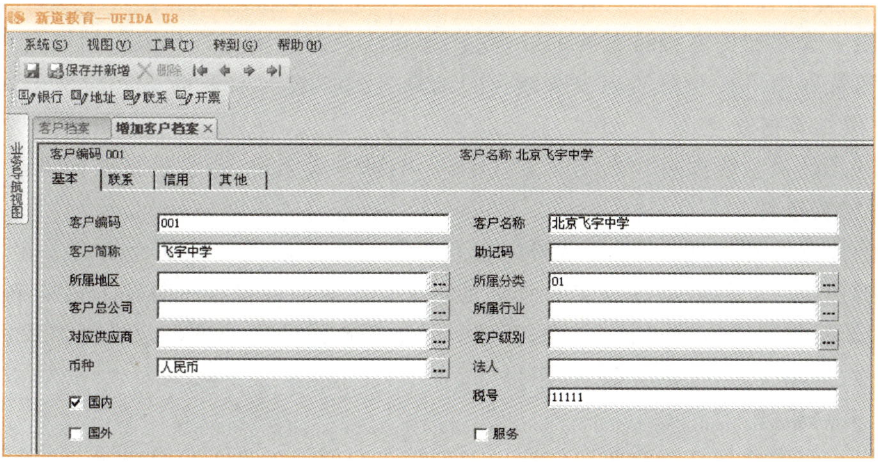

图 2-14 增加客户档案

(三) 供应商分类

如果要对供应商进行分类管理,可以通过建立供应商分类体系来实现。建立供应商分类有利于对供应商进行分类管理以及对相关业务数据进行统计与分析。可以按行业、地区等对供应商进行分类。建立起供应商分类后，必须将供应商档案设置在最末级的供应商分类之下。只有当本账套设置了需要对供应商进行分类，且已经设置好供应商分类的编码方案时才可以进行供应商分类档案的编辑。如果对供应商没有进行分类管理的需求，可以直接建立供应商的档案。供应商分类设置主要包括类别编码和类别名称两项内容。

（四）供应商档案

对每一个被定义为供应商往来核算的会计科目，都要建立相应的供应商档案。建立供应商档案是为企业的采购管理、库存管理、应付账管理服务的。在填制采购入库单、采购发票以及进行采购结算、应付款结算和有关供应单位统计时，都会用到供应商档案。

供应商档案信息也分为"基本""联系""信用""其他"四个选项卡存放。其设置内容与客户档案相似。但在供应商档案"其他"选项卡中，不同于客户档案管理的内容有以下两项：

（1）单价是否含税。它是指所购货物的单价中是否含有税金，可以是含税价格也可以是不含税价格。

（2）对应条形码。用于存货进行条形码管理时，若存货条形码中有供应商信息，则需要在对应供应商中输入对应编码信息。

（五）地区分类

地区分类是企业从自身管理要求出发，对客户、供应商的所属地区进行相应的分类，以便对业务数据进行统计与分析。地区分类设置主要包括类别编码和类别名称两项内容。

五、收付结算基础信息设置

收付结算基础信息设置主要包括结算方式、付款条件、开户银行。

（一）结算方式

为了便于管理和提高银行对账的效率，在基础信息设置中应进行银行结算方式的设置，用来建立和管理用户在经营活动中所涉及的结算方式。它与财务结算方式是一致的，如现金结算、支票结算等。

结算方式设置主要项目包括结算方式编码、结算方式名称、是否进行票据管理等。

（二）付款条件

付款条件也可称为现金折扣，是指企业为了鼓励客户偿还货款而允诺在一定期限内给予的规定折扣优待。付款条件设置的作用是便于企业对经营过程中与往来核算单位协议规定的收、付款折扣优惠方法进行有效的管理。付款条件设置主要项目包括付款条件编码、付款条件名称、信用天数、优惠天数、优惠率等。

（三）开户银行

开户银行设置是指企业在收付结算中对应的开户银行的有关信息设置。主要包括开户银行编码、开户银行名称、银行账号等。

 思 考 题

1. 系统管理有何作用?主要包括哪些功能?
2. 启用系统当年,系统管理的操作流程是怎样的?
3. 系统管理员和账套主管在权限上有何区别?
4. 简述建立一个新账套的过程。
5. 举例说明分类编码方案的含义。
6. 账套的引入和输出的意义是什么?
7. 基础设置包括哪些内容?

 应用实践

完成与本书配套的《会计信息系统实验》(第六版)教材中实验一、实验二的实验内容。

第三章

总账管理子系统

【本章学习目标】

知识目标

- 了解总账管理子系统的功能结构
- 明确总账管理子系统与其他子系统的关系、项目目录设置、总账控制参数设置
- 掌握总账管理子系统的应用流程
- 掌握会计科目设置、凭证类别设置、期初数据录入
- 掌握填制凭证、修改凭证、审核凭证、凭证记账、凭证记账簿查询、出纳管理操作
- 掌握自动转账及结账操作

能力目标

- 能结合企业实际,进行会计科目设置、凭证类别设置、期初数据录入
- 能结合企业实际,进行填制凭证、修改凭证、审核凭证、凭证记账、凭证记账簿查询、出纳管理
- 能结合企业实际,进行自动转账及结账

【本章知识导图】

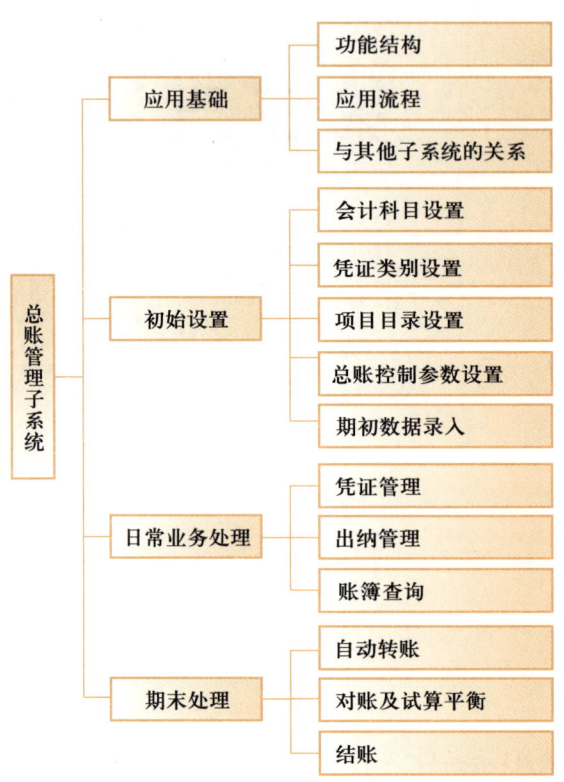

总账管理子系统又称账务处理子系统,是要完成从记账凭证输入到记账,从记账到账簿输出等账务处理工作的子系统。总账管理子系统是会计信息系统中的核心子系统,与其他子系统之间有着大量的数据传递关系。迄今为止,总账管理子系统是会计信息系统各子系统中最为成熟、最为完善的子系统。同时,在统一的会计法规和会计制度规范下,总账管理子系统的标准化程度也是很高的,各类财务软件所提供的总账管理子系统并无本质上的差异,这是其他子系统所无法比拟的。在会计信息化方式下,既秉承了传统手工会计原有的一些程序和方法,也出现了一些适应 IT 环境特点的新的功能和处理方法,为企业实现信息化提供了强有力的支持和保障。

第一节 总账管理子系统应用基础

一、总账管理子系统的功能结构

总账管理子系统的主要功能包括初始设置、凭证管理、出纳管理、账簿管理、辅助核算管理以及月末处理。

（一）初始设置

总账管理子系统初始设置是由企业用户根据自身的行业特性和管理需求,将通用的总账管理系统设置为适合企业自身特点的专用系统的过程。总账管理子系统初始设置主要包括会计科目设置、凭证类别设置、项目目录设置、系统选项设置和期初数据录入等内容。其中,会计科目设置、凭证类别设置、项目目录设置属于基础档案设置内容,但与总账管理子系统联系紧密,也可作为总账管理子系统初始设置内容。

（二）凭证管理

凭证是记录企业各项经济业务发生的载体,凭证管理是总账系统的核心功能,主要包括填制凭证、出纳签字、审核凭证、记账、查询打印凭证等。凭证是总账系统数据的唯一来源,为了严格把关数据源的正确性,总账系统设置了严密的制单控制,以保证凭证填制的正确性。另外,还提供资金赤字控制、支票控制、预算控制、外币折算误差控制、凭证类型控制、制单金额控制等功能,加强对业务的及时管理和控制。

（三）出纳管理

资金收付的核算与管理是企业的重要日常工作,也是出纳的一项重要工作内容。总账系统中的出纳管理为出纳人员提供了一个集成办公环境,可完成现金日记账、银行存款日记账的查询和打印,随时输出最新资金日报表,进行银行对账并生成银行存款余额调节表。

（四）账簿管理

总账管理子系统提供了强大的账证查询功能,可以查询打印总账、明细账、日记账、发生额余额表、多栏账、序时账等。不仅可以查询到已记账凭证的数据,而且查询的账表中也可以包含未记账凭证的数据。可以轻松实现总账、明细账、日记账和凭证的联查。

（五）辅助核算管理

为了细化企业的核算与管理,总账系统提供了辅助核算管理功能。辅助类型主要包括以下几种:客户往来核算、供应商往来核算、项目核算、部门核算和个人往来核算。利用辅助核算功能,可以简化会计科目体系,使查询专项信息更为便捷。

（六）月末处理

总账管理子系统月末处理主要包括自动转账凭证的定义、自动转账凭证的生成、对账和结账等内容。

二、总账管理子系统的应用流程

总账管理子系统的应用流程指明了正确使用总账管理子系统的操作顺序,有助于企业实现快速应用。一般来讲,各业务系统的应用划分为三个阶段:系统初始化、日常业务处理和月末处理。总账管理子系统也遵循这一规律。总账管理子系统的应用流程如图3-1所示。

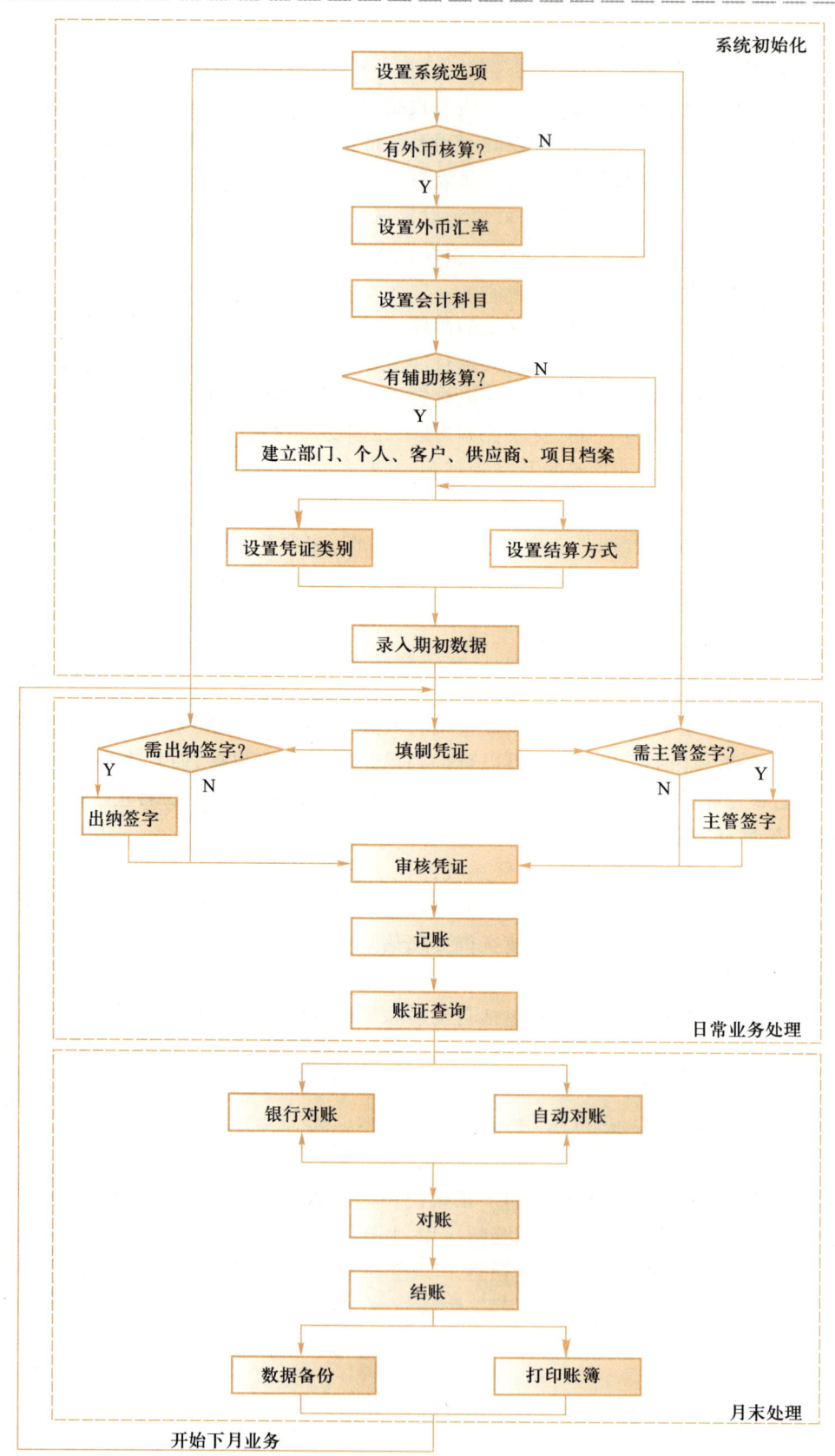

图 3-1　总账管理子系统的应用流程

对于图 3-1,需要说明的有两点:

(1)系统初始化阶段,与总账相关的基础档案(内框包含的部分)在企业应用平台中进行设置,此处仅为列示,以保持体系的完整性。

(2)如果在总账选项中设置了出纳凭证必须由出纳签字、凭证需由主管签字功能,在凭证处理流程中就必须经过出纳签字、主管签字环节。出纳签字、主管签字与凭证审核没有先后次序之分。

三、总账管理子系统与其他子系统的关系

总账管理子系统属于会计信息系统的重要组成部分,它既可以独立运行,也可以同其他系统协同运转。总账管理子系统与其他子系统之间的数据关系如图 3-2 所示。

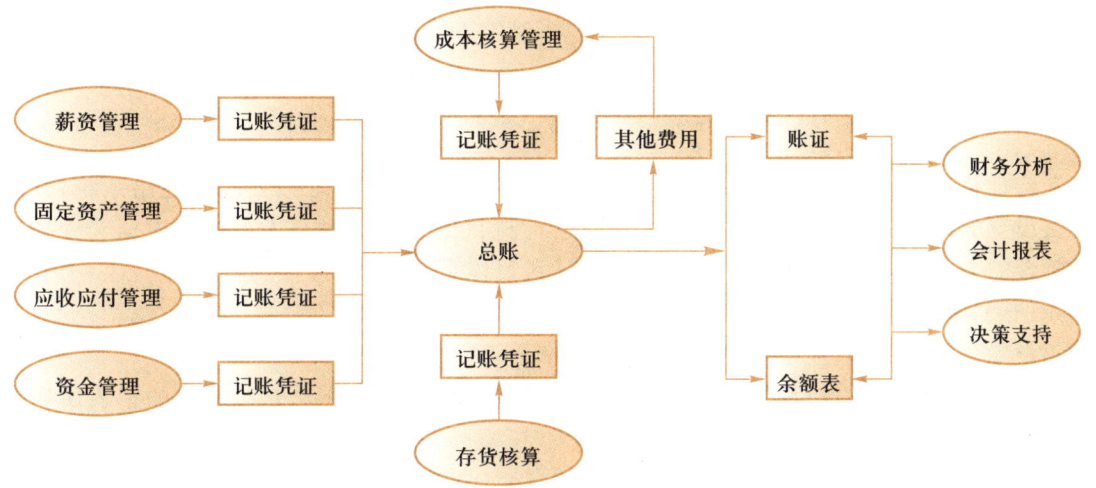

图 3-2 总账管理子系统与其他子系统之间的数据关系

总账管理子系统需要的基础数据在企业应用平台中统一设置。

在总账与应收款管理子系统集成应用模式下,应收款管理子系统向总账管理子系统传递销售过程中形成的应收凭证及收款结算形成的收款凭证。

在总账与应付款管理子系统集成应用模式下,应付款管理子系统向总账管理子系统传递采购过程中形成的应付凭证及付款结算形成的付款凭证。

薪资管理子系统将工资分摊及费用分配的结果形成的凭证传递给总账管理子系统。

固定资产管理子系统将固定资产增加、减少、计提折旧等业务处理产生的凭证传递给总账,通过对账保持固定资产明细记录与总账记录的平衡。

采购、销售、库存管理等业务处理环节生成的凭证统一通过存货核算子系统传递给总账。

成本核算管理子系统引用总账管理子系统提供的应计入生产成本的间接费用(制造费用)或其他费用数据,以便正确计算产品成本。成本核算管理子系统将各种成本费用结转生成的凭证传递给总账。

总账管理子系统为 UFO 报表子系统、现金流量表提供财务数据,生成财务报表。

总账管理子系统为数据分析、专家财务评估、管理驾驶舱等决策支持系统提供分析数据。

各子系统传递到总账中的凭证,需要在总账管理子系统中继续进行审核、记账处理。

第二节 总账管理子系统初始设置

总账管理子系统初始设置主要包括会计科目设置、凭证类别设置、项目目录设置、总账控制参数设置和期初数据录入等内容。其中,会计科目设置、凭证类别设置、项目目录设置属于基础档案设置内容,但与总账管理子系统联系紧密,也可作为总账管理子系统初始设置内容。

一、总账管理子系统会计科目设置

会计科目设置的功能是将单位会计核算中使用的科目逐一地按要求描述给系统,并将科目设置的结果保存在科目文件中,实现对会计科目的管理。财会人员可以根据会计核算和管理的需要,设置适合自身业务特点的会计科目体系。

(一)会计科目设置的原则

设置会计科目时,应该注意以下问题:

(1)会计科目的设置必须满足会计报表编制的要求,凡是需从系统取数的报表所用数据,必须设置相应科目。

(2)会计科目要保持相对稳定。

(3)设置会计科目要考虑各子系统的衔接。在总账系统中,只有末级会计科目才允许有发生额,才能接收各个子系统转入的数据,因此,要将各个子系统中的核算科目设置为末级科目。

(二)会计科目设置的内容

1. 科目编码

科目编码应是科目全编码,即从一级科目至本级科目的各级科目编码组合。其中,各级科目编码必须唯一,且必须按其级次的先后次序建立,即先有上级科目,然后才能建立下级明细科目。科目编码中的一级科目编码必须符合现行的会计制度。通常,通用商品化会计核算系统在建立账套时,会自动装入规范的一级会计科目。

2. 科目名称

科目名称是指本级科目名称,通常分为科目中文名称和科目英文名称。在中文版软件中,必须录入中文名称;若是英文版,则必须录入英文名称。科目中文名称和英文名称不能同时为空。

3. 科目类型

科目类型是指会计制度中规定的科目类型,分为资产、负债、共同、所有者权益、成本、损

微课:
会计科目
设置内容

益。由于一级科目编码的首位数字与科目类型有直接的对应关系,即科目大类代码"1=资产""2=负债""3=共同""4=所有者权益""5=成本""6=损益",因此,系统可以根据科目编码自动识别科目类型。

4. 账页格式

定义该科目在账簿打印时的默认打印格式。通常系统会提供金额式、外币金额式、数量金额式、外币数量式四种账页格式供选择。

5. 助记码

用于帮助记忆科目,提高录入和查询速度。通常情况下科目助记码不必唯一,可以重复。

6. 科目性质

科目性质即科目的余额方向。增加数记借方的科目,科目性质为借方;增加数记贷方的科目,科目性质为贷方。一般情况下,只能在一级科目设置科目性质,下级科目的科目性质与其一级科目的相同。已有数据的科目不能再修改科目性质。

7. 辅助核算

辅助核算也叫辅助账类,用于说明本科目是否有其他核算要求。系统除完成一般的总账、明细账核算外,还提供部门核算、个人往来核算、客户往来核算、供应商往来核算、项目核算五种专项核算功能供选用。

> **思考与理解**
> 你知道哪些会计科目通常会设置五大辅助核算吗?

8. 其他核算

用于说明本科目是否有其他要求,如银行账、日记账等。一般情况下,现金科目要设为日记账;银行存款科目要设为银行账和日记账。

9. 外币核算

用于设定该科目是否有外币核算,以及核算的外币名称。一个科目只能核算一种外币,只有有外币核算要求的科目才允许也必须设定外币币名。

10. 数量核算

用于设定该科目是否有数量核算,以及数量计量单位。计量单位可以是任何汉字或字符,如千克、件、吨等。

(三)会计科目编码方案

在账务系统中,为了便于计算机识别和处理会计数据,需要对每一会计科目进行编码,以便节约计算机存储单元,提高运算速度。同时,对会计科目的编码还可以促进会计业务工作的标准化,便于反映会计科目间的逻辑关系,减少汉字输入的工作量。因此科目编码在会计信息系统中被广泛采用。

根据我国现行会计制度,为保证会计数据口径一致,财政部对一级会计科目的代码和名称做了统一规定,对其他各级会计科目的名称只作了原则性规定和说明。在进行科目代码设置时,一级科目代码应该使用财政部统一规定的代码;其他各级科目码应按使用单位的实际情况,在满足核算和管理要求的基础上自行设置,但这种设置还应符合前面所设的会计科目编码规则。

由于账务处理子系统运行时计算机只以科目代码来识别账户,因此科目编码非常重要,除上面所说原则外,编码时还需要注意以下问题:

(1) 科目代码应输入全码,即从一级科目至本级科目的各级代码组合而成的代码组。

(2) 科目代码必须具有唯一性,即每一个会计科目有且只有一个代码来代表。

(3) 科目代码要在满足核算和管理的前提下适合计算机识别和分类处理。

(4) 科目代码应简单明了,便于操作人员记忆和使用。

(5) 科目代码既要反映科目间的统属和逻辑关系,也要尽量减少位数,以免增加输入、运算的工作量以及出错的可能性。

(6) 考虑到单位业务的扩展和管理要求的不断提高,科目代码还应具有一定的扩展性,以便需要时能够灵活地对科目进行增删。

通常对会计科目进行编码采用分组的顺序码。图 3-3 所示的是科目代码的一种编制方案,即 4-2-2 编码方案。本科目编码共三级,第一级是 4 位编码,第二级是 2 位编码,第三级是 2 位编码。

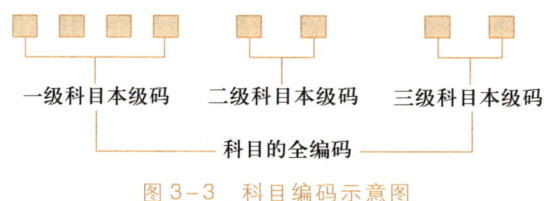

图 3-3 科目编码示意图

例如,"应交税费——应交增值税——进项税额"的全编码可以编为"22210101",其中一级编码"2221"为新会计准则规定,二级、三级科目编码可根据企业需要自行设定。

(四) 会计科目辅助核算设置

一般来说,为了充分体现计算机管理的优势,在企业原有的会计科目基础上,应对以往的一些科目结构进行优化调整,充分发挥计算机账务处理子系统提供的辅助核算功能,深化、强化企业的核算和管理工作。

当企业规模不大、往来业务较少时,可采用和手工方式一样的科目结构及记账方法,即通过设置明细科目,对往来单位、个人、部门和项目进行核算管理。而对于一个往来业务频繁,清欠、清理工作量大,核算要求较严格的企业来说,应该采用账务处理子系统提供的辅助核算功能进行管理,即将这些明细科目的上级科目设为末级科目并设置辅助核算,然后将这些明细科目设为相应的辅助核算目录。一个科目设置了辅助核算后,它所发生的每一笔业务都将会登记在总账和辅助明细账上。

例如,未使用辅助核算功能,科目设置如表 3-1 所示。

表 3–1 未使用辅助核算功能的科目设置

科目编码	科目名称	科目编码	科目名称
1122	应收账款	1604	在建工程
112201	北京石化公司	160401	工程物资
112202	天津销售分公司	16040101	办公楼
1221	其他应收款	16040102	宿舍楼
122101	差旅费应收款	6602	管理费用
12210101	王坚	660201	办公费
12210102	李默	66020101	A 部门
122102	私人借款	66020102	B 部门
12210201	王坚		
12210202	李默		

那么,在使用账务处理子系统的辅助核算功能进行核算后,可将科目设置为如表 3–2 所示。

表 3–2 使用辅助核算功能的科目设置

科目编码	科目名称	辅助核算
1122	应收账款	客户往来
1221	其他应收款	
122101	差旅费应收款	个人往来
122102	私人借款	个人往来
1604	在建工程	
160401	工程物资	项目核算
66602	管理费用	
660201	办公费	部门核算

> **思考与理解**
>
> 会计科目的辅助核算设置,会给企业带来哪些优势?

(五)会计科目设置的功能

1. 增加会计科目

该功能允许增加一个新的会计科目,增加时要进行合法性和正确性检查,即不能有相同的科目代码出现,以保持科目代码的唯一性。

例3-1 设置如下明细会计科目。

科目编码:100201;科目名称:工行存款;日记账、银行账辅助核算。

操作路径:执行"基础档案→财务→会计科目"命令。设置会计科目如图3-4所示。

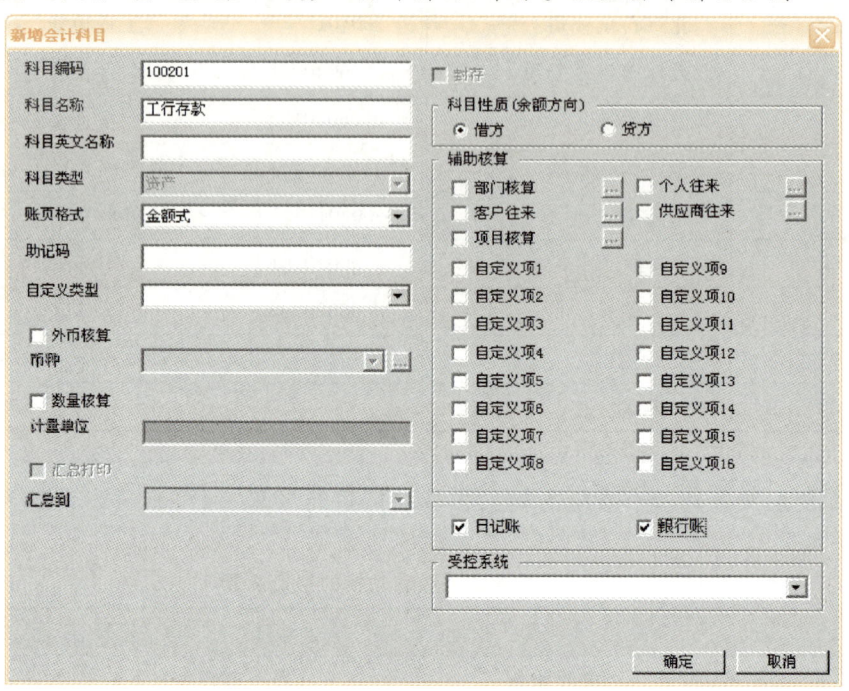

图3-4 设置会计科目

2. 修改和删除会计科目

如果需要对已建立会计科目的某些属性进行修改,譬如账页格式、辅助核算、汇总打印、封存标识等,可以通过系统提供的"修改"功能来完成。

如果会计科目未经使用,也可通过"删除"功能来删除。删除会计科目时应遵循自下而上的原则。

3. 指定会计科目

指定会计科目是指定出纳的专管科目,一般指现金科目和银行存款科目。指定科目后,才能执行出纳签字,从而实现现金、银行管理的保密性,才能查看现金、银行存款日记账。

例3-2 指定如下会计科目。

指定"1001 库存现金"为现金科目;指定"1002 银行存款"为银行科目。

操作路径:执行"基础档案→财务→会计科目"命令。指定会计科目如图3-5所示。

二、总账管理子系统凭证类别设置

许多企业为了便于管理或登账方便,一般对记账凭证进行分类编制,但各企业的分类方法不尽相同,可以按照本单位的需要对凭证进行分类。

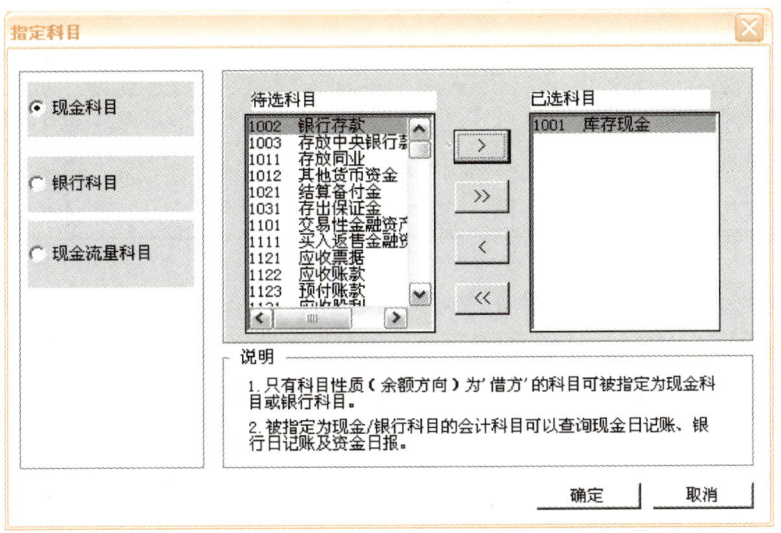

图3-5 指定会计科目

通常,系统提供五种常用分类方式供选择:
(1) 记账凭证;
(2) 收款、付款、转账凭证;
(3) 现金、银行、转账凭证;
(4) 现金收款、现金付款、银行收款、银行付款、转账凭证;
(5) 自定义凭证类别。

某些类别的凭证在制单时对科目有一定限制,通常系统有五种限制类型供选择:

借方必有:制单时,此类凭证借方至少有一个限制科目有发生额;

贷方必有:制单时,此类凭证贷方至少有一个限制科目有发生额;

凭证必有:制单时,此类凭证无论借方还是贷方至少有一个限制科目有发生额;

凭证必无:制单时,此类凭证无论借方还是贷方不可有一个限制科目有发生额;

无限制:制单时,此类凭证可使用所有合法的科目。

> **思考与理解**
> 凭证类别的限制类型和限制科目不是必须设置的,你知道设置的好处吗?

例如,在会计实务中,"收款凭证"的借方必须是现金或银行存款科目。在计算机方式下,可将"收款凭证"的限制类型设置为"借方必有",限制科目为现金和银行存款科目。这样做的好处是,在填制一张收款凭证时,若借方出现的不是现金或银行存款科目,则不能保存凭证。

例3-3 设置凭证类别,如表3-3所示。

表 3-3 凭证类别

凭证类别	限制类型	限制科目
收款凭证	借方必有	1001,1002
付款凭证	贷方必有	1001,1002
转账凭证	凭证必无	1001,1002

操作路径：执行"基础档案→财务→凭证类别"命令。设置凭证类别如图3-6所示。

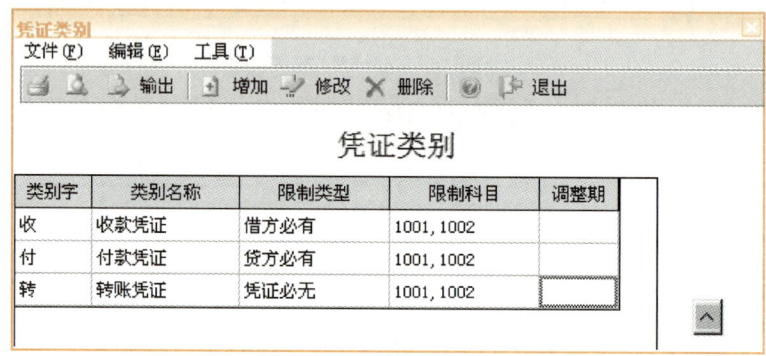

图3-6 设置凭证类别

三、总账管理子系统项目目录设置

一个单位项目核算的种类可能多种多样，比如，在建工程、对外投资、技术改造、融资成本、在产品成本、课题、合同订单等。为此应允许企业定义多个种类的项目核算。可以将具有相同特性的一类项目定义成一个项目大类，一个项目大类可以核算多个项目，为了便于管理，还可以对这些项目进行分类管理。

微课：
设置项目
目录

例3-4 设置项目目录，如表3-4所示。

表3-4 设置项目目录

项目设置步骤	设置内容
项目大类	产品
核算科目	直接材料（500101） 直接人工（500102） 制造费用（500103）
项目分类	1. 学习类软件 2. 游戏类软件
项目名称	101　A软件 102　B软件

操作路径：执行"基础档案→财务→项目目录"命令。

（一）定义项目大类

定义项目大类即定义项目核算的分类类别。如增加"产品"项目大类，设置项目大类如图3-7所示。

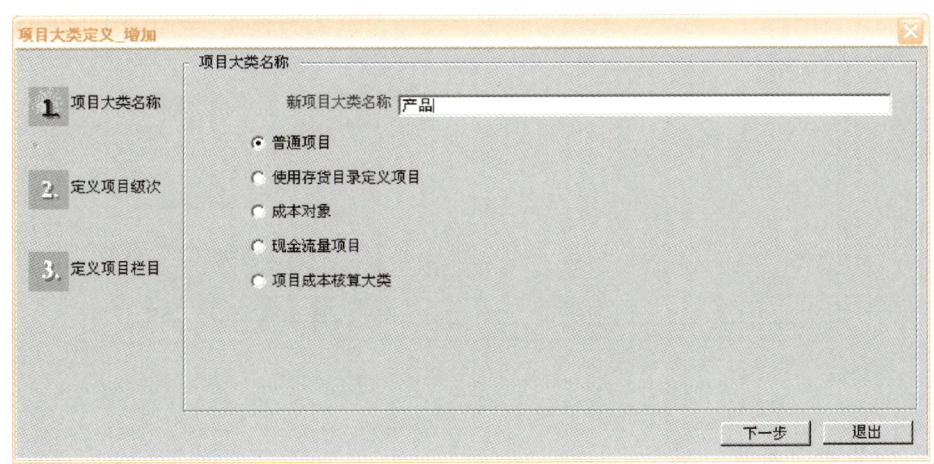

图3-7 设置项目大类

（二）指定核算科目

指定核算科目即具体指定需按此类项目核算的科目。一个项目大类可以指定多个科目，一个科目只能指定一个项目大类，指定核算科目如图3-8所示。

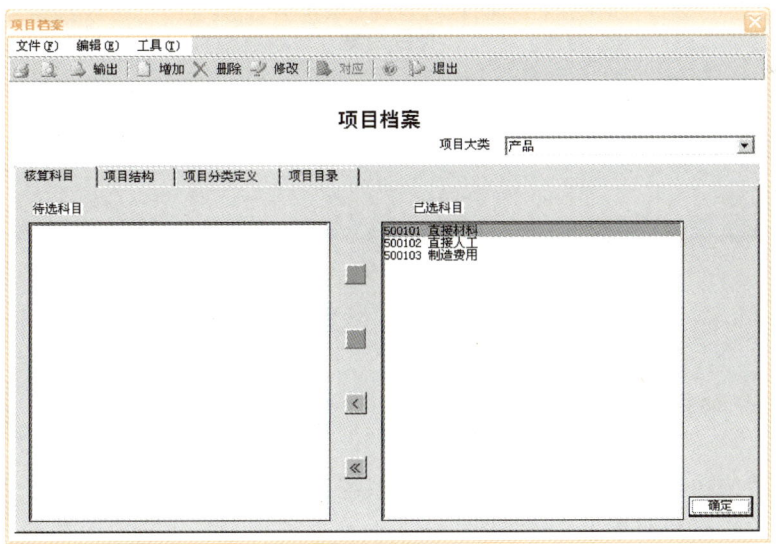

图3-8 指定核算科目

（三）定义项目分类

为了便于统计，可将同一项目大类下的项目进一步划分。如将产品项目大类进一步划分为学习类软件和游戏类软件，定义项目分类如图3-9所示。

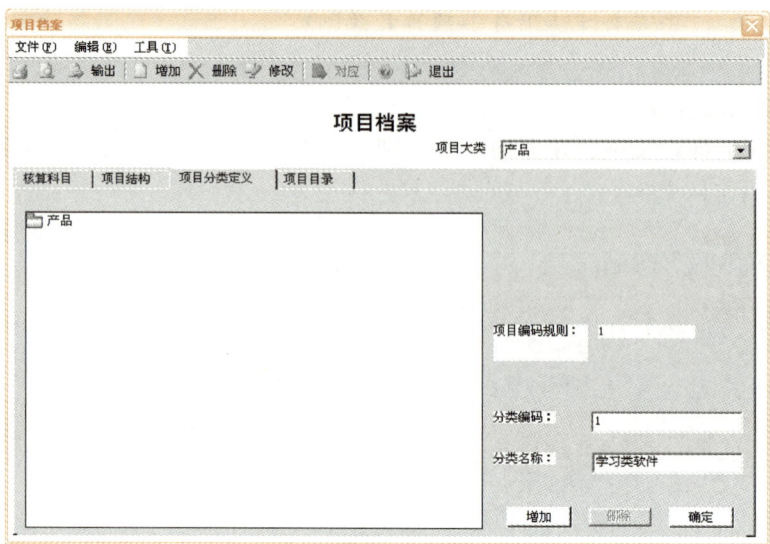

图 3-9 定义项目分类

(四) 定义项目目录

定义项目目录是将各个项目大类中的具体项目输入系统,定义项目目录如图 3-10 所示。

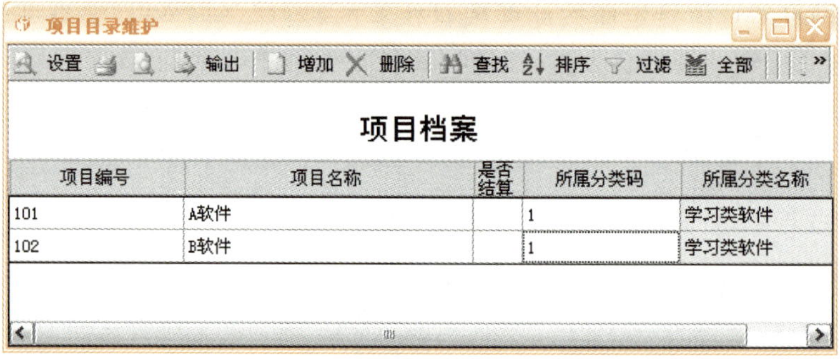

图 3-10 定义项目目录

四、总账控制参数设置

会计信息系统初始化过程中,必须对各子系统提供的系统参数作出选择,以适应自身核算和控制管理的特点和要求。

为了最大范围地满足不同企业用户的信息化应用需求,总账作为通用商品化软件的核心子系统,通过内置大量选项参数来提供面向不同企业用户的解决方案。企业可以根据自身的实际情况进行选择,以确定符合个性特点的应用模式。

软件越通用,意味着系统内置的参数越多,系统参数的设置决定了企业的应用模式和应用流程。为了明确各项参数的适用对象,软件一般将参数分门别类进行管理。

> **思考与理解**
> 请理解以下控制参数的不同设置对后续操作的影响。

(一) 凭证页签

1. 制单控制

主要设置在填制凭证时,系统应对哪些操作进行控制。具体包括以下四项。

(1) 制单序时控制。该项和"系统编号"选项联用,制单时某类凭证编号必须按日期顺序自小到大排列,凭证日期既不能小于该类别最后一张凭证日期,也不能大于系统日期。

(2) 支票控制。若选择了此项,在制单时使用银行科目编制凭证时,系统针对已设置了票据管理的结算方式进行登记。如果录入的支票号在支票登记簿中已存在,系统提供登记支票报销的功能;否则,系统提供登记支票登记簿的功能。

(3) 赤字控制。若选择了此项,在填制凭证时,如果"资金及往来科目"或"全部科目"的最新余额出现负数时,系统将予以提示。赤字控制既可以只针对资金类科目和往来科目,也可以针对所有科目。

(4) 可以使用应收受控科目。若科目为应收款系统的受控科目,为了防止重复制单,只允许应收款系统使用此科目进行制单,总账系统是不能使用此科目制单的。所以如果希望在总账系统中也能使用这些科目填制凭证,则应选择此项。

> **注意:**
> - 总账和其他业务系统若使用了受控科目会引起应收系统与总账对账不平。

2. 凭证控制

(1) 现金流量科目必录现金流量项目。如果企业选择利用现金流量项目核算作为编制现金流量表的方法,就涉及该选项的选择。选择该项,在录入凭证时如果使用了现金流量科目则必须输入现金流量项目及金额。

(2) 自动填补凭证断号。如果选择凭证编号方式为系统编号,则在新增凭证时,系统按凭证类别自动查询本月的第一个断号作为本次新增凭证的凭证号。

(3) 凭证录入时结算方式及票据号必录。在填制凭证时如果使用了银行科目,则必须录入结算方式及票据号。

3. 凭证编号方式

系统提供系统编号和手工编号两种方式。如果选用系统编号,系统在填制凭证时按照设置的凭证类别按月自动编号。

(二) 账簿页签

用来设置各种账簿的输出方式和打印要求等。

(三) 凭证打印

用来设置凭证的输出方式和打印要求等。主要包括以下两项。

1. 合并凭证显示、打印

选择此项,在填制凭证、查询凭证、出纳签字和凭证审核时,凭证按照"按科目、摘要相同方式合并"或"按科目相同方式合并"合并显示,在明细账显示界面提供是否"合并显示"的选项。

2. 打印凭证页脚姓名

决定在打印凭证时是否自动打印制单人、出纳、审核人、记账人的姓名。

(四) 预算控制

根据预算管理系统或财务分析系统设置的预算数对业务发生进行控制。

(五) 权限页签

1. 制单权限控制到科目

如果需要明确操作员只能使用具有相应制单权限的科目制单,则首先在数据权限控制设置中选择对"科目"进行控制,再选中该项,最后在数据权限中为操作员指定制单可以使用的科目。设置完成后,该操作员只能使用有权限的科目进行制单。

同样意义的选项还有"制单、辅助账查询控制到辅助核算"和"明细账查询控制到科目"。

2. 制单权限控制到凭证类别

如果需要明确操作员只能填制某些特定类别的凭证,则首先在数据权限控制设置中选择对"凭证类别"进行控制,再选中该项,最后在数据权限中为操作员指定制单时可以使用哪些凭证类别。设置完成后,在操作员制单时,凭证类别参照中只显示操作员有权限的凭证类别。

3. 操作员进行金额权限控制

系统可以对不同级别的人员进行制单金额大小的控制。例如,财务主管可以对10万元以上的经济业务制单,一般财务人员只能对5万元以下的经济业务制单,这样可以减少由于不必要的责任事故带来的经济损失。

以下情况不能进行金额权限控制:

(1) 如为外部凭证或常用凭证调用生成,则不做金额权限控制。

(2) 自定义结转凭证不受金额权限控制。

4. 凭证审核控制到操作员

如果需要指定某个具有凭证审核权限的操作员只能审核某些制单人填制的凭证,则应选择该选项。

5. 出纳凭证必须经由出纳签字

出纳凭证是指凭证上包含现金或银行科目的凭证。涉及现金收付的业务是企业需要重点关注的业务,如果选择该项,则收付款凭证还需要出纳签字。

> 提示:
> - 出纳签字与审核凭证不分先后顺序。
> - 如果选择了"凭证必须经由主管会计签字",则在凭证处理流程中的填制凭证和记账之间还需要增加主管签字环节。

6. 凭证必须经由主管会计签字

如果企业中规定所有凭证都必须由主管会计签字才能作为记账依据,则应选中该项。

7. 允许修改、作废他人填制的凭证

如果制单人填制的凭证有误,该选项决定其他人员如审核人员发现凭证有误时是否允许修改或作废。"控制到操作员"属于数据权限控制内容,利用该项可以指定允许修改、作废哪些操作员填制的凭证。

8. 可查询他人凭证

是否可以查询他人填制的凭证。利用"控制到操作员"可以指定可以查询哪些操作员填制的凭证。

(六)会计日历页签

在会计日历页签中包括以下几项内容:

(1)可查看各会计期间的起始日期与结束日期,以及启用会计年度和启用日期。

> 提示:
> - 此处仅能查看会计日历的信息,如需修改请到系统管理中进行。

(2)可查看建立账套时的一些信息,包括账套名称、单位名称、账套存放的路径、行业性质和定义的科目级长等。

(3)可以修改数量小数位、单价小数位和本位币精度。

(七)其他页签

在其他页签中可以设置以下内容:

1. 外币核算方式

有外币业务时,企业可以选择"固定汇率"或"浮动汇率"处理方式。

2. 排序方式

在参照部门目录、查询部门辅助账时,可以指定查询列表的内容是按编码顺序显示还是按名称顺序显示。对个人往来辅助核算和项目辅助核算也可以进行设置。

例3-5 设置总账控制参数。

系统要求进行支票控制,资金及往来科目赤字控制;可以使用应收、应付、存货系统的受控科目。

操作路径: 执行"总账→设置→选项"命令。设置总账控制参数如图3-11所示。

五、总账管理子系统期初数据录入

企业账套建立之后,还需要在系统中建立基础档案和各账户的余额数据,才能接续手工业务处理进程。各账户余额数据的准备与总账启用的会计期间相关。

(一)期初数据的内容

总账管理子系统需要输入的期初数据包括:期初余额和累计发生额。企业建账时间不

微课:
期初数据
录入

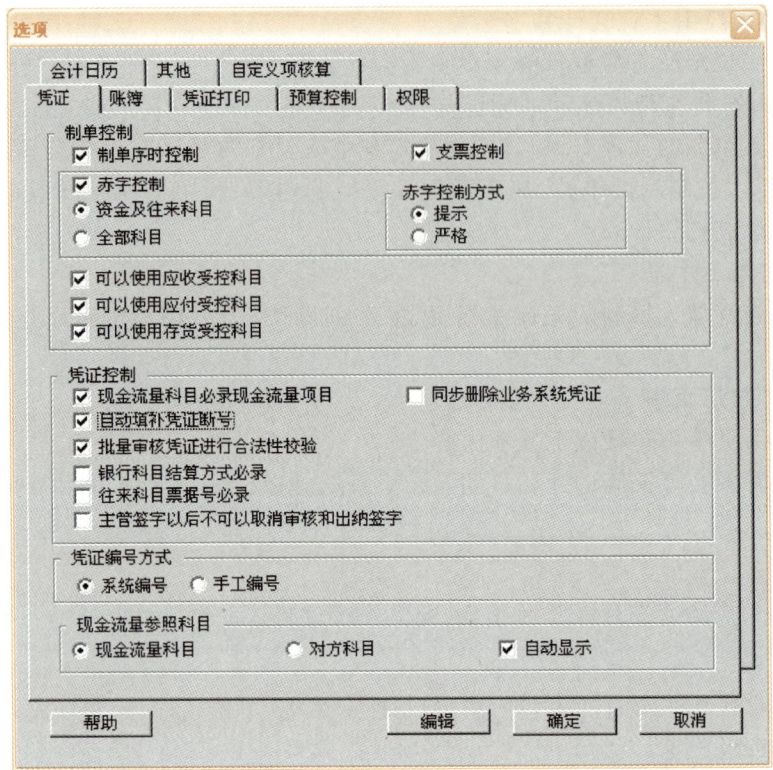

图 3-11 设置总账控制参数

同,所输入的期初数据就有所不同。

1. 年初建账

1月份建账即为年初建账。如果选择年初建账,只需要将各账户上年年末的余额作为新一年的期初余额即可,且年初余额和月初余额是相同的。如某企业选择2020年1月启用总账系统,则只需要整理该企业2019年12月末各账户的期末余额,将其作为2020年1月初的期初余额,因为本年没有累计数据发生,因此月初余额同时也是2020年年初余额。

2. 年中建账

2—12月建账即为年中建账。如果选择年中建账,不仅要准备各账户启用会计期间上一期的期末余额作为启用期的期初余额,而且要整理本年度开始截至启用期的各账户累计发生数据。例如,某企业2020年8月开始启用总账系统,那么,应将该企业2020年7月末各科目的期末余额及1~7月的累计发生额整理出来,作为计算机系统的期初数据录入到总账系统中,系统将自动计算年初余额。

> **思考与理解**
> 请问年中建账比年初建账要多输入哪一种期初数据?软件这样设计的目的是什么?

如果科目设置了某种辅助核算,那么还需要准备辅助项目的期初余额。如"应收账款"科目设置了客户往来辅助核算,除了要准备"应收账款"总账科目的期初数据外,还要详细记录这些应收账款是哪些客户的销售未收,因此要按客户整理详细的应收余额数据。

(二)录入期初数据

1. 无辅助核算科目期初余额录入

余额和累计发生额的录入要从最末级科目开始,上级科目的余额和累计发生数据由系统自动计算。如果某科目为数量、外币核算,应录入期初数量、外币余额,而且必须先录入本币余额,再录入数量、外币余额。若期初余额有外币、数量余额,则必须有本币余额。红字余额用负号输入。

例 3-6　输入"库存现金"科目的期初余额为 5 000 元。

操作路径:执行"总账→设置→期初余额"命令。录入"库存现金"科目期初余额,如图 3-12 所示。

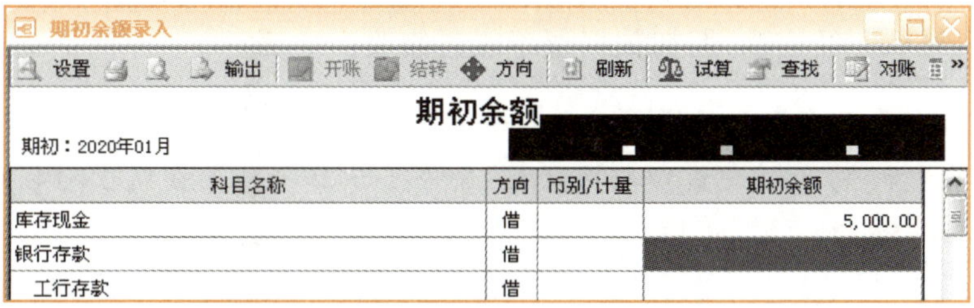

图 3-12　无辅助核算科目期初余额录入

2. 有辅助核算科目期初余额录入

在录入期初余额时,对于设置为辅助核算的科目,系统会自动为其开设辅助账页。相应地,在输入期初余额时,这类科目总账的期初余额是由辅助账的期初明细汇总而来,即不能直接输入总账期初数。

例 3-7　输入"其他应收款"科目的期初余额,如表 3-5 所示。

表 3-5　"其他应收款"期初余额

部门	个人	方向	期初余额
综合管理部	张同	借	4 000

操作路径:执行"总账→设置→期初余额"命令。输入"其他应收款"科目期初余额,如图 3-13 所示。

(三)进行试算平衡

期初数据输入完毕后应进行试算平衡。如果期初余额试算不平衡,可以填制、审核凭证,但不能进行记账处理。因为企业信息化时,初始设置工作量大,占用时间比较长,为了不影响日常业务的正常进行,故允许在初始化工作未完成的情况下进行凭证的填制。

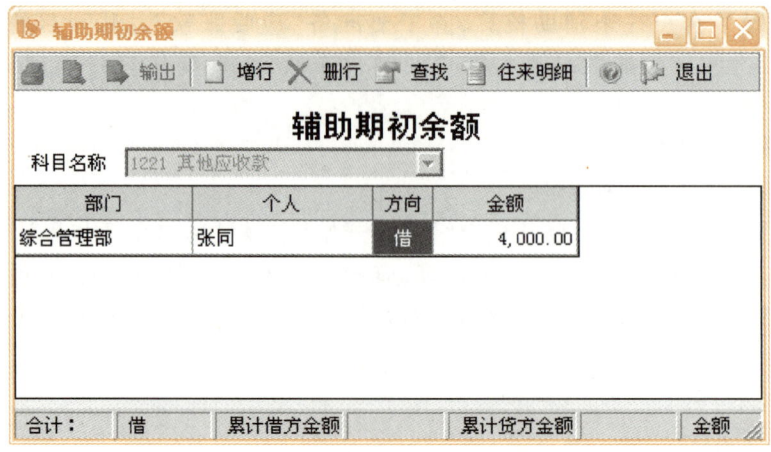

图3-13 辅助核算科目期初余额录入

需要注意,凭证一经记账,期初数据便不能再修改。

例3-8 进行期初余额的试算平衡。

操作路径:执行"总账→设置→期初余额"命令。试算平衡表如图3-14所示。

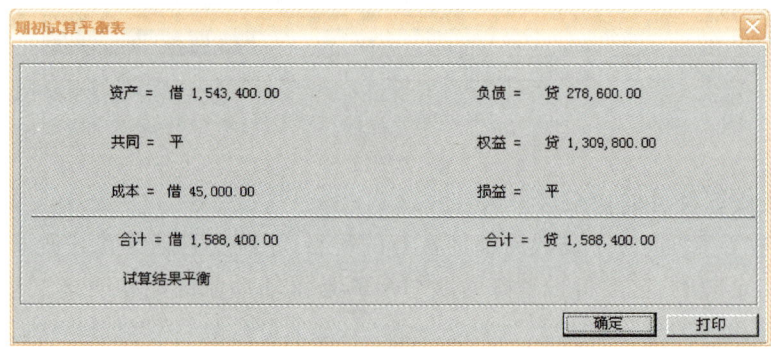

图3-14 期初余额试算平衡表

第三节 总账管理子系统日常业务处理

初始化工作完成后,就可以进行总账子系统日常业务处理了。总账管理子系统日常业务处理主要包括凭证管理、出纳管理及账簿查询。

一、总账管理子系统凭证管理

凭证管理的内容包括填制凭证、修改凭证、删除凭证、凭证复核、凭证记账、冲销凭证、凭证查询以及凭证汇总等内容。

(一)填制凭证

记账凭证按其编制来源可分为两大类:手工填制凭证和机制凭证。机制凭证包括利用总账管理子系统自动转账功能生成的凭证以及其他子系统生成的凭证。关于机制凭证的有关内容将在有关章节介绍。此处为大家介绍手工填制凭证。

记账凭证是总账管理子系统的唯一数据来源,而填制凭证则是制约总账管理子系统整体效率的瓶颈所在。在实际工作中,填制凭证的方式有两种:一是前台处理,即根据审核无误的原始凭证直接在总账管理子系统中填制记账凭证;二是后台处理,即先在手工方式下填制好记账凭证而后再集中输入到总账管理子系统中。企业可以根据实际情况选择适合自己的凭证填制方式。

微课:
填制凭证

凭证填制的内容包括:

1. 凭证类别

由于初始化时已设置了凭证类别,所以填制凭证时可以直接选择所需的凭证类别。当然,如果没有设置凭证类别,就不能填制凭证。需要注意的是,选择凭证类别时不要忙中出错,如果在设置凭证类别时设置了限制类型,系统会自动检查凭证类别,如果有错将不能保存凭证。

2. 凭证编号

凭证一般是分类别按月编号,可以由系统自动编号,也可以由用户手工编号。如果是手工编号,在系统中可以手动输入凭证号,但应注意凭证号的连续性、唯一性。一般采用系统自动编号比较方便,这样填制一张新的记账凭证时,系统会自动给出一个凭证号。但应注意,如果是在网络环境下,多人同时填制凭证时,此凭证号只是一个参考凭证号,而不一定就是最终的凭证号,最终的凭证号只能在保存凭证时才能确定。另外,当凭证科目过多时,系统会自动加上分单号,如转 0010 号 0002/0004。

3. 凭证日期

填制凭证时,日期一般自动取登录系统时的业务日期,如日期不对还可以修改。在制单序时控制的情况下,应注意日期的范围是该类凭证中最后一张凭证日期至系统日期之间。

4. 附单据数

记账凭证打印出来后,应将相应的原始凭证黏附其后。这里的附单据数就是指该记账凭证所附的原始单据数,如果填的话,必须与实际张数相符。

5. 摘要

摘要是对经济业务的概括说明。一般而言,会计分录各行都要有摘要,不能为空。可以直接输入,如果定义了常用摘要,也可以调用常用摘要。

6. 会计科目

填制凭证时,要求会计科目必须是末级科目。可以输入科目编码、科目名称、科目助记码,也可以通过选择输入。

如果输入的是银行科目,一般系统会要求输入有关结算方式的信息,此时最好输入,以方便日后银行对账;如果输入的科目有外币核算,系统会自动带出在外币中已设置的相关汇率,如果不符还可以修改,输入外币金额后,系统会自动计算出本币金额;如果输入的科目有数量核算,应该输入数量和单价,系统会自动计算出本币金额;如果输入的科目有辅助核算,应该输入相关的辅助信息,以便系统生成辅助核算信息。

> **思考与理解**
> 请结合实验操作体会哪些辅助核算信息是必须输入的？哪些不是必须输入的？

7. 金额

金额可以是正数或负数（即红字），但不能为零。凭证金额应符合"有借必有贷，借贷必相等"原则，否则将不能保存。

🔔 **例 3-9** 填制一张普通凭证。

2日，销售一部赵红购买了500元的礼品，以现金支付。（附单据一张）

（付款凭证）摘要：购礼品

借：销售费用（6601）   500

　　贷：库存现金（1001）   500

（现金流量：07 支付的与其他经营活动有关的现金）

操作路径：执行"总账→凭证→填制凭证"命令。填制凭证如图 3-15 所示。

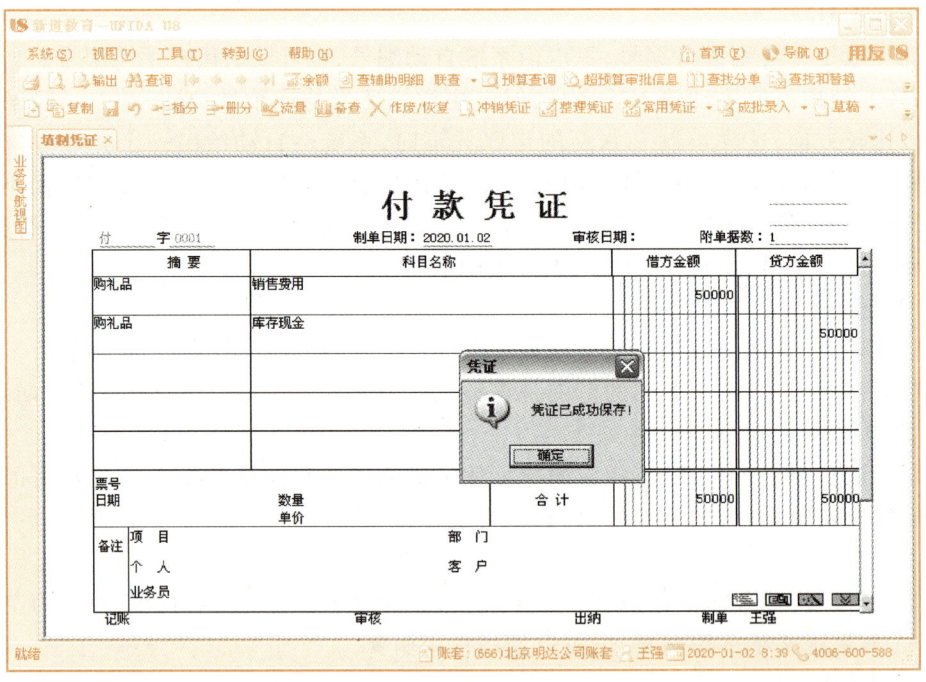

图 3-15　填制凭证

🔔 **例 3-10** 填制一张带辅助核算信息的凭证。

16日，综合管理部张同出差归来，报销差旅费4 000元。

（转账凭证）摘要：报销差旅费

借：管理费用/差旅费（660204）   4 000

　　贷：其他应收款（1221）   4 000

操作路径：执行"总账→凭证→填制凭证"命令。填制带辅助核算信息的凭证如图 3-16 所示。

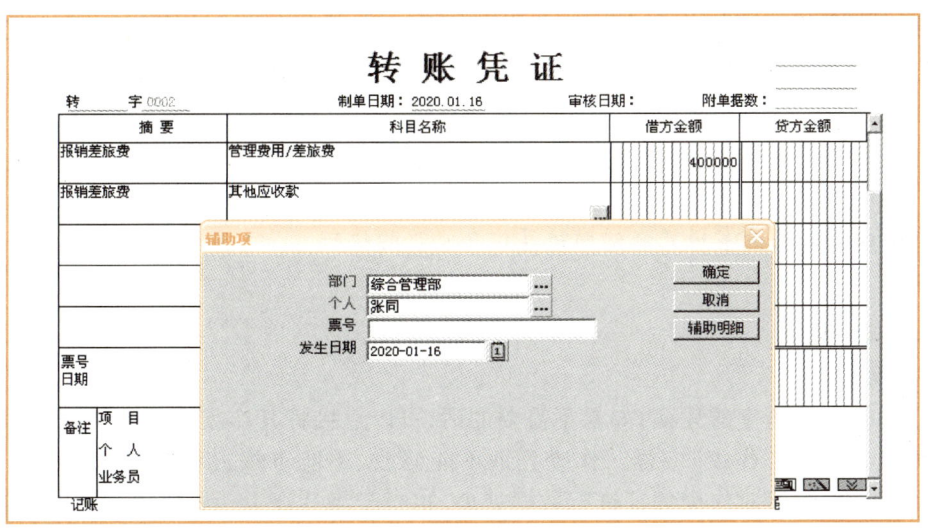

图 3-16 填制带辅助核算信息的凭证

凭证填制的注意事项：

（1）如果设置了常用凭证，可以在填制凭证时直接调用常用凭证，从而提高凭证录入速度。

（2）如果设置了填制凭证的相关明细权限，填制凭证时还应符合明细权限的设置。

（3）填制有关损益类科目的凭证时，如果发生额方向与正常余额方向相反，应填写红字凭证，使得损益类科目发生额方向与其正常余额方向一致，以便生成利润表时能很方便地取出其真实发生额。例如，若本期销货 1 000 000 元，应记主营业务收入贷方 1 000 000；销售退货 100 000 元，主营业务收入贷方记-100 000，而不是借方记 100 000。这样做的目的是，主营业务收入本期贷方实际发生 900 000（即 1 000 000-100 000）元，期末期间损益结转时，自动从主营业务收入借方结转 900 000 元，账户结平，与实际情况正好一致。

（二）修改凭证

在信息化方式下，凭证的修改分为无痕迹修改和有痕迹修改。

1. 无痕迹修改

无痕迹修改，是指系统内不保存任何修改线索和痕迹。对于尚未审核和签字的凭证可以直接进行修改；对于已经审核或签字的凭证应该先取消审核或签字，然后才能修改。显然，这两种情况下，都没有保留任何审计线索。

2. 有痕迹修改

有痕迹修改是指系统通过保存错误凭证和更正凭证的方式而保留修改痕迹，因此可以留下审计线索。对于已经记账的错误凭证，一般应采用有痕迹修改。具体方法是采用红字更正法或补充更正法。前者适用于更正记账金额大于应记金额的错误或者会计科目的错误，后者适用于更正记账金额小于应记金额的错误。

能否修改他人填制的凭证，将取决于系统参数的设置。其他子系统生成的凭证，只能在账务系统中进行查询、审核、记账，不能修改和作废，只能在生成该凭证的原子系统中进行修改和删除，以保证记账凭证和原子系统中的原始单据一致。

修改凭证时，凭证类别及编号是不能修改的。修改凭证日期时，为了保持序时性，日期

微课：
修改凭证

应介于前后两张凭证日期之间，同时日期月份不能修改。修改辅助核算信息时，应先选中带有辅助核算的科目行，再将光标移动到辅助核算信息处，待光标指针变成铅笔状，然后双击修改。

> **思考与理解**
> 请结合上机实验掌握凭证辅助核算信息修改的技巧。

（三）删除凭证

1. 作废凭证

对于尚未审核签字的凭证，如果不需要的话，可以直接将其作废。作废凭证仍保留凭证内容及编号，仅显示"作废"字样。作废凭证不能修改、不能审核，但应参与记账，否则月末无法结账。记账时不对作废凭证进行数据处理，相当于将其视为一张空凭证。账簿查询时，查不到作废凭证的数据。

与作废凭证相对应，系统也提供作废凭证的恢复功能，将已标识为作废的凭证恢复为正常凭证。

2. 整理凭证

如果作废凭证没有保留的必要，可以通过"整理凭证"功能彻底将其删除。

（四）凭证复核

为了保证会计事项处理正确和记账凭证填制正确，需要对记账凭证进行复核。凭证复核包括出纳签字、主管签字和审核凭证。

1. 出纳签字

由于出纳凭证涉及企业资金的收支，所以应加强对出纳凭证的管理。出纳签字功能使得出纳可以对涉及现金、银行存款的凭证进行核对，以检查凭证是否有误。如果凭证正确无误，出纳便可签字，否则必须交由制单人进行修改，然后再重新核对。

出纳凭证是否必须由出纳签字取决于系统参数的设置。如果选择了"出纳凭证必须由出纳签字"选项，那么出纳凭证必须经过出纳签字才能够记账。

2. 主管签字

为了加强对会计人员制单的管理，有的企业所有凭证都需要由主管签字，为了满足这一应用需求，总账系统提供主管签字功能。但凭证是否需要主管签字才能记账，取决于系统参数的设置。

3. 审核凭证

一般情况下，审核凭证在凭证复核操作中是必须进行的。审核凭证是审核员按照相关规定，对制单员填制的所有记账凭证进行检查核对，如是否与原始凭证相符，会计分录是否正确等。凭证审核无误后，审核人方可签字，否则必须交由制单人进行修改后再重新审核。

微课：凭证复核

例 3-11 以账套主管"刘宁"的身份审核"收 0001"号凭证。

操作路径：执行"总账→凭证→审核凭证"命令。审核凭证如图 3-17 所示。

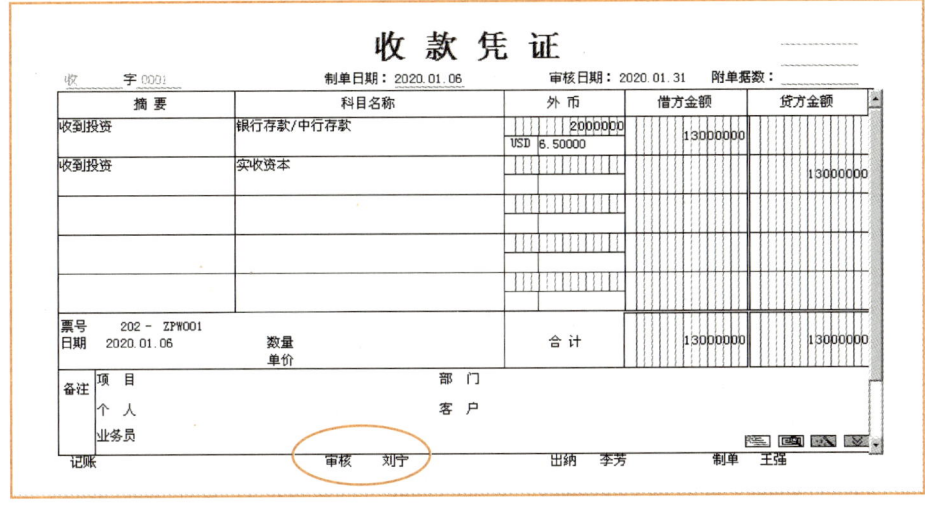

图3-17 审核凭证

凭证审核应注意的问题:
(1) 所有凭证必须审核后才能记账。
(2) 审核人与制单人不能是同一人。
(3) 凭证一经审核,就不能被修改、删除,只有被取消审核签字后才可以进行修改或删除。
(4) 凭证既可以单张审核,也可以成批审核。
(5) 如果设置了凭证审核明细权限的话,审核凭证还会受到明细权限的制约。

(五) 凭证记账

记账凭证经过审核签字后,便可以记账了。计算机系统中,记账是由计算机自动进行的。记账过程中如果因断电或其他原因造成中断,系统会自动调用恢复记账前状态功能恢复数据,再重新选择记账。

微课:
凭证记账

> **思考与理解**
> 你知道计算机方式下,记账操作与手工方式有何不同吗?

记账一般都遵循这样一个流程:
1. 选择记账凭证

开始记账时,系统首先要求用户选择要记账的凭证范围。凭证范围由月份、凭证类别、凭证编号决定。系统一般给出凭证编号的最大范围作为默认值。一般月份不能为空。类别如果为空,系统自动将各类已审核的记账凭证全部进行记账。

2. 系统自动检验记账凭证

虽然记账凭证在输入和审核时已经过多次检验,但为了确保会计数据的正确,系统在登记机内账簿时仍将对记账凭证进行一次平衡校验和会计科目等有关内容的检验。如果发现不平衡凭证或错误凭证,系统会将不平衡的凭证或错误凭证的类别和凭证号显示给用户,同时停止记账。

3. 数据保护

记账工作涉及系统内多个数据库，记账过程一旦发生意外，会使记账涉及的数据库受到影响，为此系统设计了数据保护功能。记账前系统首先将有关数据库在硬盘上进行备份，一旦记账过程出现意外，系统将停止记账并自动利用备份文件恢复系统数据。

4. 正式记账

做完以上工作，系统会自动将选定的记账凭证登记到机内账簿中（包括部门核算、往来核算和项目核算的辅助账簿），并进行汇总工作，计算出各个科目最新的本月发生额、累计发生额和最新的当前余额，将其保存在系统中，完成记账工作并将已记账的凭证张数显示给用户。

例3-12 对全部已审核凭证进行记账。

操作路径： 执行"总账→凭证→记账"命令。凭证记账如图3-18所示。

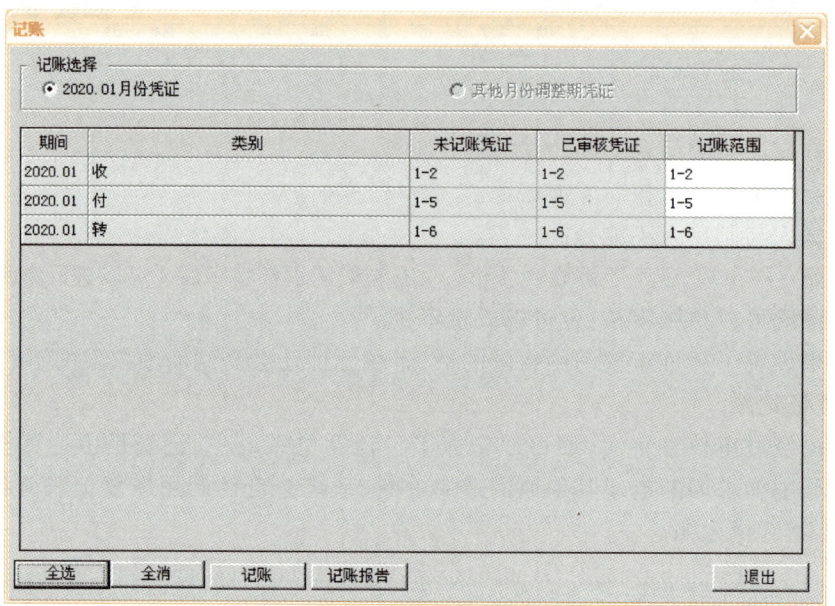

图3-18 凭证记账

记账应注意的事项：

（1）在第一次记账时，若期初余额试算不平衡，系统将不允许记账。

（2）未审核凭证，不允许记账。

（3）如果上月未结账，则本月不允许记账。

（4）如果记账后发现输入的记账凭证有错误需要进行修改，需要人工调用"恢复记账前状态"功能。系统提供了两种恢复记账前状态方式：将系统恢复到最后一次记账前状态和将系统恢复到月初状态。只有主管才能选择将数据"恢复到月初状态"。

> **思考与理解**
>
> 若一张凭证记账后发现有错，请从有痕迹修改方法和无痕迹修改方法两个角度对凭证进行修改，修改正确后，再对凭证记账。

(六)冲销凭证

冲销凭证是针对已记账凭证而言的。红字冲销可以采用手工方式也可以由系统自动进行。如果采用自动冲销,只要告知系统要被冲销的凭证类型及凭证号,系统便会自动生成一张与该凭证相同只是金额为红字(负数)的凭证。

(七)凭证查询

总账管理子系统提供了强大的凭证查询功能。具体体现在以下两个方面。

1. 丰富灵活的查询条件

软件提供丰富的查询功能,为审计工作带来极大的方便。在软件中既可设置凭证类别、制单日期等一般查询条件,也可设置摘要、科目等辅助查询条件。通过设置查询条件,可以按科目、摘要、金额、外币、数量、结算方式或各种辅助项等内容查询,快捷方便。

2. 联查明细账、辅助明细及原始单据

当光标位于凭证某分录科目时,通过选择菜单可以联查该科目的明细账、该科目的辅助明细账以及生成这张凭证的原始单据。

(八)凭证汇总

凭证汇总时,可按一定条件对记账凭证进行汇总并生成凭证汇总表。进行汇总的凭证可以是已记账凭证,也可以是未记账凭证。财务人员可随时查询凭证汇总信息,及时了解企业的经营状况及其他财务信息。

(九)设置常用凭证

企业发生的经济业务都有其规律性,有些业务在一个月内会重复发生若干次,因而在填制凭证的过程中,经常会有许多凭证完全相同或部分相同,所以可以将这些经常出现的凭证进行预先设置,以便将来填制凭证时随时调用,简化凭证的填制过程。

(十)设置常用摘要

由于经济业务的重复性,在日常填制凭证的过程中,经常会反复用到许多相同的摘要,为了提高凭证的录入速度,可以将这些经常使用的摘要预先设置下来,而在填制凭证时可以随时调用这些摘要,这样就会提高处理业务的效率。

(十一)设置明细权限

如果在系统参数中设置了某些选项,如"制单权限控制到科目""制单权限控制到凭证类别""制单金额控制""审核权限控制到操作员""明细账查询控制到科目"等,此时还需要利用系统提供的相关功能进行明细权限的设置。

二、总账管理子系统出纳管理

出纳管理是总账系统为出纳人员提供的一套管理工具和工作平台,包括出纳签字、现金和银行存款日记账及资金日报表的查询打印、支票登记簿以及银行对账。

(一)出纳签字

如果凭证上使用了指定为现金或银行存款属性的科目,即涉及现金收付业务,需要出纳对该类业务进行确认。出纳签字在凭证管理中已做过介绍,在此不再赘述。

（二）现金和银行存款日记账及资金日报表的查询打印

现金日记账和银行存款日记账属于出纳管理不同于一般科目的日记账，因此将其查询与打印功能放置于出纳管理平台。现金、银行存款日记账一般可按月查询或按日查询，查询时也可以将未记账凭证包含在内。

资金日报表可以反映现金和银行存款日发生额及余额情况。手工环境下，资金日报表由出纳员逐日填写，以反映当天营业终了时现金、银行存款的收支情况及余额。在计算机系统中，资金日报表可由总账管理子系统根据记账凭证自动生成，及时掌握当日借、贷金额合计，余额以及当日业务量等信息。资金日报表既可以根据已记账凭证生成，也可以根据未记账凭证生成。

例3-13 查询现金日记账。

操作路径：执行"总账→出纳→现金日记账"命令。查询现金日记账如图3-19所示。

2020年		凭证号数	摘要	对方科目	借方	贷方	方向	余额
月	日							
			上年结转				借	5,000.00
01	02	付-0001	购礼品	6601		500.00	借	4,500.00
01	02		本日合计			500.00	借	4,500.00
01	04	付-0002	提现	100201	8,000.00		借	12,500.00
01	04		本日合计		8,000.00		借	12,500.00
01	20	付-0005	报销医药费	660202		200.00	借	12,300.00
01	20		本日合计			200.00	借	12,300.00
01			当前合计		8,000.00	700.00	借	12,300.00
01			当前累计		8,000.00	700.00	借	12,300.00
			结转下年				借	12,300.00

科目：1001 库存现金　　月份：2020.01-2020.01

图3-19　查询现金日记账

（三）支票登记簿

加强支票的管理对于企业来说非常重要，因此总账系统提供了支票登记簿功能，以供出纳员详细登记支票领用及报销情况，如领用日期、领用部门、领用人、支票号、用途、预计金额、报销日期、实际金额、备注等。

一般而言，使用支票登记簿时，应注意以下问题：

（1）要使用支票登记簿，必须为各银行存款科目设置银行账属性。

（2）必须为支票结算方式设置票据管理属性。

（3）领用支票时，银行出纳必须据实填写领用日期、领用部门、领用人、支票号、用途、预计金额、备注等信息。

（4）支票支出后，经办人持原始单据报销，会计人员据此填制记账凭证。在录入该凭证时，系统要求录入结算方式和支票号，填制完凭证后，在采取支票控制的方式下，系统自动在支票登记簿中将该支票填上报销日期，表示该支票已报销。否则，出纳员需要自己填写报销日期。

相对于手工处理方式来说，计算机系统中的支票登记对于手工签字没有自动化的替代方案。

（四）银行对账

银行对账是出纳在月末应进行的一项工作。企业为了了解未达账项情况，通常都会定

期与开户银行进行对账。在信息化方式下,银行对账的程序为:

1. 录入银行对账期初数据

在第一次利用总账系统进行银行对账前,应该录入银行启用日期时的银行对账期初数据。银行对账的启用日期是指使用银行对账功能前最后一次手工对账的截止日期,银行对账不一定和总账系统同时启用,银行对账的启用日期可以晚于总账系统的启用日期。银行对账期初数据包括银行对账启用日的企业方银行日记账与银行方银行对账单的调整前余额,以及启用日期之前的单位日记账和银行对账单的未达账项。录入期初数据后,应保证银行日记账的调整后余额等于银行对账单的调整后余额,否则会影响以后的银行对账。

例3-14 录入银行对账期初数据。

明达公司银行账的启用日期为2020年1月1日,工行人民币户单位日记账调整前余额为200 000元,银行对账单调整前余额为230 000元,未达账项一笔,系银行已收企业未收款30 000元。

操作路径:执行"总账→出纳→银行对账→银行对账期初录入"命令。数据如图3-20所示。

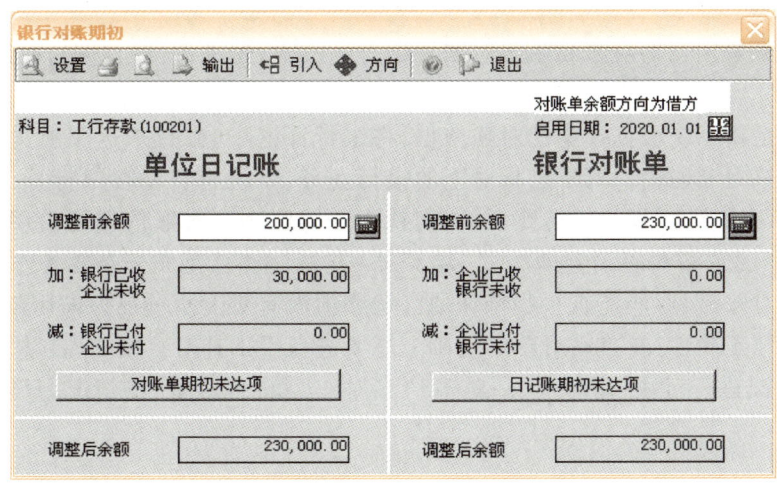

图3-20 录入银行对账期初数据

2. 录入银行对账单

在开始对账前,必须将银行开出的银行对账单录入到系统中,以便将其与企业银行日记账进行核对。有些系统还提供了银行对账单导入的功能,避免了烦琐的手工录入过程。

例3-15 录入银行对账单数据,如表3-6所示。

表3-6 银行对账单数据

日期	结算方式	票号	借方金额	贷方金额
2020.01.04	201	XP001		8 000
2020.01.06				60 000
2020.01.07	202	ZPR001		2 340
2020.01.11	202	ZPR002	73 200	

操作路径：执行"总账→出纳→银行对账→银行对账单"命令。银行对账单如图3-21所示。

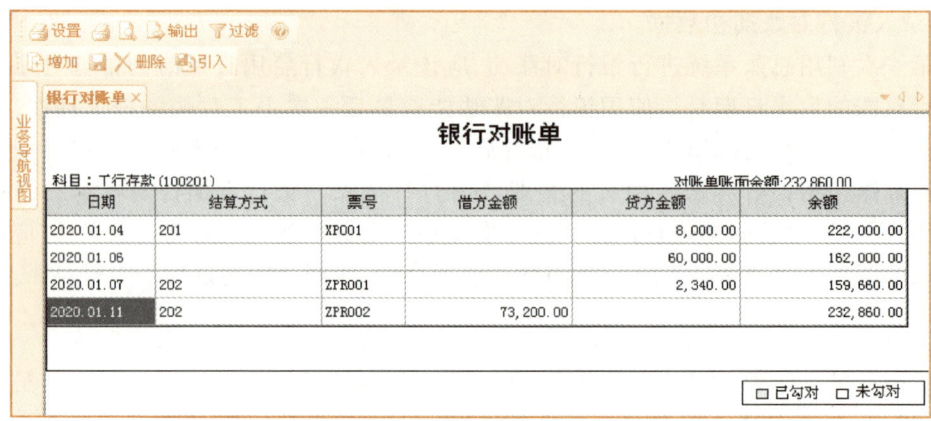

图3-21 录入银行对账单

3．银行对账

银行对账可采用自动对账和手工对账相结合的方式，先进行自动对账，在此基础上再进行手工对账。

自动对账是指系统根据设定的对账依据，将银行日记账（银行未达账项文件）与银行对账单进行自动核对和勾销。对于已核对上的银行业务，系统将自动在银行日记账和银行对账单双方打上两清标志，视为已达账项，否则视为未达账项。对账依据可由用户自己设置，但"方向+金额"是必要条件，"结算方式+结算号+方向+金额"是充分必要条件。

采用自动对账后，可能还有一些特殊的已达账项没有对上而被视为未达账项，为了保证对账的彻底性和正确性，在自动对账的基础上还要进行手工补对。例如，自动对账只能针对"一对一"的情况进行对账，而对于"一对多""多对一"和"多对多"的情况，只能由手工对账来实现。

例3-16 自动银行对账。

操作路径：执行"总账→出纳→银行对账→银行对账"命令。自动银行对账如图3-22所示。

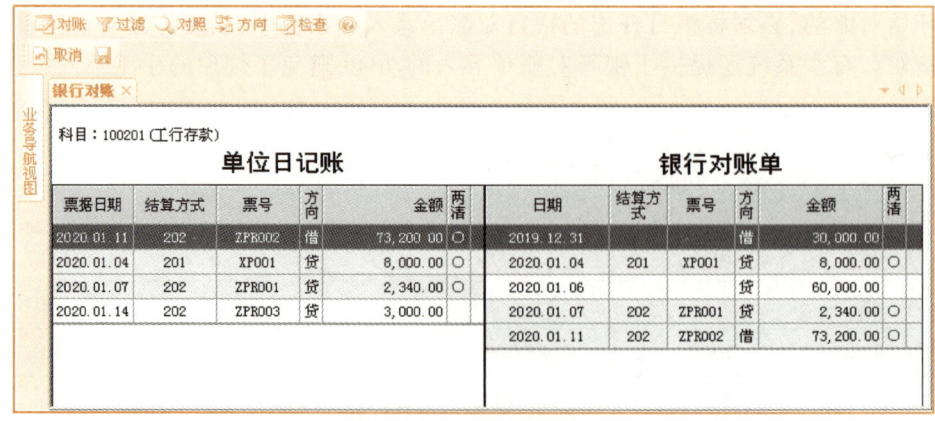

图3-22 自动银行对账

4. 查询打印银行存款余额调节表

在进行对账后，系统会根据对账结果自动生成银行存款余额调节表，以供用户查询打印或输出。

对账后，还可以查询银行日记账与银行对账单对账的详细情况，包括已达账项和未达账项。

例 3-17 查看工行银行存款余额调节表。

操作路径：执行"总账→出纳→银行对账→余额调节表查询"命令。银行存款余额调节表如图 3-23 所示。

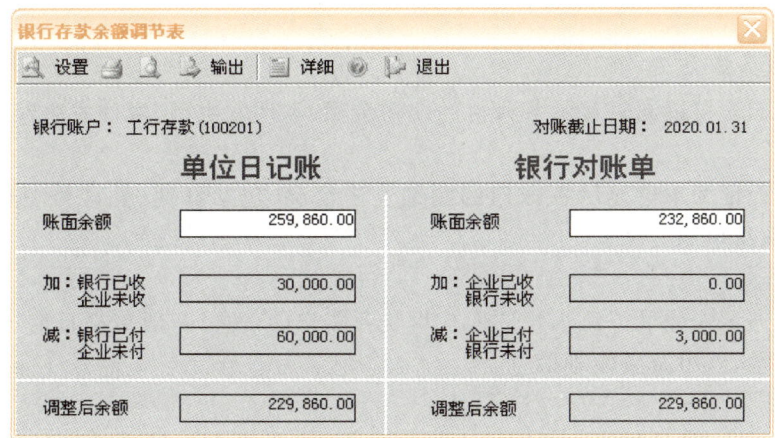

图 3-23 银行存款余额调节表

5. 核销银行账

为了避免文件过大，占用磁盘空间，可以利用核销银行账功能将已达账项删除。对于企业银行日记账已达账项的删除不会影响企业银行日记账的查询和打印。

6. 长期未达账项审计

有的软件还提供长期未达账项审计的功能。通过设置截止日期以及至截止日期未达天数，系统可以自动将至截止日期时，未达天数超过指定天数的所有未达账项显示出来，以便企业了解长期未达账项情况，从而采取措施对其追踪、加强监督，避免不必要的损失。

三、总账管理子系统账簿查询

企业发生的经济业务，经过制单、复核、记账后，就可以查询打印各种账簿了。计算机系统的账簿查询具有以下鲜明特点：首先，在查询各种账簿时，可以包括未记账凭证；其次，与手工环境不同，在信息化方式下，各种账簿都可以针对各级科目进行查询；再次，可以进行账表联查，例如查询总账时可以联查明细账，而查询明细账时可以联查凭证等。

账簿查询分为基本会计账簿查询和辅助核算账簿查询。

> **思考与理解**
> 请理解并掌握软件中各种账簿的灵活丰富的查询功能。

(一) 基本会计账簿查询

基本会计账簿就是手工处理方式下的总账、发生额余额表、明细账、序时账、日记账、多栏账等。

1. 总账

查询总账时,可单独显示某科目的年初余额、各月发生额合计、全年累计发生额和月末余额。

2. 发生额余额表

发生额余额表可以同时显示各科目的期初余额、本期发生额、累计发生额及期末余额。

3. 明细账

明细账以凭证为单位显示各账户的明细发生情况,包括日期、凭证号、摘要、借方发生额、贷方发生额及余额。

4. 序时账

序时账根据记账凭证以流水账的形式反映各账户的信息,一般包括日期、凭证号、科目、摘要、方向、数量、外币及金额等信息。

5. 日记账

在信息化方式下,任何账户都可以查询日记账,只要将会计科目设置日记账选项即可,而且可以随时设置。现金、银行存款日记账一般是在出纳功能中单独查询的。日记账一般包括日期、凭证号、摘要、对方科目、借方发生额、贷方发生额及余额。

6. 多栏账

在查询多栏账之前,必须先定义多栏账的格式。多栏账格式设置可以有两种方式:自动编制栏目和手工编制栏目。

🔔 **例 3-18** 查询部门多栏明细账。

操作路径:在"UFIDA ERP-U8"窗口"业务工作——财务会计"菜单下,执行"总账→账表→部门辅助账→部门多栏明细账"命令。查询部门多栏明细账如图 3-24 所示。

图 3-24 查询部门多栏明细账

（二）辅助核算账簿查询

辅助账在手工处理方式下一般作为备查账存在。而在会计信息系统环境下，对于设置了辅助核算的会计科目可查询其相应的辅助账。

1. 个人核算

个人核算主要进行个人借款、还款管理工作，及时地控制个人借款，完成清欠工作。个人核算可以提供个人往来明细账、催款单、余额表、账龄分析报告及自动清理核销已清账等功能。

2. 部门核算

部门核算主要为了考核部门收支的发生情况，及时地反映控制部门费用的支出，对各部门的收支情况加以比较分析，便于部门考核。部门核算可以提供各级部门的总账、明细账，以及对各部门收入与费用进行部门收支分析等功能。

3. 项目核算

项目核算适用于收入、成本、在建工程等业务的核算，以项目为中心，为使用者提供各项目的成本、费用、收入、往来等内容的明细与汇总信息，以及项目计划执行报告等。

4. 客户核算和供应商核算

客户核算和供应商核算主要用于处理客户和供应商往来款项的发生、清欠管理工作，以便及时掌握往来款项的最新情况。客户核算和供应商核算可以提供往来款的总账、明细账、催款单、对账单、往来账清理、账龄分析报告等功能。如果用户启用了应收款管理系统和应付款管理系统，可以分别在这两个系统中对客户往来款和供应商往来款进行更为详细的核算与管理。

第四节　总账管理子系统期末处理

总账管理子系统的期末处理主要包括银行对账、自动转账、对账及试算平衡、月末结账。年末处理一般是由账套主管在系统管理中统一进行的。银行对账已在出纳功能中做了详细介绍，在此只为大家介绍自动转账、对账和结账。

一、总账管理子系统自动转账

（一）转账的分类

转账分为内部转账和外部转账。外部转账是指将其他专项核算子系统自动生成的凭证转入到总账管理子系统，如薪资管理子系统有关工资费用分配的凭证、固定资产管理子系统有关固定资产增减变动及计提折旧的凭证、应收款管理子系统有关应收账款发生收回及坏账准备的凭证、应付款管理子系统有关应付账款发生及偿还的凭证、存货核算子系统有关存货出入库成本的凭证等。而内部转账就是这里所讲的自动转账，是指在总账管理子系统内部通过设置凭证模板而自动生成相应的记账凭证。一些期末业务具有较强的规律性，而且每个月都会重复发生，如费用的分配、费用的分摊、费用的计提、税金的计算、成本费用的结

微课：
自动转账

转、期间损益的结转等。这些业务的凭证分录是固定的,金额来源和计算方法也是固定的,因而可以利用自动转账功能将处理这些经济业务的凭证模板定义下来,期末时即可通过调用这些模板来自动生成相关凭证。

(二) 使用自动转账的步骤

1. 定义凭证模板

要想利用自动转账功能自动生成记账凭证,首先应该定义凭证模板。定义凭证模板时,应设置凭证类别、摘要、借贷会计科目及其金额。其中,关键是金额公式的设置。因为各月金额不可能总是相同的,所以不能直接输入金额数,必须利用总账管理子系统提供的账务函数来提取账户数据,如期初余额函数、期末余额函数、发生额函数、累计发生额函数、净发生额函数等。

凭证模板只需定义一次即可,各月不必重复定义。

2. 生成记账凭证

凭证模板定义好以后,当每个月发生相关经济业务时可不必再通过手工录入凭证,而可以直接调用已定义好的凭证模板来自动生成相关的记账凭证。

利用凭证模板生成记账凭证需要各月重复进行。

(三) 使用自动转账应该注意的问题

(1) 一般而言,只有在凭证记账后,账务函数才能取出相关数据。所以利用自动转账生成凭证时,一定要确保相关凭证已经全部记账,这样才能保证取出数据并且数据是完整的。例如,定义了一张根据本期利润计提所得税的凭证,那么要生成该张凭证,必须保证有关利润的凭证已经全部记账,否则,要么不能取出相应数据而导致金额为零而不能生成凭证,要么取出的数据不完整而导致所得税计提错误。

(2) 出于同样的原因,如果定义了多张凭证模板,并且这些凭证之间又具有一定数据联系,那么一定要注意这些凭证的生成顺序。例如,定义了结转销售成本、计算汇兑损益、结转期间损益、计提所得税、结转所得税五张自动转账凭证。因为销售成本、汇兑损益是期间损益的一部分,所以一定要先生成结转销售成本、计算汇兑损益的凭证并复核记账后,才能生成结转期间损益的凭证;又因为要依据本期利润计提所得税,所以一定要先生成结转期间损益的凭证并复核记账后,才能生成计提所得税的凭证;又因为有了所得税费用才能结转所得税至本年利润,所以一定要先生成计提所得税的凭证并复核记账后才能生成结转所得税的凭证。故此,这五张凭证的顺序是结转销售成本、计算汇兑损益—结转期间损益—计提所得税—结转所得税,并且前一张凭证必须复核记账后才能继续生成后一张凭证。

(3) 利用自动转账生成的凭证属于机制凭证,也需要复核记账。

> **思考与理解**
> 转账生成的记账凭证仍然需要复核记账,要求在上机实验中根据情况频繁更换有权限的操作员来进行相应的操作。请理解频繁更换操作员的原因。

(四) 自动转账的类型

从以上内容可知,通过定义、调用凭证模板可以自动生成记账凭证。但要求会计人员自行定义凭证模板有时未免有些不太现实,他们可能会感到很茫然。有鉴于此,一些总账管理子系统将自动转账功能进行了细化,以简化凭证模板的定义。

1. 自定义转账

自定义转账是指由用户自己利用自定义转账功能来定义凭证模板,是最灵活的自动转账设置。此时,必须由用户自己来定义凭证模板的所有内容,包括科目、借贷方向和金额公式的定义。

例3-19　定义自动转账凭证模板。

借:财务费用(6603)　　　　　JG( )　　　　　　　(取对方科目结果)
　　贷:应付利息(2231)　　QM(2001,月,贷)*0.09/12　("短期借款"
　　　　　　　　　　　　　　　　　　　　　　　　　期末余额*9%/12)

操作路径:执行"总账→期末→转账定义→自定义结转"命令。自定义转账设置如图3-25所示。

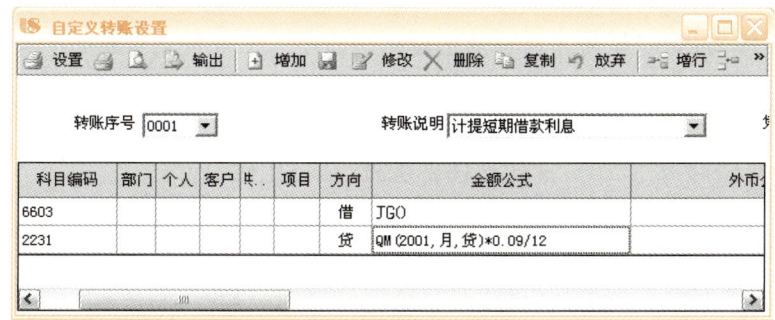

图3-25　自定义转账设置

2. 销售成本结转

如果企业同时启用了供应链系统,销售成本的计算及结转可以在存货核算子系统中完成,而且支持计划价法(售价法)、先进先出法、全月加权平均法、移动加权平均法和个别计价法。此处,销售成本结转一般只支持全月加权平均法和计划价法(售价法)。例如,采用全月加权平均法结转销售成本时,用户只要告知系统库存商品科目(必须有数量核算)、主营业务收入科目(必须有数量核算)和主营业务成本科目,系统便会自动定义好该凭证模板。定义方法如下:

借:主营业务成本　　　　　　　(库存商品余额÷库存商品数量)×销量
　　贷:库存商品　　　　　　　　(库存商品余额÷库存商品数量)×销量

不难理解,如果带有辅助核算的话,主营业务收入、主营业务成本和库存商品的辅助核算必须一致。

3. 汇兑损益结转

使用该功能时,只要告知系统汇兑损益科目,系统就会自动定义好该凭证模板。方法如下:

(1) 汇率上升时:

借:外币资产科目　　　　（外币资产外币余额×月末汇率-外币资产本币余额）
　　贷:汇兑损益科目　　　（外币资产外币余额×月末汇率-外币资产本币余额）
借:汇兑损益科目　　　　（外币负债外币余额×月末汇率-外币负债本币余额）
　　贷:外币负债科目　　　（外币负债外币余额×月末汇率-外币负债本币余额）

（2）汇率下降时:
借:汇兑损益科目　　　　（外币资产本币余额-外币资产外币余额×月末汇率）
　　贷:外币资产科目　　　（外币资产本币余额-外币资产外币余额×月末汇率）
借:外币负债科目　　　　（外币负债本币余额-外币负债外币余额×月末汇率）
　　贷:汇兑损益科目　　　（外币负债本币余额-外币负债外币余额×月末汇率）

显然，如果损益类科目和本年利润科目都带有辅助核算的话，则辅助核算必须一致，否则无法结转。当然，可以只有一方带有辅助核算而对方无辅助核算。

4.对应结转

对应结转是指将某科目的余额按一定比例转入其他一个或多个科目中去。使用该功能时，只要告知系统转出科目、转入科目及结转比例即可。系统自动生成如下凭证模板:

（1）转出科目为借方余额时:
借:转入科目　　　　（转出科目余额×结转比例）
　　贷:转出科目　　　（转出科目余额×结转比例）

（2）转出科目为贷方余额时:
借:转出科目　　　　（转出科目余额×结转比例）
　　贷:转入科目　　　（转出科目余额×结转比例）

5.期间损益结转

使用该功能时，只要告知各损益类科目对应的本年利润科目，系统即可自动定义好该凭证模板。方法如下:

借:收入类科目　　　　（收入类科目余额）
　　贷:费用类科目　　　（费用类科目余额）
　　　　本年利润（收入与费用的差额）

例3-20 期间损益结转设置。

将所有收入、费用类科目结转至"本年利润"科目中。

操作路径:执行"总账→期末→转账定义→期间损益"命令。其结转设置如图3-26所示。

二、总账管理子系统对账及试算平衡

总账管理子系统的对账包括总账与明细账、总账与辅助账的核对，以确定是否账账相符。试算平衡时系统会将所有账户的期末余额按会计平衡公式"借方余额=贷方余额"进行平衡检验，并输出科目余额表。正常情况下，系统自动记账后，应该是账账相符的，账户余额也是平衡的。但由于非法操作或计算机病毒等原因有时可能会导致数据被破坏，进而引起

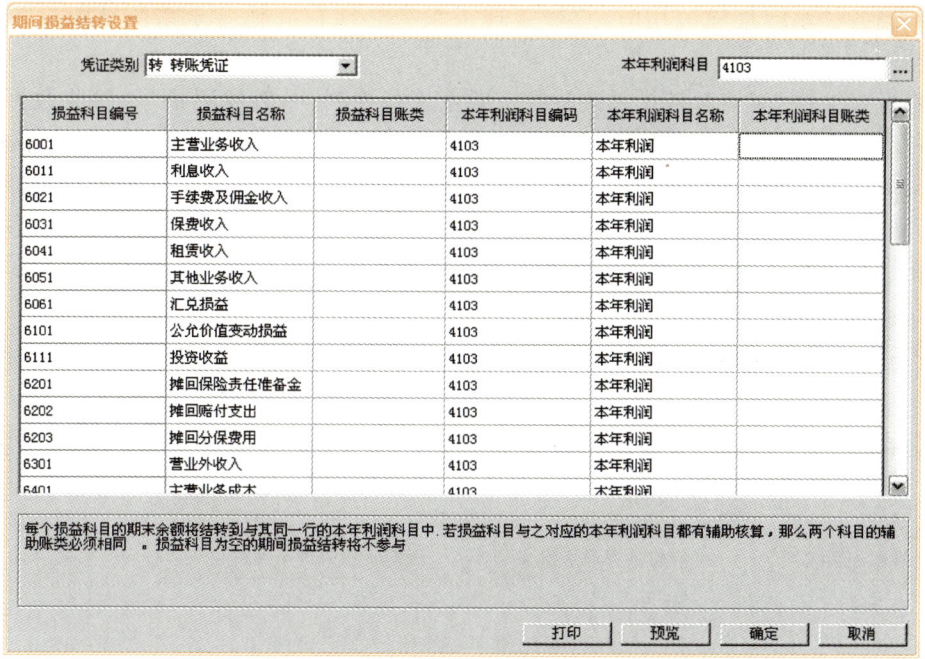

图 3-26 期间损益结转设置

账账不符;为了检查是否账证相符、账账相符以及账户余额是否平衡,应经常使用对账及试算平衡功能。结账时,一般系统会自动进行对账和试算平衡。

三、总账管理子系统结账

每月工作结束后,月末都要进行结账。结账前最好进行数据备份。结账后,当月不能再填制凭证,并终止各账户的记账工作。同时,系统会自动计算当月各账户发生额合计及余额,并将其转入到下月月初。

微课:
结账

> **思考与理解**
>
> 你知道计算机方式下的结账操作与手工结账操作有何不同吗?

本月结账时,系统会进行下列检查工作。

(1) 检查本月业务是否已全部记账,有未记账凭证时不能结账。

(2) 检查上月是否已结账,上月未结账,则本月不能结账。实际上,上月未结账的话,本月也不能记账,只能填制、复核凭证。

(3) 核对总账与明细账、总账与辅助账,账账不符不能结账。

(4) 对科目余额进行试算平衡,试算结果不平衡将不能结账。

(5) 损益类账户是否已结转至本年利润。

（6）当各子系统集成应用时，总账管理子系统必须在其他各子系统结账后才能最后结账。

严格意义上讲，应该对各子系统的结账顺序进行控制，一般规则是"谁接收数据谁后结账"。各子系统的结账顺序如图3-27所示。其中，箭头代表两子系统之间的结账顺序，箭头所指向的子系统后结账，例如采购管理子系统必须先结账，而后应付款管理子系统才能结账；两子系统间没有箭头则代表这两个子系统之间的结账没有顺序要求，例如应付款管理子系统与薪资管理子系统之间就没有结账先后顺序要求。

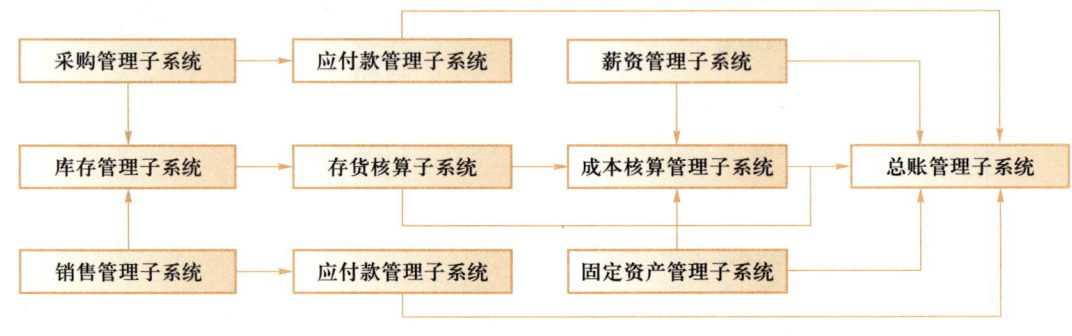

图3-27　各子系统的结账顺序

1. 总账管理子系统主要包括哪些功能？
2. 会计科目的辅助核算包括哪些内容？
3. 简述总账管理子系统的应用流程。
4. 简述总账管理子系统和其他子系统的关系。
5. 请举例说明五种总账管理子系统的控制参数。
6. 软件系统中可设置哪些凭证类别？
7. 总账管理子系统的期初数据包括哪些？分别在什么情况下输入？输入时应注意哪些问题？
8. 填制凭证时，应包括哪些内容？应注意哪些问题？
9. 修改凭证有哪些方式？
10. 凭证审核与凭证记账应注意什么问题？
11. 进行银行对账的步骤是什么？
12. 什么是自动转账？自动转账包括哪些类型？使用自动转账应该注意哪些问题？
13. 结账前系统需要做哪些检查？
14. 某电器生产企业设有销售一部和销售二部两个销售部门，分别生产彩电和洗衣机两类产品；其中彩电又分为32英寸和42英寸两种产品，洗衣机又分为5升和6升两种产品；其日常业务中的主要客户有北京的A电器城和B电器城，以及天津的C超市和D超市。

请结合上述资料，按要求回答以下问题：

（1）为了利用辅助核算对各个销售部门和各种产品的销售收入与销售成本进行核算与统计分析，并反映不同客户应收账款的发生与收回状况，请说明应该对哪些科目设置辅助核算以及设置何种辅助核算。

（2）为了达到以上核算与管理要求,应该设置哪些基础档案?
（3）使用辅助核算时,科目体系设置与传统科目体系设置有何不同?
（4）填制凭证时,如何输入各部门、各产品及各客户信息?
（5）记账后,如何查询各部门、各产品的销售收入与销售成本信息以及各客户的应收账款信息?

应用实践

完成与本书配套的《会计信息系统实验》(第六版)教材中实验三、实验四、实验五的实验内容。

第四章

UFO报表子系统

【本章学习目标】

知识目标
- 了解报表子系统的功能、图表处理
- 明确报表子系统与其他子系统的关系、报表子系统的相关概念
- 明确报表审核公式、舍位平衡公式定义、图表处理、表页管理
- 掌握报表子系统的应用流程、调用报表模板生成报表数据
- 掌握报表格式设置、报表计算公式设置、报表数据管理

能力目标
- 能结合企业实际,利用报表模板生成报表数据
- 能结合企业实际,通过自定义报表生成报表数据

【本章知识导图】

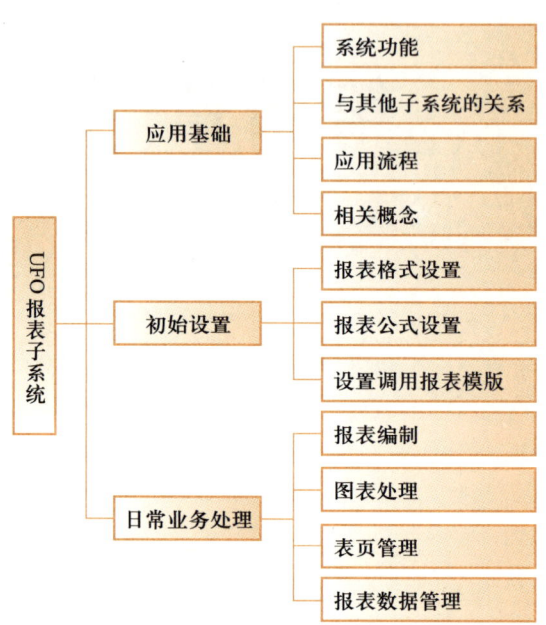

会计报表是综合反映企业某一特定日期财务状况,以及某一会计期间经营成果和现金流量的书面文件,是财会部门提供会计信息资料的一种重要手段。通过日常会计核算,虽然可以提供反映会计主体经营活动和财务收支情况的会计信息,但是这些资料分散在会计凭证和会计账簿中,既难以满足会计信息使用者的需要,也难以满足企业内部加强经营管理的需要。因此,有必要在日常会计核算的基础上,根据会计信息使用者的需要,定期对日常会计核算资料进行加工处理和分类。通过编制会计报表,可以综合、清晰地总结、反映会计主体的财务状况和经营成果以及收支情况。因此,会计报表子系统在整个会计信息系统中占有非常重要的地位。

 ## 第一节　UFO 报表子系统应用基础

一、UFO 报表子系统的功能

报表子系统主要完成报表格式设计和报表数据处理,从账务子系统或其他业务系统中取得有关会计核算信息生成会计报表,进行报表汇总,生成各种分析图,并按预定格式输出各种会计报表。

UFO报表子系统是用友ERP-U8管理系统的重要组成部分，主要功能如下。

（一）报表格式设计

一张报表可以拆分为相对固定的内容和相对变动的内容两部分。相对固定的内容包括报表的标题、表格格式、表中的项目、表中数据的来源等；相对变动的内容主要是报表中的数据。报表格式设计是指在计算机系统中建立一张报表中相对固定的部分，相当于在计算机中建立一个报表模板，供以后编制此类报表时调用。UFO报表子系统提供了丰富的格式设计功能，包括设置报表行列数、定义组合单元、画表格线、定义报表关键字、设置公式等。

（二）报表数据处理

报表数据处理是根据预先设置的报表格式和报表公式进行数据采集、计算、汇总等，生成会计报表。除此之外，UFO报表子系统还提供了排序、审核、舍位平衡、汇总等功能。

（三）图表处理功能

图表具有比数据报表更直观的优势。UFO报表子系统的图表处理功能能够方便地对报表数据进行图形组织，制作直方图、立体图、圆饼图、折线图等多种分析图表，还能编辑图表的位置、大小、标题、字体、颜色等，并打印输出各种图表。

（四）文件管理功能

利用文件管理功能可以方便地完成报表文件的创建、保存等一般文件管理功能；能够进行不同文件格式的转换，包括文本文件、Access数据库文件、Excel文件等。此外还提供标准财务数据的导入、导出功能。

（五）行业报表模板

UFO报表子系统中按照会计制度提供了不同行业的标准财务报表模板，简化了用户的报表格式设计工作。如果标准行业报表仍不能满足需要，系统还提供了自定义模板的功能。

此外，UFO报表子系统还提供了强大的二次开发功能，方便用户进行各种定制。

二、UFO报表子系统与其他子系统的关系

会计报表子系统主要是从其他子系统中提取编制报表所需的数据。总账、薪资、固定资产、应收、应付、采购、库存、存货核算和销售子系统均可向报表子系统传递数据，以生成财务部门所需的各种会计报表。

三、UFO报表子系统的应用流程

制作一张报表的完整流程如图4-1所示。

四、UFO报表子系统的相关概念

（一）格式状态和数据状态

UFO报表子系统将报表制作分为两大部分来处理，即报表格式设计工作与报表数据处理工作。

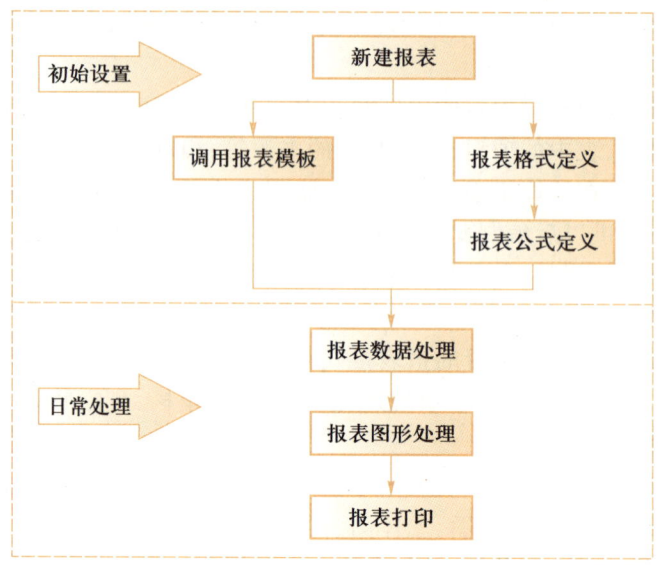

图 4-1 UFO 报表子系统应用流程

在报表格式设计状态下可以进行有关报表格式设计与公式定义的操作,如设计表格尺寸、行高列宽、单元属性、单元风格、组合单元、关键字以及定义报表的单元公式(计算公式)、审核公式和舍位平衡公式。在格式状态下,所看到的是报表的格式,报表的数据全部隐藏。在格式状态下所做的操作对本报表所有的表页都发生作用。在格式状态下不能进行数据的录入、计算等操作。

在报表数据处理状态下管理报表的数据,如生成报表数据、输入数据、增加或删除表页、审核、舍位平衡、制作图形、汇总与合并报表等。在数据状态下不能修改报表的格式,看到的是报表的全部内容,包括格式和数据。

报表工作区的左下角有一个【格式/数据】按钮。单击这个按钮可以在格式状态和数据状态之间切换。

(二) 单元

单元是组成报表的最小单位,单元名称由所在行和列标识组成。行号用数字 1~9 999 表示,列标用字母 A~IU 表示。例如,D3 表示第 4 列第 3 行的那个单元。单元类型有数值单元、字符单元和表样单元三种。

数值单元用于存放报表的数据,在数据状态下输入。数字可以直接输入或由单元中存放的单元公式运算生成。建立一个新表时,所有单元的类型缺省为数值型。

字符单元可存储字符型数据,在数据状态下输入。其内容可以是汉字、字母、数字及各种键盘可输入的符号组成的一串字符。字符单元的内容也可由单元公式生成。

表样单元可存储报表的格式,是定义一个没有数据的空表所需的所有文字、符号或数字。一旦单元被定义为表样,那么在其中输入的内容对所有表页都有效。表样单元在格式状态下输入和修改,在数据状态下不允许修改。

> **思考与理解**
> UFO报表单元中,哪两个单元的性质是一样的,只是其中的数据形式不同?

(三) 组合单元

由于一个单元只能输入有限个字符,在实际工作中有的单元有超长输入情况,这时,可以采用系统提供的组合单元。组合单元是由相邻的两个或更多的单元组成,这些单元必须是同一种单元类型(数值、字符、表样)。报表子系统在处理报表时将组合单元视为一个单元。可以组合同一行相邻的几个单元,可以组合同一列相邻的几个单元,也可以把一个多行多列的平面区域设为一个组合单元。组合单元的名称可以用区域的名称或区域中单元的名称来表示。例如,把 C3 到 F6 定义为一个组合单元,这个组合单元可以用"C3""F6"或"C3:F6"表示。

(四) 区域

区域由一张表页上的一组单元组成,自起点单元至终点单元是一个完整的长方形矩阵。例如,B2 到 E5 的长方形区域表示为 B2:E5,起点单元与终点单元用":"连接。

(五) 表页

每一张表页是由许多单元组成的。一个报表中的所有表页具有相同的格式,但其中的数据不同。报表中表页的序号在表页的下方以标签的形式出现,称为"页标"。例如,当前表的第 2 页,可以表示为@2。

> **思考与理解**
> UFO 报表中的表页概念与 Excel 中的工作表概念有何不同?

(六) 二维表和三维表

确定某一数据位置的要素称为"维"。在一张有方格的纸上填写一个数字,这个数字的位置可通过行和列(二维)来描述。

如果将一张有方格的纸称为表,那么这个表就是二维表,通过行(横轴)和列(纵轴)可以找到这个二维表中的任何位置的数据。

如果将多个相同的二维表叠在一起,那么找到某一个数据需要增加一个要素,即表页号(z 轴),这一叠表称为一个三维表。

如果将多个不同的三维表放在一起,要从多个三维表中找到一个数据,又需要增加一个要素,即表名。三维表中的表间操作即称为"四维运算"。

(七) 固定区和可变区

固定区是指组成一个区域的行数和列数的数量是固定的数目。一旦设定好以后,在固定区域内其单元总数是不变的。

可变区是屏幕显示的一个行数或列数是不固定数字的区域,可变区的最大行数或最大列数是在格式设计状态中设定的。

在一个报表中只能设置一个可变区,或是行可变区或是列可变区。行可变区是指可变区中的行数是可变的;列可变区是指可变区中的列数是可变的。设置可变区后,屏幕只显示可变区的第一行或第一列,其他可变行列隐藏在表体内。在以后的数据操作中,可变行列数随着需要而增减。

有可变区的报表称为可变表;没有可变区的报表称为固定表。

(八)关键字

在 UFO 报表中,关键字通常是那些可以引起报表数据发生变化的项目。关键字是游离于单元之外的特殊数据单元,可以唯一标识一个表页,用于在大量表页中快速选择表页。例如,一个资产负债表的表文件可以存放一年 12 个月的资产负债表(甚至多年的多张表),要对某一张表页的数据进行定位,就需要设定一些定位标志,这些定位标志就被称为关键字。

通常关键字可以有以下几种:

(1)单位名称:该报表表页编制单位的名称。
(2)单位编号:该报表表页编制单位的编号。
(3)年:该报表表页反映的年度。
(4)季:该报表表页反映的季度。
(5)月:该报表表页反映的月份。
(6)日:该报表表页反映的日期。

除了以上常见的关键字之外,系统通常还会提供一个自定义关键字功能,方便用户灵活定义并运用这些关键字。

关键字的显示位置在格式状态下设置,关键字的值则在数据状态下录入,每张报表可以定义多个关键字。

思考与理解

资产负债表和利润表通常设置哪些关键字?

(九)函数

企业常用的财务报表数据一般来源于总账系统或报表系统本身,取自于报表的数据又可以分为从本表取数和从其他报表的表页取数。在报表系统中,取数是通过函数实现的。

(1)自总账取数的公式可以称之为账务函数。账务函数的基本格式为:

函数名("科目编码",会计期间,["方向"],[账套号],[会计年度],[编码1],[编码2])

- 科目编码也可以是科目名称,且必须用双引号括起来。
- 会计期间可以是"年""季""月"等变量,也可以是具体表示年、季、月的数字。
- 方向即"借"或"贷",可以省略。
- 账套号为数字,缺省时默认为当前账套。
- 会计年度即数据取数的年度,可以省略。
- 编码1与编码2与科目编码的核算账类有关,可以取科目的辅助账,如职员编码、项目编码等,如无辅助核算则省略。

账务取数函数主要有:

总账函数	金额式	数量式	外币式
期初额函数：	QC( )	sQC( )	wQC( )
期末额函数：	QM( )	sQM( )	wQM( )
发生额函数：	FS( )	sFS( )	wFS( )
累计发生额函数：	LFS( )	sLFS( )	wLFS( )
条件发生额函数：	TFS( )	sTFS( )	wTFS( )
对方科目发生额函数：	DFS( )	sDFS( )	wDFS( )
净额函数：	JE( )	sJE( )	wJE( )
汇率函数：	HL( )		

（2）自本表表页取数的函数。主要有以下几个：

数据合计： PTOTAL( )

平均值： PAVG( )

最大值： PMAX( )

最小值： PMIN( )

（3）自本表其他表页取数的函数。对于取自本表其他表页的数据可以利用某个关键字,作为表页定位的依据或者直接以页标号作为定位依据,指定取某张表页的数据。可以使用 SELECT( )函数从本表其他表页取数。

例1,C1 单元取自上个月的 C2 单元的数据:C1 = SELECT(C2,月@ = 月 +1)。

例2,C1 单元取自第二张表页的 C2 单元数据可表示为:C1 = C2@2。

（4）自其他报表取数的函数。对于取自其他报表的数据可以用"报表[.REP]"→单元的格式指定要取数的某张报表的单元。

> **思考与理解**
> 资产负债表和利润表通常用到哪些函数？

第二节　UFO 报表子系统初始设置

一、报表格式设置

报表格式就是一张报表的框架。报表的格式在格式状态下设计,整个报表文件的所有表页格式都相同。报表格式设计主要包括报表尺寸定义、单元属性定义、组合单元定义和关键字设置等内容。报表格式设计工作虽然烦琐,但属于一次性工作,一旦设计完成,此后可以重复使用,可谓一劳永逸。

（一）报表格式的内容

报表格式一般包括标题、表头、表体、表尾四部分内容。

进行报表格式设计之前,需要事先准备好手工表样。下面以利润表为例说明报表的四部分(见表4-1)。

表4-1 利 润 表

利 润 表

} 标题

编制单位：　　　　　　　　　　年　　　月　　　　　　　会企02表
　　　　　　　　　　　　　　　　　　　　　　　　　　　单位：元

} 表头

项目	本期金额	上期金额
一、营业收入		
减：营业成本		
税金及附加		
销售费用		
管理费用		
研发费用		
财务费用		
其中：利息费用		
利息收入		
加：其他收益		
投资收益（损失以"-"号填列）		
其中：对联营企业和合营企业的投资收益		
以摊余成本计量的金融资产终止确认收益（损失以"-"号填列）		
净敞口套期收益（损失以"-"号填列）		
公允价值变动收益（损失以"-"号填列）		
信用减值损失（损失以"-"号填列）		
资产减值损失（损失以"-"号填列）		
资产处置收益（损失以"-"号填列）		
二、营业利润（亏损以"-"号填列）		
加：营业外收入		
减：营业外支出		
三、利润总额（亏损总额以"-"号填列）		
减：所得税费用		
四、净利润（净亏损以"-"号填列）		
五、其他综合收益的税后净额		
六、综合收益总额		
七、每股收益：		
（一）基本每股收益		
（二）稀释每股收益		

} 表体

单位负责人：　　　　财务主管：　　　　复核：　　　　制表人：　　　} 表尾

1. 标题

报表的标题为报表的实际名称,应与会计准则及会计制度的要求一致。

2. 表头

表头主要用来描述报表的编制单位名称、编制日期、计量单位等内容,其中编制日期随时间改变,其他内容则每期固定不变。

3．表体

表体是一张报表的核心,它是报表数据的主要表现区域,是报表的主体。表体由报表栏目名称、报表项目名称和报表数据单元组成。其中,报表的栏目名称定义了报表的列。报表项目名称定义了报表的行。

4．表尾

表尾是表体以下进行辅助说明的部分,包括编制人、审核人等内容。

（二）固定表格式设计

固定表是指报表的行和列相对固定的报表。

例4-1 设置如表4-2所示的报表格式。

表4-2 货币资金表

编制单位:明达科技　　　　　　　年　月　日　　　　　　　　　单位:元

项目	行次	期初数	期末数
库存现金	1		
银行存款	2		
合计	3		

制表人:

说明:

标题:"货币资金表"设置为"黑体、14号、居中"。

表头:

编制单位行设置为"楷体、12号"。

年、月、日设为关键字。

表体:

表体中文字设置为"楷体、12号、加粗、居中"。

表尾:

"制表人:"设置为"楷体、12号、右对齐"。

1．设置表尺寸

设置表尺寸就是定义报表的行数和列数。报表的行数包括了标题、表头、表体和表尾几个部分。例如,表4-2货币资金表的表尺寸是7行4列。

操作路径:在"UFO报表"窗口中,执行"格式→表尺寸"命令。设置表尺寸如图4-2所示。

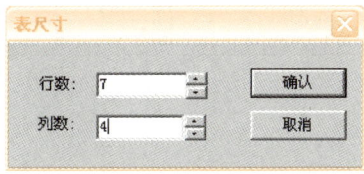

图4-2 设置表尺寸

2. 定义组合单元

把几个单元作为一个单元使用,即合并单元格。组合单元可按行组合,也可整体组合。比如将 A1:D1 单元格按行组合。

操作路径:执行“格式→组合单元”命令。定义组合单元如图 4-3 所示。

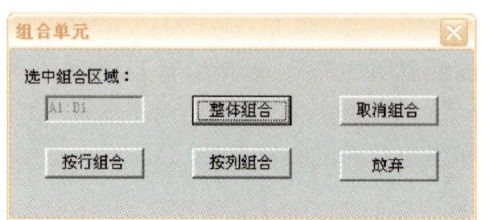

图 4-3　定义组合单元

3. 画表格线

对表格中表体部分可画表格线。比如对 A3:D6 单元进行区域画线。

操作路径:执行“格式→区域画线”命令。画表格线如图 4-4 所示。

图 4-4　画表格线

4. 输入报表项目

报表项目包括表头、表体和表尾(关键字值除外)。在格式状态下定义了单元内容的格式自动默认为表样型,定义为表样型的单元在数据状态下不允许修改和删除,比如,按例题要求输入报表项目,如图 4-5 所示。

	A	B	C	D
1	货币资金表			
2	编制单位:明达科技			单位:元
3	项目	行次	期初数	期末数
4	库存现金			
5	银行存款			
6	合计		演示数据	
7			制表人:	

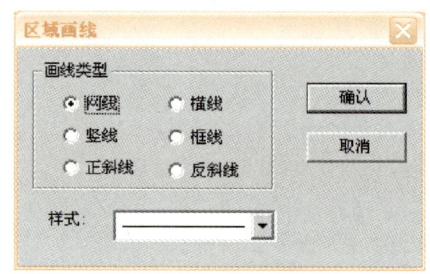

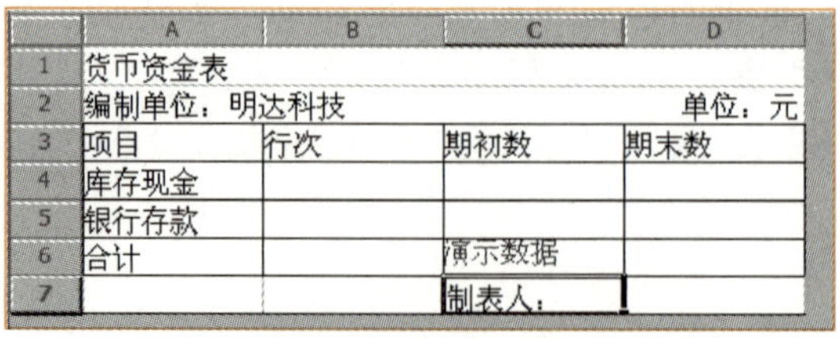

图 4-5　输入报表项目

5. 定义行高和列宽

可根据需要调整报表的行高和列宽,行高和列宽的单位为 mm。比如设置报表标题行高为 7mm。

操作路径:执行"格式→行高"命令。如图 4-6 所示设置报表行高。

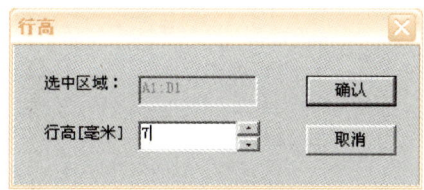

图 4-6 设置报表行高

6. 设置单元属性

单元属性是指单元的字形、字体、字号、颜色、图案、对齐方式及单元存放数据的类型等。比如,设置标题为"黑体、14 号字"。

操作路径:执行"格式→属性"命令。设置报表单元属性如图 4-7 所示。

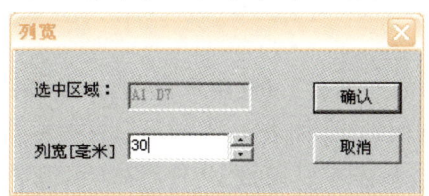

图 4-7 设置报表单元属性

7. 设置关键字

确定关键字在表页上的位置。比如在合并后的单元格中设置"年、月、日"关键字。

操作路径:执行"数据→关键字→设置"命令。设置关键字如图 4-8 所示。

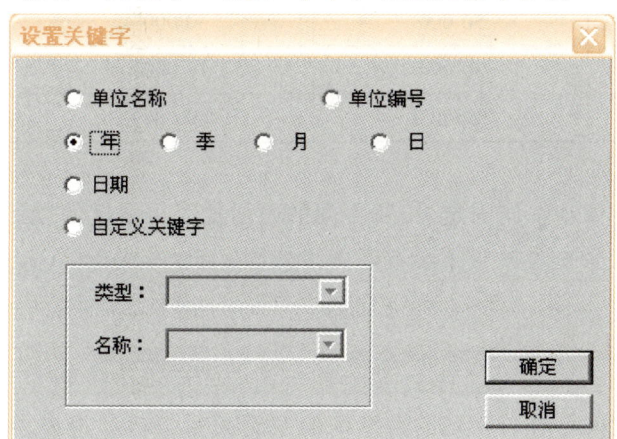

图 4-8 设置关键字

8. 调整关键字位置

关键字的位置不合适可以用偏移量来调整。在调整时,可以通过输入正或负的数值来调整。负数值表示向左移,正数值表示向右移。关键字偏移量单位为像素。

操作路径: 执行"数据→关键字→偏移"命令。调整关键字位置如图4-9所示。

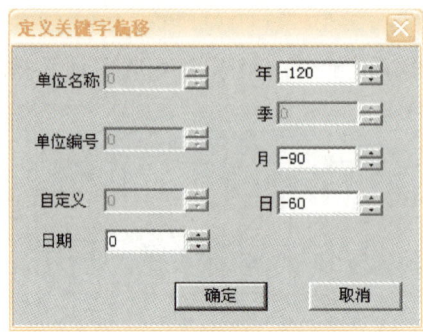

图4-9 调整关键字位置

(三) 可变表格式设计

一般来说,企业常用报表的格式比较固定,即使有变化,也可以通过修改固定表来实现。此处要讲的可变表不是指固定表格式的变化,而是指那些行数或列数不固定,随实际需要变动的表。

如ABC公司1月份销售的产品有三种:甲产品、乙产品、丙产品。为考核各种产品的获利能力,设计了产品销售毛利明细表,如表4-3所示。在表中产品的品种是可以变化的,假定在2019年度ABC公司预计最多可以销售10种产品(包括甲、乙、丙三种产品),这就用到了可变表制作。

表4-3 1月份产品销售毛利明细表

产品品种	销售收入	销售成本	销售毛利
甲	70 000	40 000	
乙	50 000	30 000	
丙	30 000	10 000	
合计	150 000	80 000	

制作可变表的步骤基本同固定表,所不同的是增加了可变区的设计。

一个报表只能定义一个可变区。本表属于列固定、行可变。

二、报表公式设置

由于各种报表之间存在着密切的数据间的逻辑关系,所以,报表中各种数据的采集、运算和钩稽关系的检测就用到了不同的公式。主要有计算公式、审核公式和舍位平衡公式。

(一) 计算公式

计算公式决定报表数据的来源,是自动生成报表数据的基础,因此必须设置。其工作过程是从其他子系统的账簿文件中、本表其他表页中或者其他报表中采集数据,直接或经过简

微课:
报表公式设置

单计算填入表中相应的单元。因此，通常报表系统会内置一整套从各种数据文件中调取数据的函数。不同的报表软件函数的具体表示方法不同，但这些函数所提供的功能和使用方法一般是相同的。通过计算公式来组织报表数据，把大量重复、复杂的劳动简单化，既经济又省事。合理地设计计算公式能大大地节约劳动时间，提高工作效率。

计算公式可以直接定义在报表单元中。这样的公式也称为"单元公式"。

计算公式的输入方式包括引导输入和直接输入两种方式。

1. 引导输入公式

当对计算公式不熟练的情况下，可通过系统提示，逐步引导输入计算公式。

例 4-2 引导输入"库存现金"期末数报表公式。

操作路径：选中"库存现金"期末数单元格，单击"fx"按钮。具体设置如图 4-10、图 4-11 所示。

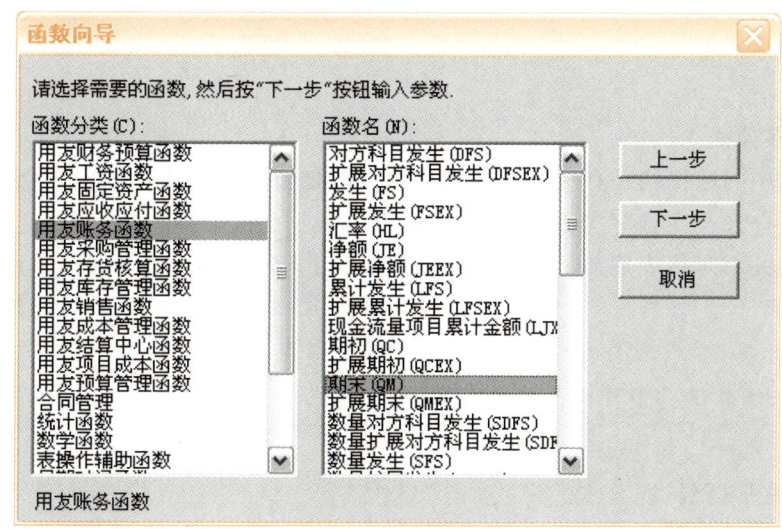

图 4-10 函数向导

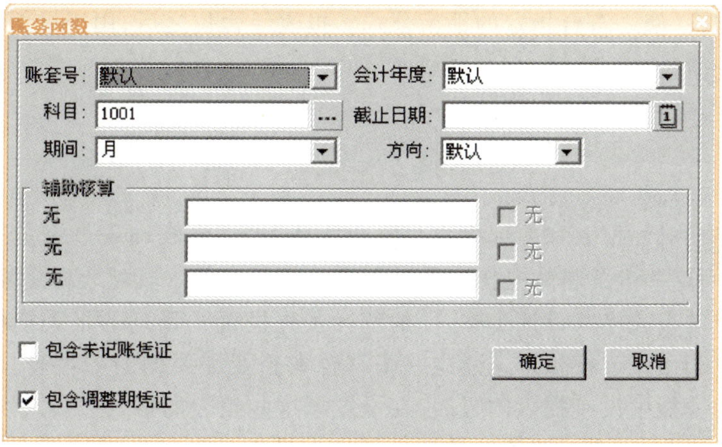

图 4-11 财务函数

2. 直接输入公式

如果已经掌握了各种函数的用法和规律,对公式输入比较熟练的情况下,可直接输入计算公式。

例 4-3 直接输入"库存现金"期初数的计算公式。

"库存现金"期初数:C4 = QC("1001",月)

操作路径:选中"库存现金"期初数单元格,单击"fx"按钮。直接输入公式如图 4-12 所示。

图 4-12 直接输入公式

(二)审核公式

财务报表中的数据往往存在一定的钩稽关系。如资产负债表中的资产合计应等于负债及所有者权益合计。在实际工作中,为了确保报表数据的准确性,可以利用这种报表之间或报表内的钩稽关系对报表编制的正确性进行检查,用于该种用途的公式称为审核公式。

> **思考与理解**
> 想一想,什么情况下可以不设置审核公式?

(三)舍位平衡公式

如果对报表进行汇总,得到的汇总数据可能位数很多,这样,需要把以"元"为单位的报表转换为以"千元""万元"为单位的报表。在转换过程中,原报表的平衡关系可能被破坏,因此需要进行调整,使之符合指定的平衡公式。报表经舍位之后,用于重新调整平衡关系的公式称为舍位平衡公式。

三、设置调用报表模板

会计报表包括对外报表和内部报表。资产负债表、利润表和现金流量表是主要的三张对外财务报表,而这些表的格式是国家会计制度统一规定的。既然表样是规范的,报表子系统为了简化用户的报表格式设计工作,一般就会预先设置一系列的报表模板以供用户选择使用。用户可以利用报表模板迅速建立一张符合本企业需要的财务报表。此外,对于一些本企业常用报表模板中没有提供的报表,在设置了这些报表的格式和公式以后,可以将其定义为报表模板,以便今后直接调用。灵活运用报表模板无疑可以提高报表处理的效率。如果报表模板与本企业的实际需要存在差异,用户也可以充分利用报表格式和公式设置的功能,对原来的报表模板进行修改,生成新的报表模板。

 **例 4-4** 调用资产负债表模板。

操作路径:执行"格式→报表模板"命令。具体操作步骤如图 4-13、图 4-14 所示。

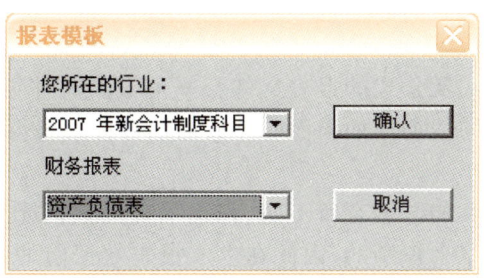

图 4-13 调用报表模板

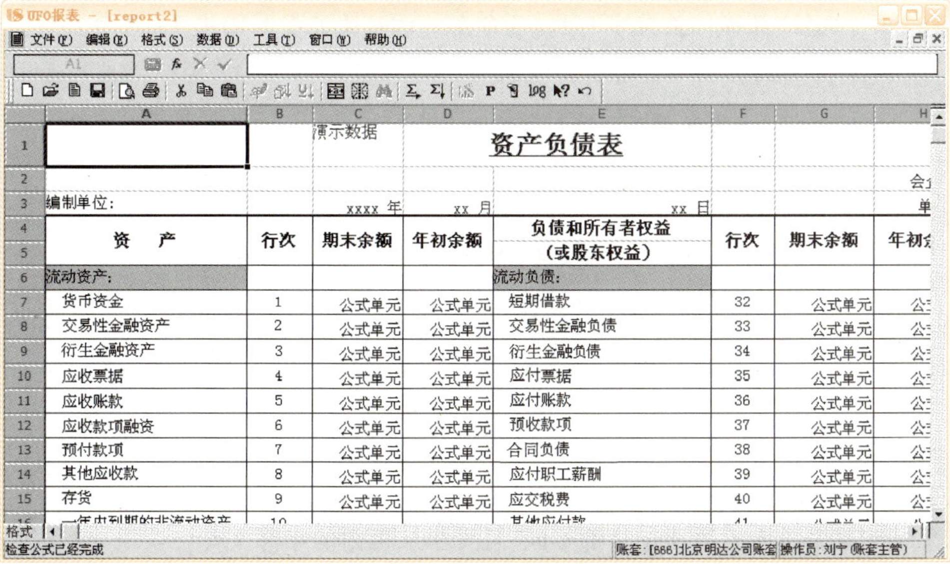

图 4-14 选择资产负债表模板

第三节 UFO 报表子系统日常业务处理

在报表格式设计工作完成以后,就可以进行报表数据处理了。报表数据处理主要包括报表数据生成、报表审核、报表舍位平衡处理、图表处理、报表输出等内容。

一、报表编制

报表编制的主要任务是根据预先设定的公式完成报表数据的采集和计算,得到完整的数据表。利用报表子系统编制报表的一般步骤如下所述。

(一) 打开报表文件

打开已定义好表样格式及公式的报表文件。一个报表文件可能包含多个表页,每个表页用来存放不同会计期间的数据。如果没有存放当期数据的表页,则需要插入或追加表页。

(二) 录入关键字

不同会计期间企业经营的数据有所不同,判定本表页数据取自哪个单位、哪个会计期,是通过在系统中设置关键字来识别的,因此在生成报表数据前的重要步骤就是录入关键字的值。

🔔 **例4-5** 录入"货币资金表"的关键字为"2020年1月31日"。

操作路径:执行"数据→关键字→录入"命令。录入关键字如图4-15所示。

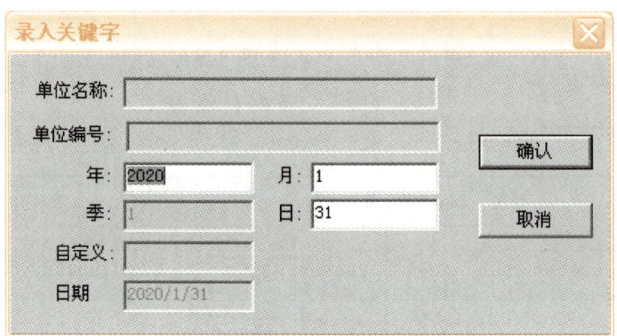

图4-15 录入关键字

(三) 输入基本数据

如果某些报表单元的数据每月都不同,且无法从机内的账簿文件中获取,与其他数据之间也不存在关联关系,那么就只能在报表编制时临时输入。

(四) 生成报表

在完成基本数据输入和关键字录入后,系统将自动根据计算公式从账务子系统或其他子系统中采集数据,进行计算,生成报表。在生成报表的过程中,系统将对公式的格式进行检查,如有语法或句法错误,系统将给予提示。

🔔 **例4-6** 根据录入的关键字生成货币资金表数据。

操作路径:执行"数据→表页重算"命令。表页重算如图4-16所示。

(五) 报表审核

报表数据生成后,如果设置了审核公式,系统将根据审核公式中设定的逻辑关系进行检

	A	B	C	D
1	货币资金表			
2	编制单位：明达科技		2020年1月31日	单位：元
3	项目	行次	期初数	期末数
4	库存现金	1	5000.00	12300.00
5	银行存款	2	300000.00	489860.00
6	合计	3	305000.00	502160.00
7			制表人：	刘宁

图4-16 表页重算

查。当报表数据不符合钩稽关系时，系统会给出预先设定的提示信息。用户应按照系统提示修改报表数据，并重新进行审核，直到审核通过。每当对报表数据进行修改后，都应该重新进行审核，以保证报表各项钩稽关系正确。

（六）舍位平衡处理

如果设计了舍位平衡公式，还可以进行舍位平衡处理，生成舍位表。

二、图表处理

图表处理可以实现以图表的方式对数据进行直观分析的功能。报表子系统提供的图表类型一般包括直方图、圆饼图、折线图、面积图等，不同类型的图表的建立方法是类似的。

图表是利用报表文件中的数据生成的，图表与报表存在着密切的联系。当报表中的源数据发生变化时，图表也随之变化；当报表文件被删除后，由该报表生成的图表也同时被删除。

三、表页管理

表页管理包括插入、追加、删除表页，以及对表页进行排序。

表页排序是指报表子系统可以按照表页关键字的值或报表中任何一个单元的值重新排列表页，以方便用户进行查询和管理。

四、报表数据管理

报表数据管理主要包括对报表数据进行透视、汇总，以及报表合并。

（一）报表透视

在报表子系统中，大量的数据是以表页的形式分布的，正常情况下每次只能看到一张表页。要想对各个表页的数据进行比较，可以利用数据透视功能，把多张表页的多个区域的数据显示在一个平面上。数据透视的结果可以保存在报表中。

（二）数据汇总

报表的数据汇总是报表数据不同形式的叠加。它是通过数据汇总功能把结构相同而数据不同的两张报表经过简单叠加生成一张新的报表的过程。在实际工作中,主要用于同一报表不同时期的汇总,以便得到某一期间的汇总数据;或者用于同一单位不同部门同一张报表的汇总,以便得到整个单位的合计数字。

1. UFO报表子系统的主要功能包括哪些?
2. UFO报表子系统和其他子系统的关系是什么?
3. 制作一张报表的流程是怎样的?
4. 报表格式设计包括哪些内容?
5. 报表公式分为哪几类?各自的作用是什么?
6. 什么是关键字?关键字是如何进行设置的?
7. 报表数据处理包括哪些内容?
8. 格式状态与数据状态有何不同?
9. UFO报表中函数包括哪些种类?

完成与本书配套的《会计信息系统实验》(第六版)教材中实验六的实验内容。

第五章

薪资管理子系统

【本章学习目标】

知识目标
- 了解薪资管理子系统的功能、银行代发工资、票面分解处理、工资扣零处理
- 明确薪资管理子系统与其他子系统的关系、应用流程、参数设置、工资类别、工资数据输入
- 明确薪资管理子系统的工资变动处理、工资计算与汇总、工资账表查询、期末处理
- 掌握薪资管理子系统的工资项目设置、计算公式设置、工资转账关系定义、工资分摊及凭证处理

能力目标
- 能结合企业实际,建立工资账套,进行相应的初始设置、日常及期末处理

【本章知识导图】

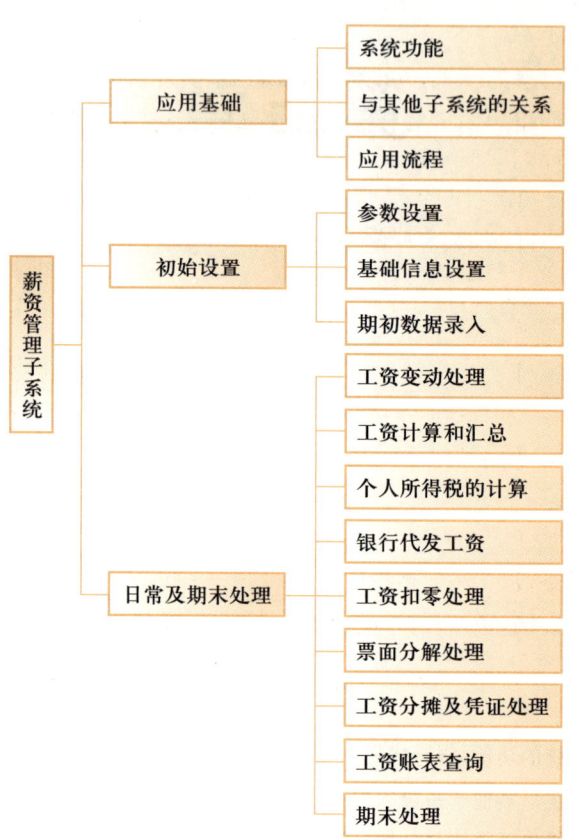

第一节 薪资管理子系统应用基础

人力资源管理是企业管理的重要组成部分,其中对企业员工的业绩考评和薪酬确定的正确与否更是关系到企业每一个职工的切身利益,对于调动每一个职工的工作积极性、正确处理企业与职工之间的经济关系具有重要意义。薪资管理是各企事业单位最经常使用的功能之一。在用友 ERP-U8 管理软件中,薪资管理作为人力资源管理系统的一个子系统存在,其主要功能包括以下几个方面。

一、薪资管理子系统的功能

薪资管理子系统的主要功能包括初始设置、工资数据录入、日常业务处理、凭证处理、信息查询、期末处理等。

（一）初始设置

薪资管理子系统的初始设置主要是设置薪资管理子系统工作必不可少的各种编码信息和初始数据,将通用的工资系统变成适合本企业核算与管理要求的薪资管理子系统。薪资管理子系统初始设置的质量,将直接影响薪资管理子系统的正常使用。

（二）工资数据录入

按照工资数据变动频率的不同,可以将工资数据分为基本数据和变动数据两类。基本数据及变动数据的划分是相对而言的。职工的基本工资、岗位津贴等数据每月基本不变,属于基本数据;而考勤和加班工时等数据每月都发生变化,属于变动数据。基本数据于薪资管理子系统初始化时一次性录入,一般无须修改,只有发生人员变动或工资数据变动时才需要修改原始数据;除此之外,日常只需再录入考勤、产量、工时等变动数据即可。

（三）日常业务处理

原始数据输入后,薪资管理子系统会根据预先设定的计算公式计算实发工资、扣零处理;代扣个人所得税处理;对工资数据进行汇总、分摊、计提各项费用,编制工资费用一览表;编制分钱清单;委托银行代发工资;等等。薪资管理子系统作为会计信息系统的一个子系统,与总账子系统、成本核算管理子系统之间存在数据传递关系。

（四）凭证处理

薪资管理子系统的凭证处理功能根据用户输入的业务数据生成记账凭证并自动传递到账务子系统。记账凭证模板的设置一般通过在工资分摊时设置对应的会计科目来完成。工资费用分摊的结果可以直接生成凭证传递到账务系统,以免在账务系统中二次制单。

（五）信息查询

薪资管理子系统数据核算工作完成后,可以生成内容丰富的报表。输出的报表主要包括反映工资数据基本情况的工资表,以及从部门、项目、月份等角度进行统计分析的工资分析表。

（六）期末处理

期末处理主要是月末结账和年末结账。

二、薪资管理子系统与其他子系统的关系

薪资管理子系统与其他子系统的关系如图5-1所示。

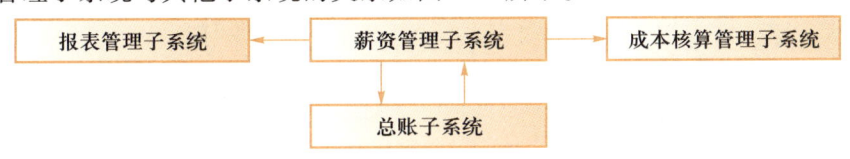

图5-1　薪资管理子系统与其他子系统的关系

（一）薪资管理子系统与总账子系统的关系

薪资管理子系统主要是通过转账凭证向账务子系统传递数据。薪资管理子系统将通过计算和分摊生成的工资、福利费、工会经费、养老保险金等转账凭证传递给总账管理子系统

进行进一步的处理。同时,薪资管理子系统也可以通过相关的函数和公式从总账管理子系统获取工资、福利费等科目的数据。

(二) 薪资管理子系统与成本核算管理子系统的关系

薪资管理子系统为成本核算管理子系统提供其核算所需要的工资和福利费用的数据,是成本核算的基础数据之一。

(三) 薪资管理子系统与报表管理子系统的关系

薪资管理子系统将计算结果和各种统计分析数据传递给报表管理子系统,以便其定义相关报表。

三、薪资管理子系统的应用流程

薪资管理子系统的应用流程如图5-2所示。

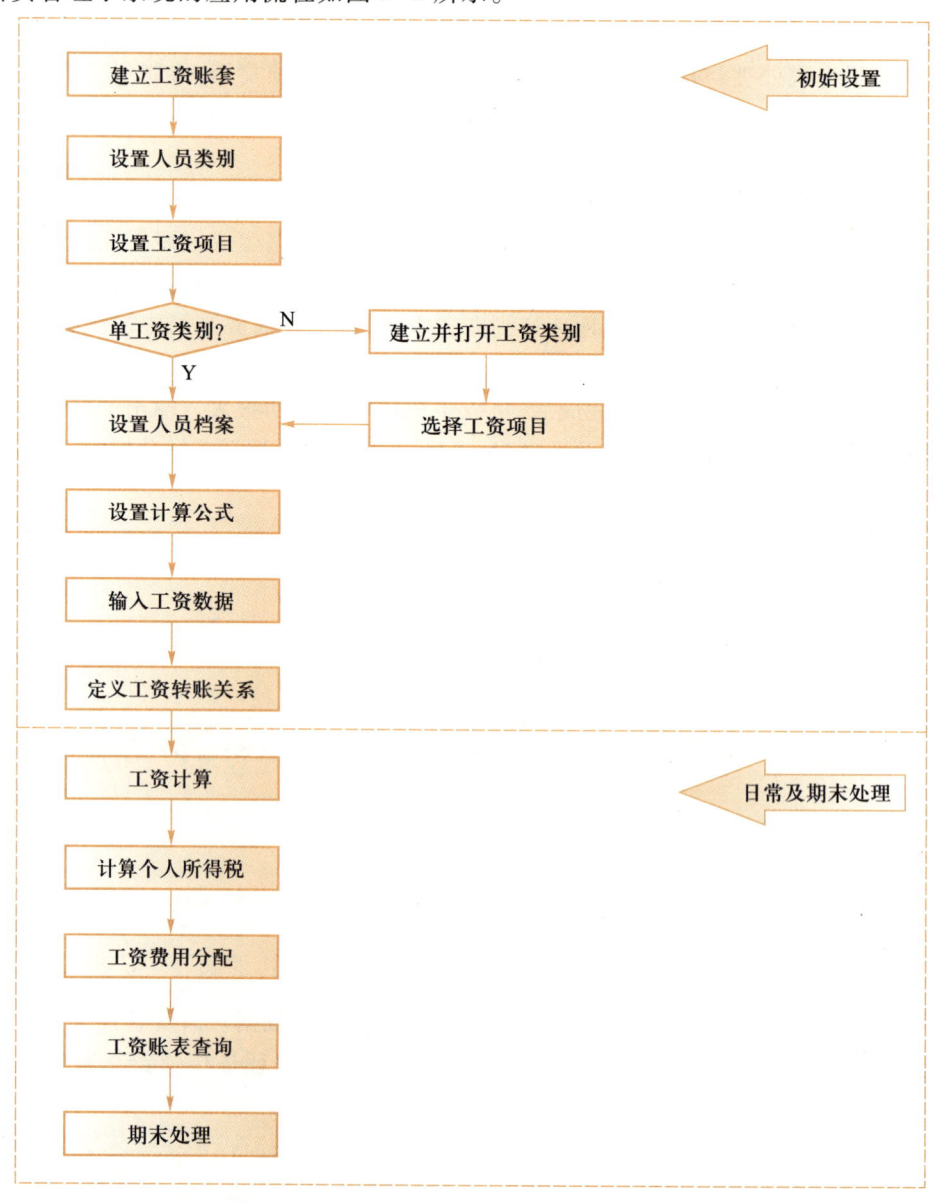

图5-2 薪资管理子系统应用流程

第二节 薪资管理子系统初始设置

一、薪资管理子系统的参数设置

薪资管理子系统的主要参数介绍如下。

（一）业务控制参数

1. 参数设置

首先，参数设置中要设定本账套处理的工资类别个数。如果单位按周或月多次发放工资，或者是单位中有多种不同类别（部门）的人员，工资发放项目不尽相同，计算公式亦不相同，但需进行统一工资核算管理，应选择"多个"。如果单位中所有人员的工资统一管理，而人员的工资项目、工资计算公式全部相同，则选择"单个"，可提高系统的运行效率。

其次，参数设置要设定该账套工资的核算币种。系统提供币别参照供用户选择，若选择账套本位币以外的其他币别，则还须在工资类别参数维护中设置汇率。

2. 扣税设置

扣税设置用来设定是否要从工资中代扣个人所得税。

3. 扣零设置

扣零设置是指系统是否进行扣零处理以及在进行扣零处理时依据的扣零类型。用户一旦选择了"扣零处理"，系统将自动在工资项目中增加"本月扣零"和"上月扣零"两个项目，用户不必在计算公式中设置有关扣零处理的计算公式，"应发合计"工资项目中不用包括"上月扣零"，"扣款合计"工资项目中也不用包括"本月扣零"。其中扣零类型包括扣零至元、扣零至角和扣零至分。

扣零至元：工资发放时不发 10 元以下的元、角、分。

扣零至角：工资发放时不发 1 元以下的角、分。

扣零至分：工资发放时不发 1 角以下的分。

4. 人员编码设置

人员编码设置即设定薪资管理子系统中单位人员编码的长度。

（二）权限设置

有的系统会在功能权限的基础上对工资权限进行明细控制，例如，控制用户可以对哪些部门、哪些工资项目进行操作。如果将某用户设置为工资类别主管，则该用户将拥有该工资类别的全部部门和工资项目处理权限。

二、薪资管理子系统的基础信息设置

首次使用薪资管理子系统时需完成账套的建立工作。建立账套时进行的基础信息设置

在此不再赘述,这里只对薪资管理子系统中相关基础信息设置内容进行介绍。

(一) 工资类别设置

在薪资管理中,如果存在多种不同类别的人员,每一类人员的工资发放的项目不同或计算公式不同,但都需要进行工资的核算管理,这时就需要建立不同的工资类别,进行多工资类别的核算。例如,对企业中在职人员和离退休人员分别进行工资核算时,就需要建立在职人员和离退休人员两个工资类别。又如,对企业中正式人员和临时人员分别进行工资核算时,则需要建立正式人员和临时人员两个工资类别。

> **思考与理解**
> 企业在何种情况下可以设置单工资类别?何种情况下可以设置多工资类别?

(二) 工资项目设置与选择

1. 工资项目设置

工资项目设置即定义工资项目的名称、类型、宽度、小数、增减项。系统中有一些固定项目是工资账中必不可少的,包括"应发合计""扣款合计""实发合计",这些项目不能删除和重命名。其他项目可根据实际情况定义或参照增加,如基本工资、奖励工资、请假天数等。在此设置的工资项目是针对所有工资类别的全部工资项目。

微课:
工资项目
设置与选择

定义工资项目时需要注意的是:

(1) 工资项目定义的基本作用是定义存放工资数据的数据库文件的库结构,因此工资项目定义的先后将决定该项目在数据库中和在工资表、工资单中的位置,定义时应考虑各工资项目的先后顺序。

(2) 工资项目中有些项目是所有单位必需的,如部门编码、职工编码、姓名、签名等。这些项目一般工资系统均要求定义为字符型。这些项目的数据类型与程序中设计的处理方式密切相关。为了避免出现混乱,系统一般事先已将这些项目定义好提供给用户,在使用时一般不允许修改这些项目的名称和数据类型,只在必要时修改它们的数据长度即可。

(3) 工资项目定义并输入数据后,如果要修改、增加或删除,一般会使已输入的数据丢失或出错。因此在定义工资项目时应适当考虑一段时期的发展需要,以便保证系统投入使用后保持较长时间的稳定。

(4) 在定义各个工资项目的数据宽度时,应以能容纳该项目下可能出现的最大数据的宽度为依据,以免出现数据溢出的错误。

(5) 部分工资项目如应发工资、实发工资、个人所得税等的数据是由其他项目数据经过计算得出的,因此凡是参与计算的工资项目的数据类型必须设置成数字型。

2. 工资项目选择

工资项目的设置是针对所有工资类别的。单工资类别下,只需完成工资项目设置即可;多工资类别下,工资项目设置完后,当打开某一工资类别时,可从已设置好的工资项目中为本工资类别选择合适的工资项目。

例 5-1　设置如表 5-1 所示的工资项目。

表 5-1　设置工资项目

项目名称	类型	长度/位	小数/位	增减项
基本工资	数字	8	2	增项
岗位工资	数字	8	2	增项
交通补助	数字	8	2	增项
应发合计	数字	10	2	增项
请假扣款	数字	8	2	减项
养老保险	数字	8	2	减项
代扣税	数字	10	2	减项
扣款合计	数字	10	2	减项
实发合计	数字	10	2	增项
请假天数	数字	8	2	其他

操作路径：执行"薪资管理→设置→工资项目设置"命令。工资项目设置如图 5-3 所示。

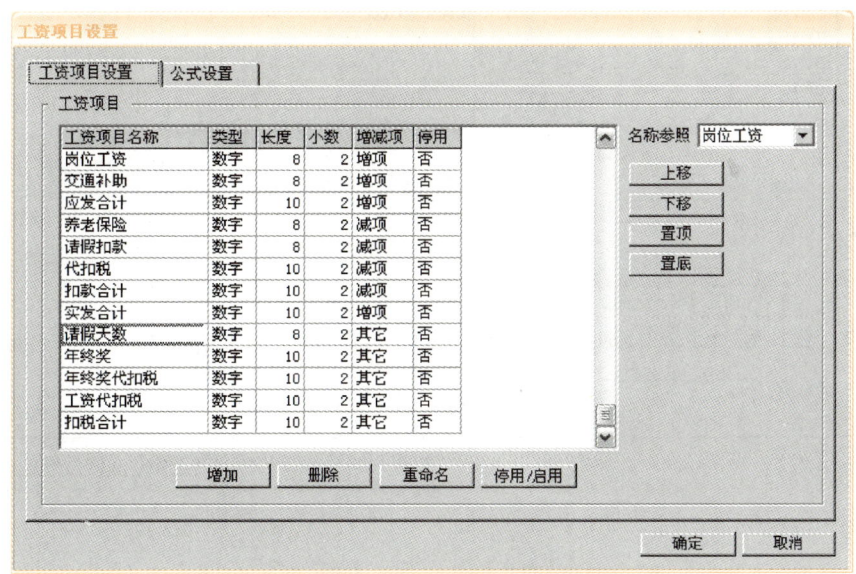

图 5-3　工资项目设置

> **思考与理解**
> 多工资类别下，工资项目设置与工资项目选择分别是在何种情况下应用的？

（三）公式设置

公式设置就是定义某些工资项目的计算公式及工资项目之间的运算关系。例如，缺勤

微课：
工资项目
计算公式

扣款＝基本工资/月工作日×缺勤天数。运用公式可直观表达工资项目的实际运算过程，灵活地进行工资计算处理。定义公式可通过选择工资项目、运算符、关系符、函数等组合完成。

系统固定的工资项目如"应发合计""扣款合计""实发合计"等的计算公式，系统根据工资项目设置的"增减项"自动给出。用户在此只能增加、修改、删除其他工资项目的计算公式。

定义工资项目计算公式要符合逻辑，系统将对公式进行合法性检查，不符合逻辑的系统将给出错误提示。定义公式时要注意先后顺序，先得到的数据应先设置公式。应发合计、扣款合计和实发合计公式应是公式定义框的最后三个公式，并且实发合计的公式要在应发合计和扣款合计公式之后。可通过单击公式框的上下箭头"▲""▼"调整计算公式顺序。如出现计算公式超长，可将所用到的工资项目名称缩短（减少字符数），或设置过渡项目。定义公式时可使用函数公式向导参照输入。

例5-2 设置如下工资项目计算公式。

请假扣款＝请假天数×100

操作路径：执行"薪资管理→设置→工资项目设置"命令。设置如图5-4所示。

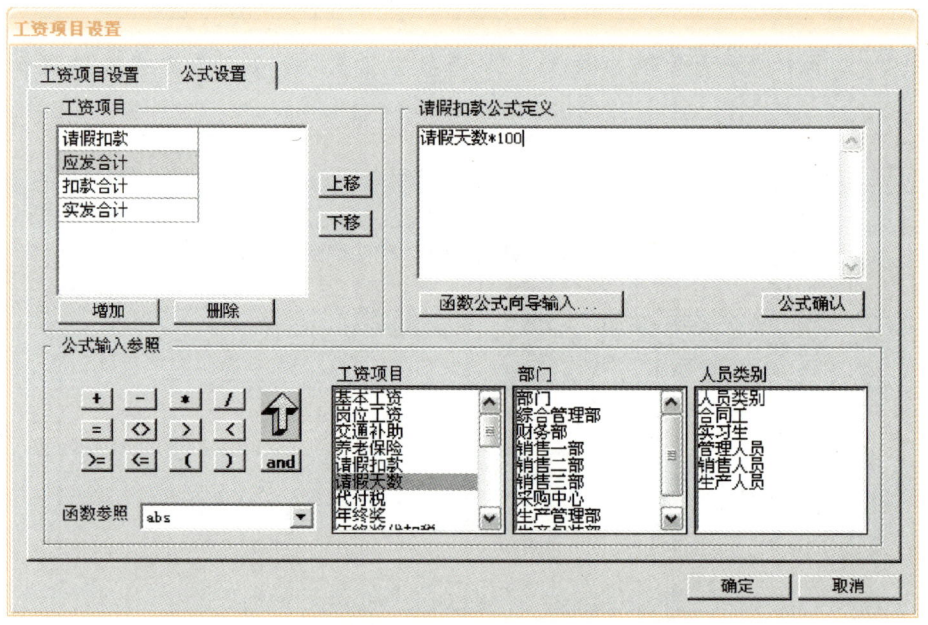

图5-4 工资项目计算公式设置

思考与理解

工资项目计算公式的设置为何要遵循一定的顺序？

（四）人员设置

人员设置包括人员类别设置、人员基本信息设置和人员档案设置。

1. 人员类别设置

工资是成本的重要组成部分，从账务处理的角度，不同性质人员其工资费用应分别记入不同的会计账户。例如,生产工人的工资记入"生产成本"账户,车间管理人员的工资记入"制造费用"账户,管理人员的工资记入"管理费用"账户。为了使计算机自动进行工资费用的分配,需要正确划分人员类别,以便于企业按人员类别进行工资的汇总计算。

2. 人员基本信息设置

人员基本信息包括职工的编号、姓名、所在部门、所属类别等。这些项目均是工资汇总及分配的基本依据。此外,还有很多企业利用薪资管理子系统代理基本的人事信息管理职能,这样就需要增加地址、电话、身份证号、职称等管理信息。

人员类别与人员基本信息的设置均在基础设置中完成。

3. 人员档案设置

薪资系统中人员档案可以参照基础档案中的职员档案生成。通常需要补充工资发放银行及银行账号等与薪资管理相关的内容。

人员档案的设置需要在薪资系统中完成。

(五)部门设置

通常,企业工资的汇总、统计、领款、分发等是以部门为基本单位进行的。正确设置企业部门,可以方便地按部门统计、查询各项工资信息,也可以实现按部门进行工资费用分配的目的。

部门档案在基础设置中完成。

(六)银行名称设置

由银行代发工资的企业应进行银行名称的设置。代发银行可能需要设置多个,这是由于同一工资类别中的人员在不同地点工作时,需要在不同的银行发放工资,或不同的工资类别在不同的银行发放工资。在设置代发银行名称时还需要对银行账号进行设置和管理,以便正确地完成银行代发工资的工作。

(七)定义工资转账关系

会计信息系统中通过事先定义工资转账关系,就可以每月自动分配工资费用,生成转账凭证。

定义工资转账关系就是定义工资费用分配的模板,即确定不同类别人员的工资计入不同的费用科目中去。

微课:
工资费用
分配定义
与生成

 例 5-3 定义如表 5-2 所示的工资转账关系。

表 5-2 定义工资转账关系

工资分摊部门		工资总额(100%)	
		借方	贷方
综合管理部、财务部、采购中心	管理人员	660201	2211
销售一部、销售二部、销售三部	销售人员	6601	2211
生产管理部	管理人员	5101	2211
生产包装部	生产人员	500102	2211

操作路径： 执行"薪资管理→业务处理→工资分摊"命令。工资转账关系定义如图5-5所示。

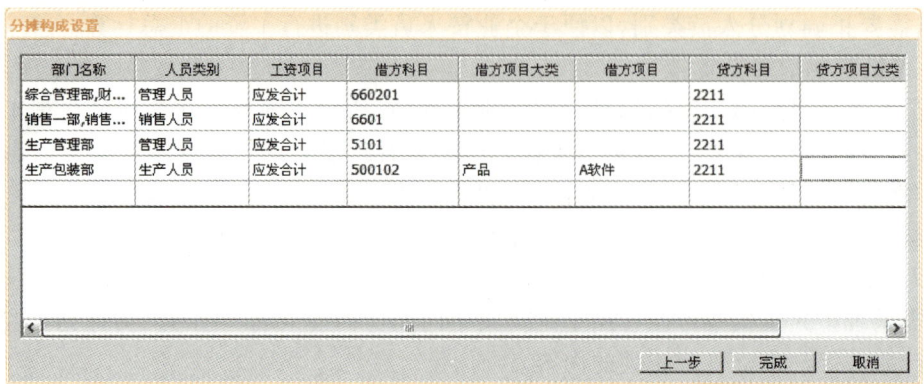

图5-5 工资转账关系定义

> **思考与理解**
> 你如何理解工资转账关系定义的意义？

三、薪资管理子系统的期初数据录入

（一）薪资管理子系统录入数据的内容

工资数据按变动频度分为基本数据和变动数据两部分。薪资管理子系统在初次使用时需要录入所有职工没有进行公式定义的工资项目数据，即每月相对固定不变的基础数据部分，如基本工资、职务工资、职称工资、各种固定补贴等。每月固定不变的数据在系统投入使用时一次输入，长期使用，只在提职、提薪、晋级时才进行修改。每个职工的这些基本工资数据形成了薪资管理子系统数据处理的基础。而对于每月变动的数据部分，如病事假扣款、水电费、代扣税等代扣款等则需要在每月处理工资数据前进行编辑修改。

（二）薪资管理子系统录入数据的方法

无论是首次使用薪资管理子系统录入工资数据，还是在今后的日常工作中对变动的工资部分进行编辑、修改，都可以通过以下方法加快录入速度，提高工作效率。

（1）使用过滤功能过滤工资项。如果只对某些工资项目或某一部分职工的工资数据进行录入或修改，使用过滤功能可以将指定需要输入的工资项目或人员过滤出来，使屏幕上只显示用户需要的数据，方便用户输入数据。如每月只需输入考勤记录，可以利用过滤功能将相关工资项目筛选出来，屏蔽其他工资项目，以使数据录入界面简洁，实现快速输入。

（2）成批替换某工资项目内容。用户利用此功能可以通过设置公式按照某一特定的条件将某些工资项目数据进行统一替代。如年末每一职工工龄工资增加一年；或由于本月销售一部业绩突出，特向销售一部所有员工派发奖金1 000元。

（3）按指定条件快速定位。用户可利用此功能按照职工所属部门、职工个人编码、姓名等条件快速定位到相关记录以便进行编辑工作。

第三节　薪资管理子系统日常及期末处理

工资数据处理主要是工资数据按账务处理的要求进行汇总以便生成工资转账数据。工资数据处理主要是工资变动处理、工资计算和汇总、个人所得税的计算、银行代发工资、工资扣零处理、票面分解处理、工资分摊、凭证处理等。

一、工资变动处理

变动数据于每月工资计算处理前录入。工资变动处理只能处理日常工资数据的调整、变动，以及工资项目的增减等，而人员的增减和部门的变更需要在人员基本信息设置中进行调整。职工调入、调出本单位时，其基本工资数据可以输入或删除。一般情况下，该职工工资数据不必保留备查。特殊情况如某单位需要保留时则需要对软件做特殊设计。职工在单位内部不同部门间进行调动时可以通过修改职工所在部门编码直接实现调动。

例 5-4　输入变动工资数据。周伟请假 3 天；赵红请假 2 天。

操作路径：执行“薪资管理→业务处理→工资变动”命令。输入变动工资数据如图 5-6 所示。

工资变动

过滤器　所有项目　　定位器

选择	工号	人员编号	姓名	部门	人员类别	请假天数	年终奖	年终奖代扣税
		101	张同	综合管理部	管理人员			
		102	刘宁	财务部	管理人员			
		103	李芳	财务部	管理人员			
		104	王强	财务部	管理人员			
		201	赵红	销售一部	销售人员	2.00		
		202	宋瑞	销售二部	销售人员			
		203	孙明	销售三部	销售人员			
		301	周伟	采购中心	管理人员	3.00		
		401	马慧	生产管理部	管理人员			
		402	王佳	生产包装部	生产人员			
		403	李刚	生产包装部	生产人员			
合计						5.00	0.00	0.00

当前月份：1月　总人数：11　当前人数：11

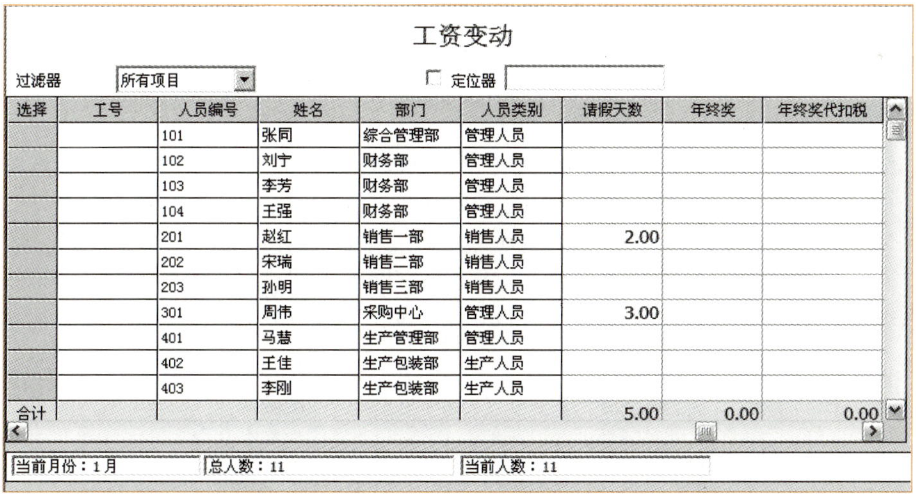

图 5-6　输入变动工资数据

二、工资计算和汇总

薪资管理子系统按照在初始设置中定义好的工资项目及计算公式计算职工的应发工

资、各项扣款合计、实发工资等项目,并根据所属部门、人员类别等条件自动汇总生成新的工资数据表。

三、个人所得税的计算

个人所得税是根据《中华人民共和国个人所得税法》对个人征收的一种税。目前我国规定职工个人所得税由企业代扣,个人所得税采用分级累进制。由于纳税基数和税率的规定可能发生变化、不同职工(如外籍职工和本国职工)纳税规定不同,因此个人所得税的计算必须要有足够的灵活性。由于单位代扣代缴工资部分应交个人所得税是国家的规定,因此薪资管理子系统一般提供计算个人所得税的功能。薪资管理子系统中个人所得税的计算通常由用户设定各级纳税基数和各段税率,然后由系统自动完成计算工作。其处理步骤如下:

(1)设定纳税基数。系统一般把实发工资作为系统的纳税基数对应的工资项目。也可以设置"计税工资"项目作为纳税基数。"计税工资"项目的金额通常为"应发合计"减去各种保险及住房公积金等。

(2)定义税率表。一般情况下,系统提供了国家规定的工资、薪金所适用的各级超额累进税率。企业可以根据自身的需要调整费用基数、附加费用及税率,修改扣除数,增加或删除级数。

(3)生成个人所得税申报表。薪资管理子系统根据用户定义自动计算并生成个人所得税申报表。

例5-5 设置个人所得税扣税基数为5 000元。

操作路径:执行"薪资管理→设置→选项"命令。设置扣税基数如图5-7所示。

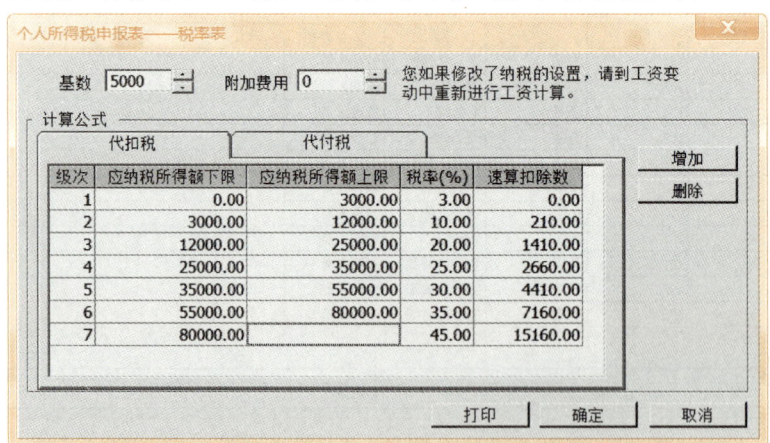

图5-7 设置扣税基数及税率

思考与理解
当个人所得税法发生变化时,你能根据实际情况调整扣税基数及税率表吗?

四、银行代发工资

银行代发工资是指企业为职工在代发工资的开户银行设置工资储蓄账户,每月企业直接将职工工资划入开户银行相应账户中。此举既减轻了财务部门发放工资的工作量,又有效地免去了财务人员去银行提现的风险,同时提高了员工薪资的保密度。银行代发工资的处理步骤如下:

(1) 设置代发文件格式。企业需根据代发银行的要求设置代发文件的格式,如文件中包含的数据项目、各数据项的类型、长度等。

(2) 选择代发文件的输出格式。企业根据代发银行的要求设置向银行提供的工资数据文件的存放格式。

(3) 向银行报送工资数据文件。企业按照预先规定好的格式和文件名将工资数据文件报送代发银行,以便银行在规定日期内将员工应得薪金划转到员工个人账户。

五、工资扣零处理

工资扣零处理在发放现金工资下才有意义。工资数据的扣零是将本月工资尾数留待下月处理的一种数据处理方式。对使用现金发放工资的单位,这种处理方式是减少分发现金困难的重要措施。扣零处理的要点是将上月扣零数加上本月工资尾数后将整数部分合并到本月实发工资数中,尾数部分作为本月扣零保存以便下月处理。这一处理过程对每个职工每月都需要进行一次。为了完成工资的扣零处理,需要在工资数据库中设置上月扣零字段和本月扣零字段,采用成批替换字段值的方法进行处理。本月扣零值要在本月工资条中体现,以便职工进行核对,上月扣零数据为系统内部使用,工资条中不必显示。扣零处理由系统自动进行,用户只需设定扣零条件即可。薪资管理子系统扣零处理步骤如下:

(1) 使用薪资管理子系统的第一个月按照预先设定的扣零条件计算扣零数据填入本月扣零字段。

(2) 下月系统自动用工资数据文件中当月扣零字段的值替换上月扣零字段,替换后本月扣零字段清零。

(3) 将上月扣零字段值加上本月工资中应扣零数后将整数部分合并到本月实发工资数中,尾数部分作为本月扣零数额填入本月扣零字段。

以后各月重复上述第二步和第三步的处理。

思考与理解

现在大部分单位都是银行代发工资,工资直接发放到工资卡中,在此情况下工资扣零处理还有意义吗?

六、票面分解处理

票面分解功能也是在发放现金工资下才有意义。对于使用现金发放工资的企业需通过票面分解的功能根据计算出的工资金额求出各种面值人民币的需要量，生成票面分解一览表，以便企业提取适合发放工资的不同面值的货币。票面分解的处理步骤如下：

（1）对每个职工的实发工资数据进行分解，得到发放每个职工工资所需要的各种面值的货币张数。

（2）得到发放每个职工工资所需要的各种面值的货币张数后，将不同面值的货币张数进行汇总从而得到整个企业的票面分解一览表。

七、工资分摊及凭证处理

工资发放完成之后，财务部门还需要对各个部门的工资数据进行分摊计提应付工资、应付福利费、工会经费、职工教育经费、养老保险金等费用。工资分摊处理需要设置工资总额和计提基数，系统将根据工资总额和计提基数自动计算各部门每项费用的提取数。

系统根据用户预先定义的工资分摊模板生成自动转账凭证传递到账务系统，实现与账务子系统的数据传递。

> **思考与理解**
> 工资分摊生成的凭证会自动传递到总账管理子系统中，对其还需做哪些操作呢？

八、工资账表查询

薪资管理子系统的信息输出主要包括工资表和工资统计分析表两大类。

（一）工资表

工资表一般用于薪金管理所需要的基本信息，主要包括工资发放签名表、工资发放条、工资卡、部门工资汇总表、人员类别工资汇总表等由系统提供的原始表。

1. 工资发放签名表

工资发放签名表即工资发放清单，一个职工一行。

2. 工资发放条

工资发放条为发放工资时交给职工的工资项目清单。

3. 工资卡

工资卡即工资台账，按每人一张设立卡片，工资卡片反映每个员工各月的各项工资情况。

4. 部门工资汇总表

部门工资汇总表用于按单位（或各部门）工资汇总数据的查询。

5. 人员类别工资汇总表

人员类别工资汇总表用于按人员类别进行工资汇总数据的查询。

6. 条件汇总表

条件汇总表是根据用户指定条件生成的工资汇总表。用户可对要进行汇总的工资项目设定汇总条件。

7. 工资变动明细表

工资变动明细表用于本月与上月个人工资的数据核对。

8. 工资变动汇总表

工资变动汇总表用于本月与上月工资汇总数据的核对。

9. 条件明细表

条件明细表是根据用户指定条件生成的工资发放表。系统可以按某些条件查询工资明细数据并输出符合条件的所有人员的工资明细情况。

10. 条件统计表

条件统计表是根据用户指定条件生成的工资统计表,用于统计某些工资项目的总和情况。

（二）工资统计分析表

工资统计分析表以工资数据为基础,对部门、人员类别的工资数据进行分析和比较,产生各种分析结果,供决策人员使用。主要包括工资项目分析表、分部门各月工资构成分析表、员工工资项目统计表等。

1. 工资项目分析表

工资项目分析表用于对选定的部门和选定的工资项目进行分析。

2. 员工工资汇总表

员工工资汇总表用于对选定工资项目和选定部门的员工工资进行汇总分析。

3. 分部门各月工资构成分析表

分部门各月工资构成分析表用于对选定部门和选定工资项目的工资构成进行分析。

4. 工资增长分析

工资增长分析用于对选定工资项目和选定部门的工资增长进行分析。

5. 部门工资项目构成分析

部门工资项目构成分析用于对选定月份、选定部门和选定工资项目的构成进行分析。

6. 员工工资项目统计表

员工工资项目统计表用于对选定部门和选定分析区间的员工工资项目进行统计分析。

7. 按部门分类统计表

按部门分类统计表用于对选定分析区间内选定部门的工资项目进行分类统计分析。

8. 按月分类统计表

按月分类统计表用于对选定的工资项目按月份进行分类统计分析。

九、期末处理

月末结转是将当月数据经过处理后结转至下月,每月工资数据处理完毕后均可进行月末结转。在工资项目中有些是变动项目,即每月数据均不相同,因此在进行每月工资处理时需将其数据清为0,再输入当月数据。而其他固定不变的项目则继承以前月份的数据。系统进行月末处理后当月数据将不允许改动。系统中若存在多个工资类别则应分别进行月末结转。

1. 简述薪资管理子系统的主要功能。
2. 简述薪资管理子系统与其他子系统的关系。
3. 薪资管理子系统基础信息设置包括哪些内容?
4. 工资项目设置过程中需要注意哪些问题?
5. 工资数据按变动频度分为哪两类?分类的意义何在?
6. 薪资管理子系统日常业务处理功能包括哪些内容?
7. 薪资管理子系统可以提供哪些统计分析表?
8. 薪资管理子系统期末处理包括几部分,进行期末处理时应该注意哪些问题?
9. 党的二十大报告指出:健全社会保障体系。社会保障体系是人民生活的安全网和社会运行的稳定器。健全覆盖全民、统筹城乡、公平统一、安全规范、可持续的多层次社会保障体系。请查阅相关资料,说说企业和个人分别需要交哪些种类的社会保险,比例分别是多少?

完成与本书配套的《会计信息系统实验》(第六版)教材中实验七的实验内容。

第六章

固定资产管理子系统

【本章学习目标】

知识目标

- 了解固定资产管理子系统的功能、资产评估处理
- 明确固定资产管理子系统与其他子系统的关系、参数设置、基础信息设置
- 明确固定资产管理子系统的资产变动处理、凭证处理、账表查询、期末处理
- 掌握固定资产管理子系统的期初数据录入、资产增减处理、计提折旧处理

能力目标

- 能结合企业实际,建立固定资产账套,进行相应的初始设置、日常及期末处理

【本章知识导图】

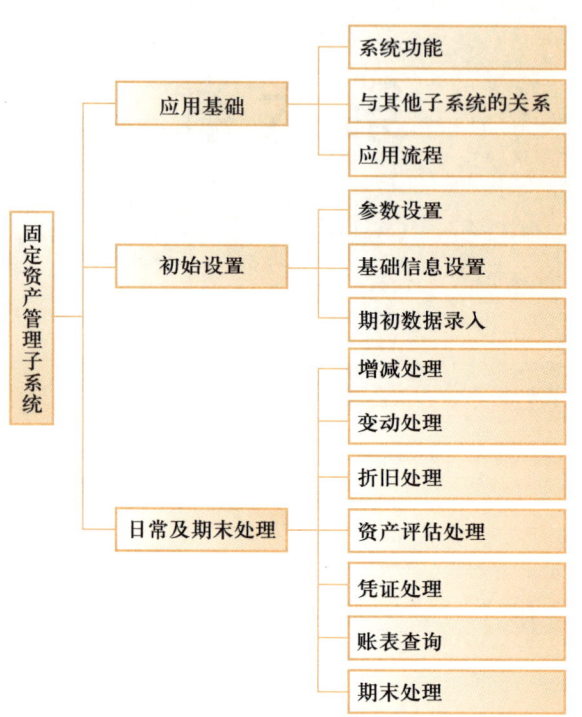

第一节 固定资产管理子系统应用基础

固定资产是企业资产的重要组成部分,固定资产管理是否完善、核算是否正确,不仅关系企业资产的安全性,而且影响成本费用乃至利润计算的正确性。因此,固定资产管理子系统的主要任务是对资产的增减变动、折旧计提等业务进行正确的核算,并提供及时、准确的各种账簿和统计分析数据,为管理人员对固定资产进行有效管理和制定经营决策提供信息。

一、固定资产管理子系统的功能

固定资产管理子系统的主要功能包括初始设置、日常业务处理、凭证处理、信息查询、期末处理等。

(一)初始设置

固定资产管理子系统的初始化过程中需完成对固定资产日常核算和管理所必需的各种系统参数和基本信息的设置,并输入固定资产子系统的原始业务数据。初始设置主要包括核算单位的建立,固定资产卡片项目、卡片样式、折旧方法、使用部门、使用状况、增减方式、资产类别等信息的设置,以及固定资产原始卡片的录入。

(二)日常业务处理

固定资产子系统的日常业务处理,主要是当固定资产发生如资产增加、资产减少、原值变动、使用部门转移等变动情况时,更新固定资产卡片,并根据用户设定的折旧计算方法自动计算折旧,生成折旧清单和折旧分配表。

(三)凭证处理

固定资产管理子系统根据使用状况和部门对应折旧科目的设置进行转账凭证的定义。转账凭证可以根据固定资产的业务处理自动生成,但有时也需要人工补足生成凭证所需要的数据。转账凭证经过确认后会自动传递到账务或成本核算等子系统,等待进一步处理。

(四)信息查询

固定资产管理子系统输出的报表主要有固定资产卡片、固定资产增减变动表、固定资产分类统计表、固定资产折旧计算表、转账数据汇总表等有关账表。所有输出的账表系统均设有屏幕显示和打印两种输出方式供用户选择。

(五)期末处理

固定资产管理子系统的期末处理主要包括对账和月末结账两部分。

二、固定资产管理子系统与其他子系统的关系

固定资产管理子系统与其他子系统的关系如图6-1所示。

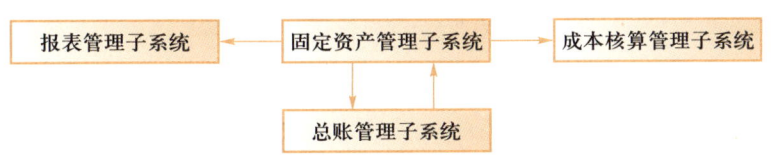

图6-1 固定资产管理子系统与其他子系统的关系

(一)固定资产管理子系统与总账管理子系统的关系

固定资产管理子系统通过转账凭证向总账管理子系统传递数据。固定资产的日常变动数据和计提折旧数据通过生成的转账凭证传递到总账管理子系统。同时,固定资产管理子系统能够通过相关函数从总账管理子系统获取固定资产和累计折旧科目的发生额、余额等数据。

(二)固定资产管理子系统与成本核算管理子系统的关系

固定资产管理子系统为成本核算管理子系统提供其核算所需要的折旧费用数据,是成本核算的基础数据之一。

(三)固定资产管理子系统与报表管理子系统的关系

报表管理子系统可以通过调用固定资产管理子系统核算结果数据编制相关报表。

三、固定资产管理子系统的应用流程

固定资产管理子系统应用流程如图 6-2 所示。

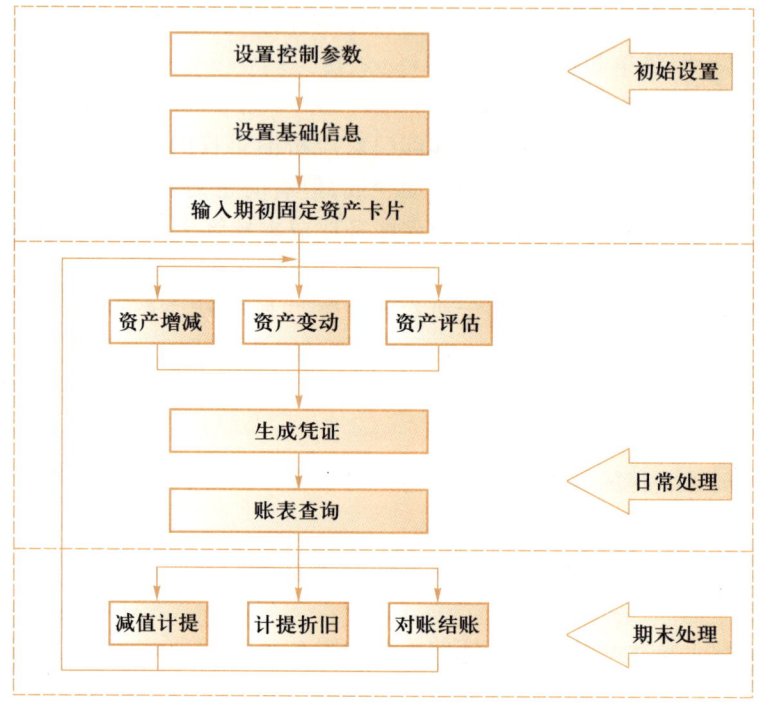

图 6-2　固定资产管理子系统应用流程

第二节　固定资产管理子系统初始设置

一、固定资产管理子系统的参数设置

固定资产管理子系统主要的业务控制参数介绍如下。

（一）基本信息设置

在系统初始化时建立核算账套，设定账套编号、名称、启用时间、使用单位、本位币币种等，并设定固定资产是否计提折旧、计提折旧的周期等基本信息。

（二）编码规则设置

固定资产的编码是唯一区分每一项固定资产的标识。固定资产的编码一般采用群码的方式，由类别编码、部门编码、使用情况编码、每项固定资产的顺序码等多组基本编码组成。这种编码方式便于系统按照固定资产的使用情况、使用部门、资产类别等进行折旧计算、汇

总数据和编制各种报表。固定资产管理子系统需要定义的编码规则包括资产类别编码规则、固定资产编码规则等。在处理这些基本编码时需要注意以下问题：

凡具有国家标准的,如固定资产类别,国家标准(GB/T14885—2010)将固定资产类别编码规定为4层7位。如果没有特殊情况应尽量参照使用国家标准。

编码应尽量具有一定的层次,如固定资产编码可按"固定资产类别编码+部门编码+固定资产顺序号"进行设置,以便分类汇总,提供尽量多层次的管理信息。

多数软件对编码的总长度都有规定,在设计代码时应注意不能超越系统编码总长度的要求。

（三）与账务系统的接口设置

当固定资产管理子系统与账务系统集成使用时,需要进行固定资产对账科目与入账科目的设置。

固定资产管理子系统通过转账凭证的形式向账务系统传递数据,因此需要定义固定资产和累计折旧的默认入账科目,以便固定资产管理子系统中发生经济业务,自动生成转账凭证时参考使用。

当固定资产管理子系统需要定期与账务系统进行对账时,便要设置对账科目。一般固定资产对账科目应选择固定资产一级科目,累计折旧对账科目应选择累计折旧一级科目。通常情况下,当两个系统核对后数据一致时才允许结账。

二、固定资产管理子系统的基础信息设置

首次使用固定资产管理子系统时需完成账套的建立工作。建立账套时进行的基础信息设置在此不再赘述,我们只对固定资产管理系统中重要的基础信息设置内容进行介绍。

（一）资产类别设置

固定资产种类繁多,规格不一,为强化固定资产管理,及时准确地进行固定资产核算,需建立科学的资产分类核算体系,为固定资产的核算和管理提供依据。国家标准(GB/T14885—2010)规定的类别编码最多可以设置4层,编码总长度是7位,第1层至第4层对应的位数为1、2、2、2。企业可以根据自身的特点和要求,设定较为合理的资产分类方法。

 例6-1　设置如表6-1所示的资产类别。

表6-1　资产类别

编码	类别名称	净残值率/%	计提属性
01	交通运输设备	5	正常计提

操作路径：执行"固定资产→设置→资产类别"命令。设置如图6-3所示。

（二）部门对应折旧科目设置

固定资产部门对应折旧科目是指其折旧费用的入账科目。固定资产计提折旧后,需将折旧费用分配到相应的成本或费用中去,根据不同企业的情况可以按照部门或类别进行汇

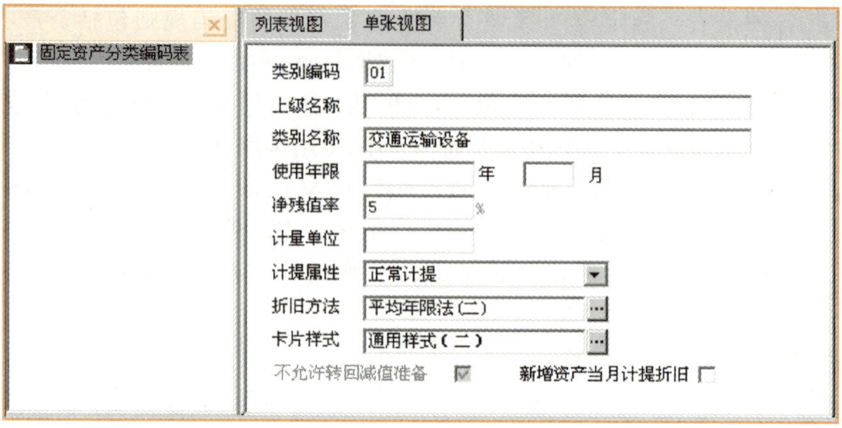

图6-3 资产类别设置

总。固定资产折旧费用的分配去向与其所属部门密切相关，因此需要给每个部门设定对应折旧科目，属于该部门的固定资产在计提折旧时，折旧费用将分配到其对应的折旧科目中去。

> **思考与理解**
> 部门对应折旧科目设置的意义是什么？

（三）增减方式设置

固定资产增减方式设置即资产增加的来源和减少的去向。增减方式包括增加方式和减少方式两大类。增加方式主要包括直接购买、投资者投入、捐赠、盘盈、在建工程转入、融资租入。减少方式主要包括出售、盘亏、投资转出、捐赠转出、报废、毁损、融资租出。增减方式可根据用户的需要自行增减。在增减方式的设置中还可以定义不同增减方式的对应入账科目，配合固定资产和累计折旧的入账科目使用，当发生相应的固定资产增减变动时可以快速生成转账凭证，减少手工输入数据的业务量。

（四）使用状况设置

固定资产的使用状况一般分为使用中、未使用和不需用三大类，不同的使用状况决定了固定资产计提折旧与否。因此，正确定义固定资产的使用状况是准确计算累计折旧，进行资产数据统计分析，提高固定资产管理水平的重要依据。

（五）折旧方法设置

固定资产折旧的计算是固定资产管理子系统的重要功能。固定资产折旧的计提由系统根据用户选择的折旧方法自动计算得出，因此折旧方法的定义是计算资产折旧的重要基础。根据会计准则的规定，企业固定资产的折旧方法为平均年限法、工作量法、双倍余额递减法和年限总和法。企业可根据国家规定和自身条件选择采用其中的一种。如果系统中预置的折旧方法不能满足企业管理与核算的需要，用户也可以定义新的折旧方法与相应的计算公式。

由于计算机系统基本不必考虑处理能力的问题，因此在向计算机系统过渡时，只需根据企业细化会计核算的需要在会计制度允许的范围内选择折旧计算方法即可。一般来说，可以为每台固定资产选择更为合适的折旧方法。

> **思考与理解**
> 为何手工核算下,大部分企业固定资产核算都选择平均年限法?电算化方式下可以为每项固定资产设置合适的折旧方法吗?

(六)卡片项目和卡片样式设置

固定资产卡片是固定资产管理子系统中重要的管理工具,固定资产卡片文件是重要的数据文件。固定资产文件中包含的数据项目形成一个卡片项目,同时卡片项目也是固定资产卡片上用来记录固定资产资料的栏目,如原值、资产名称、所属部门、使用年限、折旧方法等是卡片上最基本的项目。在固定资产系统提供的卡片上,常用的项目称为系统项目,但这些项目不一定能满足所有单位的需求。为了增加固定资产系统的通用性,一般系统都为用户留下足够的增减卡片项目的余地。在初始设置中由用户定义的项目称为自定义项目。系统项目和自定义项目一起构成固定资产卡片的全部内容。

固定资产卡片样式指卡片的外观,即卡片的格式和卡片上包含的项目及项目的位置。不同资产核算管理的内容与重点各不相同,因此,卡片样式也可能不同。系统提供默认的卡片样式一般能够满足企业日常管理的要求,用户可以在此基础上略做调整,形成新卡片模板,也可以自由定义新卡片式样。

三、固定资产管理子系统的初始数据录入

固定资产管理子系统的初始数据是指系统投入使用前企业现存固定资产的全部有关数据,主要是固定资产原始卡片的有关数据。固定资产原始卡片是固定资产管理子系统处理的起点。因此,准确录入原始卡片内容是保证历史资料的连续性并正确进行固定资产核算的基本要求。为了保证所输入原始卡片数据的准确无误,应该在开始输入前对固定资产进行全面的清查盘点,做到账实相符。

通常,一张原始卡片代表一项固定资产并形成固定资产卡片文件中的一项明细数据,输入完成后应与账务系统所记录的总数进行核对。例如,每类固定资产卡片原值的合计应该等于账务系统相应固定资产明细科目的余额;卡片已提折旧的合计应等于累计折旧账户的余额。这种检验应在全部初始固定资产卡片输入计算机后由系统自动进行并给出提示。

🔔**例6-2** 输入固定资产原始卡片,如表6-2所示。

表6-2 固定资产原始卡片

固定资产名称	类别编号	所在部门	增加方式	使用年限/月	开始使用日期	原值/元	累计折旧/元	对应折旧科目名称
奔驰轿车	01	综合管理部	直接购入	120	2017.01.01	300 000	50 000	管理费用/折旧费

操作路径：执行"固定资产→卡片→录入原始卡片"命令。固定资产卡片录入如图6-4所示。

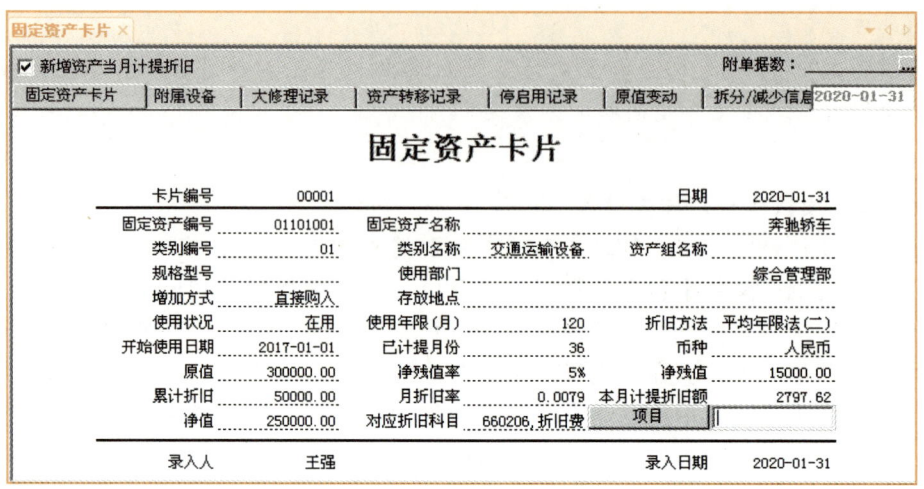

图6-4 固定资产卡片录入

> **思考与理解**
>
> 固定资产原始卡片的录入是针对每一项固定资产来说的。某些大型企业固定资产较多，固定资产原始卡片录入可能需要一至几个月的时间。

第三节 固定资产管理子系统日常及期末处理

固定资产管理子系统的日常业务处理主要完成固定资产的核算和管理工作。固定资产管理子系统的日常业务包括增减处理、变动处理、折旧处理、资产评估处理、凭证处理等内容。

一、增减处理

当企业由于各种原因而增加或减少其固定资产时，就需要进行相应的增减处理，即根据固定资产增减变动记录更新固定资产卡片文件，以保证折旧计算的正确性。

（一）固定资产的增加

企业通过购买或其他方式取得固定资产时要进行固定资产增加的处理，填制新的固定资产卡片。一方面，要求对新增固定资产按经济用途或其他标准分类，并确定其原始价值。另一方面，要求办理交接手续，填制和审核有关凭证，作为固定资产核算的依据。

（二）固定资产的减少

固定资产的减少是指资产在使用过程中，由于毁损、出售、盘亏等各种原因而被淘汰。此时需要进行固定资产减少的处理，输入固定资产减少记录，说明减少的固定资产名称、减少方式、减少原因等。资产减少信息经过确认后，系统搜索出相应的固定资产卡片以固定资产减少记录中的信息更新卡片文件数据，反映固定资产减少的相关情况。

> **思考与理解**
> 固定资产增加和减少业务每月会频繁发生吗？

二、变动处理

固定资产日常管理过程中出现原值变动、部门转移、使用状况调整、使用年限调整、资产折旧方法调整、净残值（率）调整、工作总量调整、累计折旧调整、资产类别调整等情况时，需通过变动单进行处理。变动单是指在资产使用过程中由于固定资产卡片上某些项目调整而编制的原始凭证。

（一）原值变动

资产在使用过程中，其原值增减有五种情况：根据国家规定对固定资产重新估价；增加补充设备或改良设备；将固定资产的一部分拆除；根据实际价值调整原来的暂估价值；发现原记录固定资产价值有误。原值变动包括原值增加和原值减少两部分。

（二）部门转移

资产在使用过程中，因内部调配而发生的部门变动应及时处理，否则将影响部门的折旧计算。

例 6-3 将财务部复印机转移到综合管理部。

操作路径：执行"固定资产→卡片→变动单→部门转移"命令。固定资产变动单录入如图 6-5 所示。

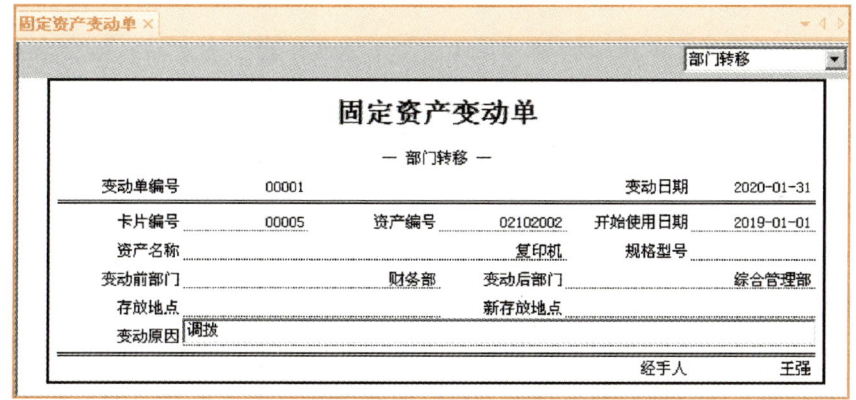

图 6-5 固定资产变动单录入

（三）使用状况调整

资产使用状况分为在用、未使用、不需用等。资产在使用过程中，可能会因为某种原因，使得资产的使用状况发生变化，这种变化会影响设备折旧的计算，因此应及时调整。

（四）使用年限调整

在使用过程中，资产的使用年限可能会由于资产的重估、大修等原因调整。进行使用年限调整的资产在调整的当月就按调整后的使用年限计提折旧。

（五）资产折旧方法调整

一般来说，资产折旧方法一年之内很少改变，如有特殊情况确需调整改变的也必须遵循一定的原则。例如，所属类别是"总提折旧"的资产调整后的折旧方法不能是"不提折旧"；相应地，所属类别是"总不提折旧"的资产折旧方法不能调整。一般来说，进行折旧方法调整的资产调整的当月就按调整后的折旧方法计提折旧。

> **思考与理解**
> 以上固定资产变动业务中哪些变动业务需要生成凭证？

三、折旧处理

微课：计提折旧

折旧处理是固定资产管理子系统的基本处理功能之一，主要包括折旧计提与折旧分配。

（一）折旧计提

根据固定资产卡片中的信息，系统对各项固定资产每期计提折旧一次，自动计算所有资产当期累计折旧，将当期累计折旧额累加到累计折旧项中，并自动生成折旧清单。

（二）折旧分配

计提工作完成后进行折旧分配形成折旧费用，生成折旧分配表。固定资产的使用部门不同，其折旧费用分配的去向也不同，折旧费用与资产使用部门间的对应关系主要是通过部门对应折旧科目来实现。系统根据折旧分配表，自动生成折旧凭证并传递到账务系统。

例6-4 计提本月固定资产折旧。

操作路径： 执行"固定资产→处理→计提本月折旧"命令。生成的折旧清单和分配表如图6-6、图6-7所示。

（三）进行折旧处理需注意的问题

固定资产管理子系统中进行折旧处理时一般应注意以下几点：

（1）如果在一个期间内多次计提折旧，则每次计提折旧后只是将计提的折旧累加到月初的累计折旧上，不会重复累计。计提折旧后又对账套进行了影响折旧计算与分配的操作，必须重新计提折旧，以保证折旧计算的正确性。

（2）如果上一次计提的折旧已经制单但尚未记账，必须删除该凭证；如果已经记账，必须冲销该凭证重新计提折旧。如果自定义的折旧方法月折旧率或月折旧额出现负数，系统会自动终止计提。

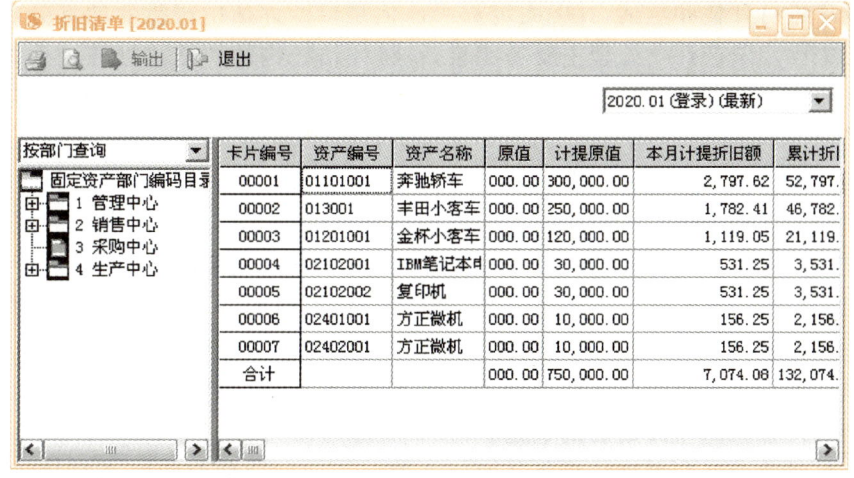

图6-6 折旧清单

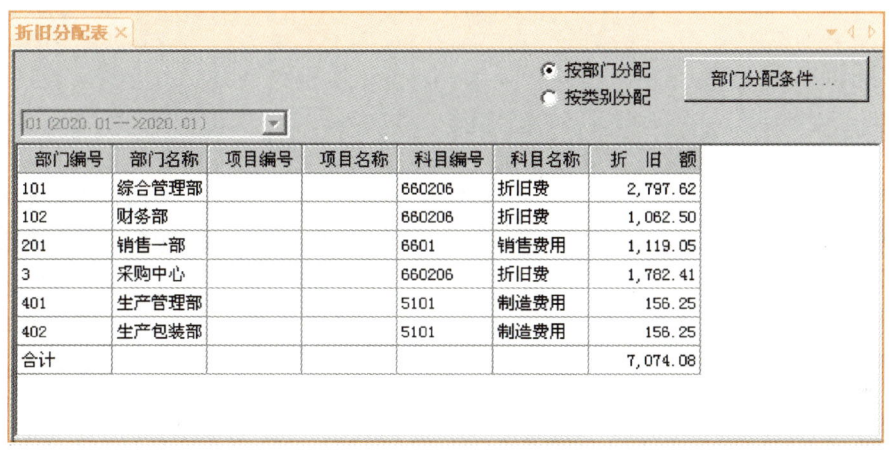

图6-7 折旧分配表

（3）折旧分配表有部门折旧分配表和类别折旧分配表两种类型。部门折旧分配表中的部门可以不等同于使用部门；使用部门必须是明细部门，而部门折旧分配表中的部门指汇总时使用的部门。因此要在计提折旧后分配折旧费用时做出选择。

（4）当企业中有固定资产按工作量法计提折旧时，在计提折旧之前，需输入该固定资产当期的工作量，为系统提供计算累计折旧所需要的信息。

> **思考与理解**
>
> 已经计提折旧并生成凭证，还能再计提折旧吗？请分析相应的处理办法。

四、资产评估处理

随着市场经济的发展，根据业务需要或国家有关要求企业在经营活动中需要对部分资产或全部资产进行评估和重估,其中固定资产评估是资产评估中很重要的部分。固定资产管理子系统中固定资产评估处理主要功能包括:将评估机构的评估数据通过手工方式或定义公式方式录入系统,根据国家要求手工录入或根据定义的评估公式生成评估结果,评估单的管理。

进行资产评估处理的主要步骤包括:

(1) 对需要评估的项目进行选择。可以进行评估的内容包括固定资产的原值、累计折旧、使用年限等,每一次进行评估时可以根据评估的要求进行选择。

(2) 对需要进行评估的资产进行选择。资产评估的目的各有不同,因此每次评估涉及的资产也不尽相同,可根据需要进行选择。

(3) 制作评估单。选择评估项目和评估资产后,录入评估结果,系统即可生成评估单,给出被评估资产评估前与评估后的数据。

(4) 制作转账凭证。当评估后资产原值和累计折旧与评估前数据不等时,需通过转账凭证将变动数据传递到账务系统。

五、凭证处理

固定资产管理子系统的凭证处理功能主要是根据固定资产各项业务数据自动生成转账凭证,传递到账务系统进行后续处理。一般来说,当固定资产发生资产增加、原值变动、资产减少、计提折旧等业务时就要编制转账凭证。编制转账凭证的过程中系统会根据固定资产和累计折旧入账科目设置、增减方式设置、部门对应折旧科目设置以及业务数据来自动生成转账凭证,凭证中不完整的部分可由用户进行补充。凭证处理方式包括立即制单和批量制单两种方式。

六、账表查询

(一) 固定资产账簿

固定资产账簿一般用于提供资产管理所需要的基本信息,主要包括固定资产总账、固定资产明细账、固定资产登记簿等基础报表。

1. 固定资产总账

固定资产总账是按部门和类别反映在一个年度内的固定资产价值变化的账页。

2. 单项固定资产明细账

单项固定资产明细账是反映单个资产在查询期间发生的所有业务,包括在该期间的资产增加或减少情况。

3. 固定资产登记簿

固定资产登记簿可按资产所属类别或所属部门显示一定时间、范围内发生的所有业务,包括资产增加、资产减少、原值变动、部门转移等信息。

4. (部门、类别)明细账

(部门、类别)明细账是反映某一类别或部门的固定资产在查询期间发生的所有业务,包括资产增加、资产减少、原值变动、使用状况变化、部门转移、计提折旧等信息。

（二）固定资产统计分析表

固定资产统计分析表从资产的构成情况、分布情况、使用状况等角度提供统计分析数据，为管理人员进行决策提供信息。固定资产统计分析表主要包括固定资产部门构成分析表、固定资产使用状况分析表、固定资产价值结构分析表、固定资产类别构成分析表等报表。

1．固定资产部门构成分析表

固定资产部门构成分析表是企业内资产在各使用部门之间的分布情况的分析统计。

2．固定资产使用状况分析表

固定资产使用状况分析表是对企业内所有资产的使用状况所做的分析汇总，使管理者了解资产的总体使用情况，尽快将未使用的资产投入使用，及时处理不使用的资产，提高资产的利用率和发挥应有的效能。

3．固定资产价值结构分析表

固定资产价值结构分析表是对企业内各类资产的期末原值、净值和累计折旧净值率数据分析汇总，使管理者了解资产计提折旧的程度和剩余价值的大小。

4．固定资产类别构成分析表

固定资产类别构成分析表是对企业资产的类别分别进行分析的报表。

（三）固定资产统计表

固定资产统计表用于提供各种统计信息，主要包括评估汇总表、评估变动表、固定资产统计表、逾龄资产统计表、役龄资产统计表、盘盈盘亏报告表、固定资产原值统计表等报表。

1．评估汇总表

评估汇总表统计结果为某查询日期某使用部门内各类资产评估后价值的变动情况汇总。

2．评估变动表

评估变动表是列示所有资产评估变动数据的统计表。

3．固定资产统计表

固定资产统计表是按部门或类别统计该部门或类别的资产的价值、数量、折旧、新旧程度等指标的统计表。

4．逾龄资产统计表

逾龄资产统计表就是统计指定会计期间内已经超过折旧年限的逾龄资产的状况。

5．役龄资产统计表

役龄资产统计表就是统计指定会计期间内在折旧年限内正常使用的资产的状况。

6．盘盈盘亏报告表

盘盈盘亏报告表反映企业以盘盈方式增加的资产和以盘亏、毁损方式减少的资产的情况。因为盘盈、盘亏、毁损属于非正常方式，所以通过该统计表，可以看出企业对资产的管理情况。

7．固定资产原值统计表

固定资产原值统计表是按使用部门和类别交叉汇总显示资产的原值、累计折旧、净值的统计表,便于管理者掌握资产的分布情况。

(四) 固定资产折旧表

固定资产折旧表用于提供与固定资产折旧相关的明细信息与汇总信息,主要包括部门折旧计算汇总表、固定资产折旧清单表、折旧计算明细表、固定资产及累计折旧表等报表。

1. 部门折旧计算汇总表

部门折旧计算汇总表反映该账套内各使用部门计提折旧的情况,包括计提原值和计算的折旧额信息。

2. 固定资产折旧清单表

固定资产折旧清单表用于显示按资产明细列示的折旧数据及累计折旧数据信息,可以根据部门、资产类别提供固定资产的明细折旧数据。

3. 折旧计算明细表

折旧计算明细表是按类别设立的,反映资产按类别计算折旧的情况,包括上月计提情况、上月原值变动和本月计提情况。

4. 固定资产及累计折旧表

固定资产及累计折旧表是按期编制的反映各类固定资产的原值、累计折旧和本年累计折旧变动的相关明细情况。

七、期末处理

(一) 对账

为了保证固定资产管理子系统中固定资产和累计折旧数额与总账管理子系统中固定资产和累计折旧科目数值相等,需要在固定资产管理子系统月末结账前与总账管理子系统进行对账,并给出对账结果。

(二) 月末结转

固定资产管理子系统处理完当月全部业务后,便可以进行月末结账,将当月数据处理后结转至下月。月末结账后当月数据不允许再进行改动。年末结转在系统管理中由账套主管统一进行。

思 考 题

1. 简述固定资产管理子系统的主要功能。
2. 简述固定资产管理子系统与其他子系统的关系。
3. 固定资产管理子系统基础信息设置包括哪些内容?
4. 固定资产卡片设置包括哪些主要内容?
5. 固定资产变动分为哪几种?
6. 固定资产管理子系统日常业务处理包括哪些内容?

7. 固定资产管理子系统进行折旧处理时需注意哪些问题？
8. 固定资产管理子系统可以提供哪些报表？
9. 固定资产管理子系统期末处理包括哪些内容？

应用实践

完成与本书配套的《会计信息系统实验》(第六版)教材实验八的实验内容。

第七章

应收款管理子系统

【本章学习目标】

知识目标
- 了解应收款管理子系统的主要功能、票据管理、坏账处理、转账处理
- 明确应收款管理子系统与其他子系统的关系、应用流程、参数设置、基础信息设置、业务处理核算规则设置
- 明确应收款管理子系统的制单处理、账表查询、期末处理
- 掌握应收款管理子系统的期初数据录入、应收单据处理、收款单据处理

能力目标
- 能结合企业实际,进行应收款管理子系统的初始设置、日常及期末处理

【本章知识导图】

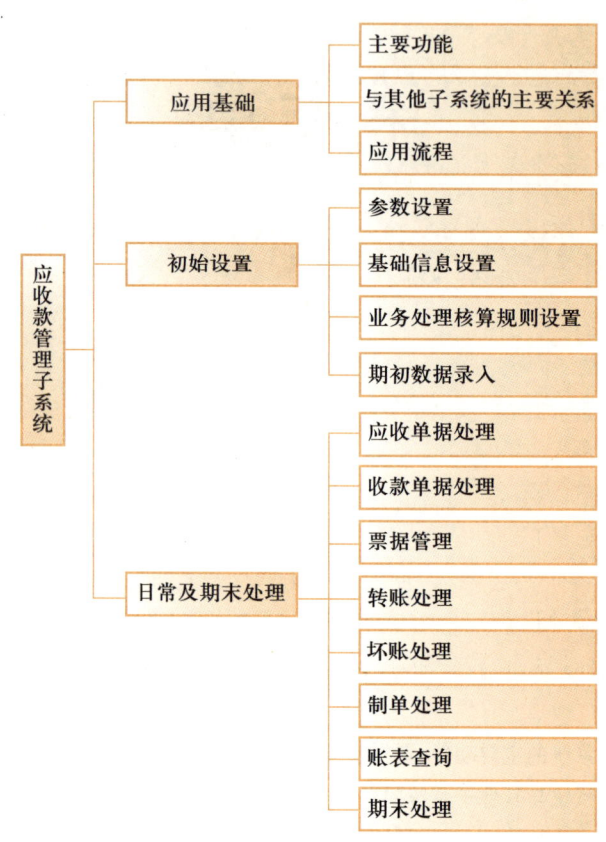

第一节 应收款管理子系统应用基础

　　应收款管理子系统与应付款管理子系统的应用极为相似。本书只介绍应收款管理子系统的应用，应付款管理子系统的应用可参考应收款管理子系统应用的相关内容。

　　应收款管理子系统主要用于核算和管理客户往来款项，即管理企业在日常经营过程中所产生的各种应收款数据信息。对于应收款的核算与管理既可以深入各种产品、各个地区、各个部门和各业务员，又可以从不同的角度对应收款项进行分析、决策，使购销业务系统和财务系统有机地联系起来。

　　在实际的经营活动中，企业与其他单位和个人发生的应收账款是非常频繁的，收款工作量比较大，拖欠款情况也时有发生。因此对应收账款的管理是一项相当繁杂的工作。应收款管理子系统可以使企业管理好应收款项，及时收回欠款，从而使企业开展正常的经营活动。

通常情况下，系统根据对客户应收款项核算和管理的程度不同，提供了两种应用方法：

（1）在应收款管理子系统中核算客户往来款项。如果在销售业务中应收款核算与管理内容比较复杂，需要追踪每一笔业务的应收款、收款等情况，或者需要将应收款核算具体到产品一级，那么可以选择该方法。在这种方法下，所有的客户往来凭证全部由应收款管理子系统生成，其他系统不再生成这类凭证，并由应收款管理子系统实现对应收账款的核算和管理。

（2）在总账管理子系统中核算客户往来款项。如果销售业务以及应收账款业务并不十分复杂，或者现销业务很多，则可以选择在总账管理子系统通过辅助核算完成对客户往来核算的管理。该方法侧重于对客户的往来款项进行查询和分析。

一、应收款管理子系统的主要功能

应收款管理子系统的功能主要包括初始化设置、日常业务处理、信息查询和期末处理。

（一）初始化设置

系统初始化包括系统参数设置、基础信息设置和期初数据录入。

（二）日常业务处理

日常业务处理是对应收款项业务的处理工作，主要包括应收单据处理、收款单处理、票据管理、转账处理和坏账处理等内容。

1. 应收单据处理

应收单据处理，指用户进行单据录入和单据管理的工作。通过单据录入，单据管理可记录各种应收业务单据的内容，查阅各种应收业务单据，完成应收业务管理的日常工作。

2. 收款单处理

收款单处理，指用户对已收到款项的单据进行输入，并进一步进行核销的过程。单据核销的主要作用是解决收回客户款项核销该客户应收款的处理，建立收款与应收款的核销记录，监督应收款及时核销，加强往来款项的管理。

3. 票据管理

票据管理，主要是对银行承兑汇票和商业承兑汇票进行管理。票据管理可以提供票据登记簿，记录票据的利息、贴现、背书、结算、转出等信息。

4. 转账处理

转账处理，是在日常业务处理中经常发生的应收冲应付、应收冲应收、预收冲应收及红票对冲的业务处理。

5. 坏账处理

坏账处理，指计提应收坏账准备的处理、坏账发生后的处理、坏账收回后的处理等。其主要作用是自动计提应收款的坏账准备，当坏账发生时即可进行坏账核销，当被核销坏账又收回时，即可进行相应处理。

（三）信息查询

信息查询是指用户在进行各种查询结果的基础上所进行的各项分析。一般查询包括：单据查询、凭证查询、账款查询等。统计分析包括：欠款分析、账龄分析、综合分析、收款预测分析等。信息查询便于用户及时发现问题,加强对往来款项动态的监督管理。

（四）期末处理

期末处理指用户在月末进行的结算汇兑损益及月末结账工作。如果企业有外币往来,在月末需要计算外币单据的汇兑损益并对其进行相应的处理。如果当月业务已经全部处理完毕,就需要执行月末结账处理,只有月末结账后才可以开始下月工作。月末处理主要包括进行汇兑损益结算和月末结账。

二、应收款管理子系统与其他子系统的主要关系

对客户应收款项核算和管理的程度不同,其系统功能、接口、操作流程等均不相同。在此以在应收款管理子系统核算客户往来款项为例,介绍应收款管理子系统与其他子系统的主要关系(如图 7-1 所示)。

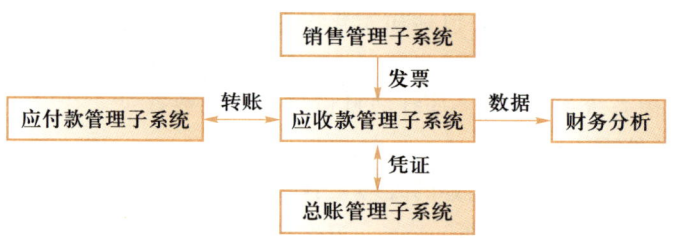

图 7-1　应收款管理子系统与其他子系统的主要关系

（一）应收款管理子系统与系统管理的关系

应收款管理子系统与系统管理共享基础数据。即应收款管理子系统需要的基础数据既可以在系统管理中统一设置,也可以进入应收款管理子系统中进行设置,最终的结果是由各模块共享基础数据。

（二）应收款管理子系统与销售管理子系统的关系

销售管理子系统为应收款管理子系统提供已审核的销售发票、销售调拨单以及代垫费用单,在该子系统中同时可以生成凭证,并对发票进行收款结算处理。应收款管理子系统为销售管理子系统提供销售发票、销售调拨单的收款结算情况以及代垫费用的核销情况。

（三）应收款管理子系统与总账管理子系统的关系

应收款管理子系统向总账管理子系统传递凭证,并能够查询其所生成的凭证。

（四）应收款管理子系统与应付款管理子系统的关系

应收款管理子系统和应付款管理子系统之间可以进行转账处理,如应收冲应付。

三、应收款管理子系统的应用流程

应收款管理子系统的操作流程如图 7-2 所示。

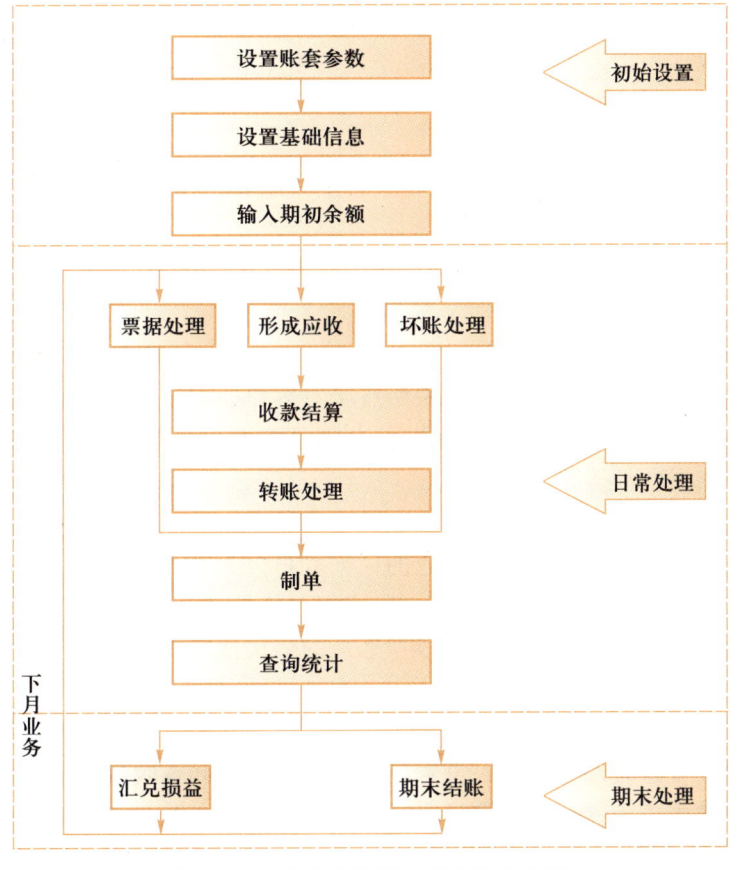

图7-2 应收款管理子系统操作流程

第二节 应收款管理子系统初始设置

一、应收款管理子系统的参数设置

会计信息化软件为了提高适应范围,各子系统都会提供相应的系统参数,企业在实施会计信息系统初始化过程中,必须对各子系统提供的系统参数作出选择,以适应自身核算和控制管理的特点和要求。应收款管理子系统提供的主要参数通常有以下几个方面。

(一) 确定应收账款核销方式

在选择确定应收账款核销方式时,可按余额、单据或存货方式进行账款核销。其具体含义如下:

1. 按余额核销

如果采用按余额核销方式,系统将根据选定的单据,按单据的到期日从前向后排序,然后从时间最早的单据开始核销。

2. 按单据核销

如果采用按单据核销方式,系统将满足条件的未结算单据全部列出,由用户选择要结算的单据,根据所选择的单据进行核销。

3. 按存货核销

如果采用按存货核销方式,系统将满足条件的未结算单据按存货列出,由用户选择要结算的存货,根据所选择的存货进行核销。

选择不同的核销方式,将影响到账龄分析的精确性。一般而言,选择按单据核销或按存货核销能够进行更精确的账龄分析。

(二) 选择设置控制科目的依据

控制科目是指在应收款管理子系统中所有带有客户往来辅助核算的科目,如应收账款、预收账款等。现有三种设置控制科目的依据,分别是按客户分类设置、按客户设置和按地区分类设置。各项依据的具体含义如下:

1. 按客户分类设置

客户分类是指根据一定的属性将企业的往来客户分为若干大类,针对不同的客户分类,设置不同的应收科目和预收科目。例如,可以根据与企业发生业务往来的时间将客户分为长期客户、中期客户和短期客户;也可以根据客户的信用情况将其分为优质客户、良性客户、一般客户和信用较差的客户等。

2. 按客户设置

这种设置方式可以为每一种客户设置不同的应收科目和预收科目。采用这种设置方式适合特殊客户的需要。

3. 按地区分类设置

如果客户涉及多个地区,可按地区分类设置,即针对不同的地区分类设置不同的应收科目和预收科目。例如,将客户分为华东、华北、东北等地区,则可以在不同的地区分类下设置科目。

(三) 选择设置存货销售科目的依据

存货销售科目设置一般有按存货分类设置和按存货设置两种方式。各项依据的具体含义如下:

1. 按存货分类设置

存货分类是指根据存货的属性对存货所划分的大类,在设置存货销售科目时,可针对存货分类设置不同的科目。例如,将存货分为原材料、燃料、动力、半成品、库存商品等大类,根据存货分类来设置不同的科目。

2. 按存货设置

当存货种类不多时,可以直接针对不同的存货设置不同的科目。

(四) 选择制单的方式

在选择制单方式时,有三种制单方式,分别是明细到客户、明细到单据和汇总制单。各种方式的具体含义如下:

1. 明细到客户

明细到客户是指将一个客户的多笔业务合并生成一张凭证时,如果核算多笔业务的控制科目相同,系统自动将其合并成一条分录。这种方式的目的是在账务子系统中能够查看到每一个客户的详细信息。

2．明细到单据

明细到单据是指将一个客户的多笔业务合并生成一张凭证时,系统会将每一笔业务形成一条分录。这种方式的目的是在账务子系统中能查看到每个客户的每笔业务的详细情况。

3．汇总制单

汇总制单是指将多个客户的多笔业务合并生成一张凭证时,如果核算多笔业务的控制科目相同,系统则自动将其合并成一条分录。这种方式的目的是精简账务子系统中的数据,但在账务子系统中只能查看到该科目的一个总的发生额。

（五）选择预收款的核销方式

在选择预收款核销方式时,有按单据核销和按余额核销两种核销方式,其具体含义如下：

1．按单据核销方式

如果按单据核销,应根据所选择的单据,对预收款一笔一笔地进行核销。

2．按余额核销方式

如果按余额核销,即按预收款收到的时间从前往后进行核销。

选择不同的核销方式,将影响账龄分析的精确性。一般而言,选择按单据核销能够进行更精确的账龄分析。

（六）选择计算汇兑损益的方式

在选择计算汇兑损益方式时,有两种计算汇兑损益的方式,分别是采用外币余额结清时计算和月末计算。

1．外币余额结清时计算

采用外币余额结清时计算是指只有当某种外币余额结清时才计算汇兑损益,否则不计算汇兑损益。在计算汇兑损益时,可显示外币余额为零且本币余额不为零的外币单据。

2．月末计算

采用月末计算是指在每个月末计算汇兑损益。在计算汇兑损益时,可显示所有外币余额不为零或者本币余额不为零的外币单据。

（七）选择坏账处理方式

在选择坏账处理方式时,主要有两种坏账处理的方式,分别是备抵法和直接转销法。两种方式的具体含义如下：

1．备抵法

备抵法包括应收账款余额百分比法、销售余额百分比法和账龄分析法三种。

2．直接转销法

由于直接转销法不符合会计的权责发生制及收入与费用相配比原则,所以容易造成会计信息的失真。

（八）选择核算代垫费用的单据类型

根据初始设置中"单据类型设置",应收单的类型若分为多种时,可进行选择核算代垫费用单的单据类型的设置。若应收单不进行分类,则无须设置。

(九)选择是否显示现金折扣或输入发票的提示信息

(1)为了鼓励客户在信用期间内提前付款而采用现金折扣政策,选择显示现金折扣及输入发票显示提示信息时,系统会在"单据结算"中显示"可享受折扣"和"本次折扣",并计算可享受的折扣,显示发票提示信息,如该客户的信用额度余额以及最后的交易情况。

(2)如果选择不显示现金折扣及输入发票提示信息,则系统既不计算也不显示现金折扣和发票信息。

在账套使用过程中可以修改以上各项参数。

二、应收款管理子系统的基础信息设置

在应收款管理子系统的初始化过程中,需要将手工会计核算时的基本内容输入计算机中,系统才能顺利运行。需要输入的基本信息设置包括数据精度、编码方案、客户分类、客户档案、地区分类、存货分类、存货档案、部门档案、职员档案、外币及汇率、结算方式和付款条件。其中重要的是客户档案和存货档案。

基础信息主要在基础设置中已经设置完成,在应收款管理子系统中可以共享这些数据。

三、应收款管理子系统的业务处理核算规则设置

如果企业应收款业务类型比较固定,生成的凭证类型也较固定,为了简化凭证生成操作,可将各业务类型凭证中的常用科目预先设置好。业务处理核算规则设置一般包括以下几方面的内容。

(一)凭证科目的设置

1. 基本科目设置

基本科目是指在核算应收款项时经常用到的科目,可以作为常用科目设置,而且必须是末级科目。

(1)应收账款和预收账款科目。应收账款和预收账款科目是最常用的核算本位币赊销欠款和预收款的科目,可作为应收款管理子系统基本科目进行设置。企业也可根据需要将预收款并入应收账款中核算。应收和预收款科目必须是有客户类辅助核算的科目。

(2)销售收入科目、应交税金(应交增值税销项税额)科目、销售退回科目。销售收入科目、应交税金(应交增值税销项税额)科目、销售退回科目是最常用的核算销售业务的科目,可以作为核算销售收入、销项税额和销售退回的基本科目,在应收款管理子系统中进行设置。

(3)其他基本科目。除上述基本科目外,银行承兑科目、商业承兑科目、现金折扣科目、票据利息科目、票据费用科目、汇兑损益科目、币种兑换差异科目和坏账准备科目等都可以作为企业核算某类业务的基本科目。

2. 控制科目的设置

在核算客户的赊销欠款时,如果针对不同的客户(客户分类、地区分类)分别设置不同

的应收账款科目和预收账款科目,可以先依据设置账套参数时选择,即选择是针对不同的客户设置,还是针对不同的客户分类设置,或者是按不同的地区分类设置,然后对往来单位按客户、客户分类或地区分类的编码、名称、应收科目和预收科目等内容进行设置。

如果某个往来单位核算应收账款或预收账款的科目与常用科目设置中的一样,则可以不设置;否则,应进行设置;科目必须是有客户往来辅助核算的末级最明细科目。

3. 产品科目的设置

如果针对不同的存货(存货分类)分别设置不同的销售收入科目、应交增值税销项税额科目和销售退回科目,则也应先在账套参数中选择设置的依据,即选择是针对不同的存货设置,还是针对不同的存货分类设置;然后按存货的分类编码、名称、销售收入科目、应交增值税销项税额科目和销售退回科目进行存货销售科目的设置。

如果某个存货(存货分类)的科目与常用科目设置中的一样,则可以不设置;否则,应进行设置。

4. 结算方式科目的设置

不仅可以设置常用的科目,还可以为每种结算方式设置一个默认的科目,以便在应收账款核销时,直接按不同的结算方式生成相应的账务处理中所对应的会计科目。

(二) 坏账准备设置

坏账准备设置是指对坏账准备期初余额、坏账准备科目、对方科目以及提取比率进行设置。

在第一次使用系统时,应直接输入期初余额。在以后年度使用系统时,坏账准备的期初余额由系统自动生成且不能进行修改。坏账提取比率可以分别按销售收入百分比法和应收账款余额百分比法直接输入计提的百分比。按账龄百分比法提取,可直接输入各账龄期间计提的百分比。

(三) 账龄区间的设置

为了对应收账款进行账龄分析,需设置账龄区间。在进行账龄区间的设置时,账龄区间总天数和起始天数应直接输入,系统会根据输入的总天数自动生成相应的区间。

(四) 报警级别的设置

通过对报警级别设置,系统将按照往来单位欠款余额与其受信额度的比例分为不同的类型,以便于掌握各个往来单位的信用情况。

如果企业要对应收账款的还款期限做出相应的规定,则可使用超期报警功能。在使用此功能时,系统将自动列出到当天为止超过规定期限的应收账款清单,从而使企业可以及时催款,避免不必要的经济损失。这一信息可按往来单位分类,也可按分管人员分类。

在进行报警级别设置时,直接输入级别名称和各区间的比率。其中,级别名称可以采用编号或者其他形式,但名称最好能够上下对应。

(五) 单据类型设置

单据的类型可分为发票和应收单两大类型。如果同时使用销售管理子系统,则发票的类型包括增值税专用发票、普通发票、销售调拨单和销售日报等。如果单独使用应收款管理子系统,则发票的类型不包括上述类型中后面两种。

应收单是记录销售业务之外的应收款情况的单据,可划分为不同的类型,以区分应收货款之外的其他应收款。例如，可以将应收单分为应收代垫费用款、应收利息款、应收罚款、其他应收款等。应收单的对应科目可自由定义。

四、应收款管理子系统的期初数据录入

在第一次使用系统时，当建立完成往来客户档案登记后，为了能使计算机顺利完成清理核销工作，必须把手工方式下尚未结清的客户往来款项输入到计算机中。只有当往来期初数据准确输入后，才能正确地进行往来账的各种统计和分析。当进入第二年度时，系统会自动将上年度未全部结清的单据转成为下一年度的期初余额。

在应收款管理子系统中，往来款期初余额是按单据形式录入的。应收账款余额通过发票录入，预收账款余额通过收款单录入，其他应收款项通过应收单录入。输入完成后，要与账务子系统中相应的客户往来账户余额核对，以检查输入的往来未达账与相应往来科目余额是否相等。

第三节　应收款管理子系统日常及期末处理

初始化工作完成后就可以在新系统下进行业务处理了，这就是所说的日常业务处理。应收款管理子系统日常业务处理主要包括应收单据处理、收款单据处理、票据管理、转账处理、坏账处理和制单处理等内容。

一、应收单据处理

应收单据处理指用户进行单据输入和单据管理的工作。应收单据处理是应收款管理子系统处理的起点，在应收单据处理中可以输入销售业务中的各类发票以及销售业务之外的应收单据。通过单据输入，单据管理可查阅各种应收业务单据，完成应收业务管理的日常工作。

（一）单据输入

单据输入是对未收款项的应收单据进行输入，输入时先用代码输入客户名称，与客户相关内容由系统自动显示。然后进行货物名称、数量和金额等内容的输入。

在进行单据输入之前，首先应确定单据名称、单据类型和单据方向，然后根据业务内容输入有关信息。

例 7-1　填制销售专用发票。

1月3日，销售二部出售给上海人民保险公司方正电脑50台，无税单价7 000元，价税合计395 500元，开出增值税专用发票。

：执行"应收款管理→应收单据处理→应收单据录入"命令。填制销售专用发票如图7-3所示。

图7-3 填制销售专用发票

（二）单据审核

单据审核是在单据保存后对单据正确性进一步审核确认。单据输入后必须经过审核才能参与结算。审核人和制单人可以是同一个人。单据被审核后，将从单据处理功能中消失，但可以通过单据查询功能查看此单据的详细资料。

（三）单据制单

单据制单可在单据审核后由系统自动编制凭证，也可以集中处理。在应收款管理子系统中生成的凭证将由系统自动传送到总账管理子系统中，并由有关人员进行审核和记账等账务处理工作。

（四）单据查询

单据查询是对未审核单据的查询。通过"单据查询"功能可以查看全部单据。

二、收款单据处理

收款单据处理是对已收到款项的单据进行输入并进一步核销的过程。在单据结算功能中，输入收款单、付款单，并对发票及应收单进行核销，形成预收款并核销预收款，处理代付款。

应收款管理子系统的收款单用来记录企业所收到的客户款项，款项性质包括应收款、预收款、其他费用等。其中，应收款、预收款性质的收款单将与发票、应收单、付款单进行核销处理。

应收款管理子系统的付款单用来记录发生销售退货时，企业开具的退付给客户的款项。该付款单可与应收、预收性质的收款单、红字应收单、红字发票进行核销处理。

（一）输入收款结算单据

输入收款结算单据是对已交来应收款项的单据进行输入，由系统自动进行结算。在根据已收到应收款项的单据进行输入时，首先必须先输入客户的名称。在进行相应操作时，系统会自动显示相关客户的信息。其次必须输入结算科目、金额和相关部门、业务员名称等内容。

例7-2 填制收款单。

1月5日,收到上海人民保险公司银行汇票一张,金额395 500元,票号HP001,用以归还1月3日的购货款。

操作路径:执行"应收款管理→收款单据处理→收款单录入"命令。录入收款单如图7-4所示。

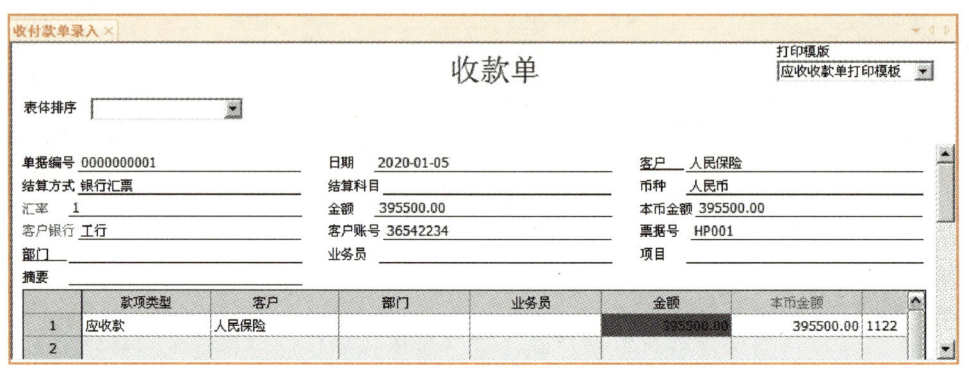

图7-4 录入收款单

(二)单据核销

单据核销是对往来已达账做删除处理的过程,表示本笔业务已经结清。即确定收款单与发票或应收单的对应关系后,进行机内自动冲销的过程。单据核销的作用是解决收回客商款项核销该客商应收款的处理,建立收款与应收款的核销记录,监督应收款及时核销,加强往来款项的管理。明确核销关系后,可以进行精确的账龄分析,以更好地管理应收账款。

如果结算金额与上期余额相等,则销账后余额为零;如果结算金额比上期余额小,则其余额为销账后的余额。单据核销可以由计算机自动进行核销,也可以手工进行核销。

由于计算机处理采用建立往来辅助账进行往来业务的管理,为了避免辅助账过于庞大而影响计算机运行速度,对于已核销的业务应进行删除。删除工作通常在年底结账时进行。

当会计人员准备核销往来账时,应在确认往来已达账后才能进行核销处理,删除已达账。为了防止操作不当误删记录,会计信息系统软件中一般都会设计有放弃核销或核销前做两清标记的功能。例如有的财务软件中设置有往来账两清功能,即在已达账项上打上已结清标记,待核实后才执行核销的功能,经删除后的数据不能恢复;有的财务软件则设置了放弃核销功能,一旦发现操作失误,可通过此功能恢复被删除掉的数据。

三、票据管理

可以在票据管理中对银行承兑汇票和商业承兑汇票进行管理,包括记录票据详细信息、记录票据处理情况。如果要进行票据登记簿管理,必须将应收票据科目设置成为带有客户往来辅助核算的科目。

当用户收到银行承兑汇票或商业承兑汇票时,应将该汇票在应收款管理子系统的票据管理中录入。系统会自动根据票据生成一张收款单,用户可以对收款单进行查询,并可以与应收单据进行核销勾兑,冲减客户应收账款。在票据管理中,用户还可以对该票据进行计息、贴现、转出、结算、背书等处理。

四、转账处理

转账处理,是指在日常业务处理中经常发生的应收冲应付、应收冲应收、预收冲应收以及红票对冲的业务处理。

(一)应收冲应付

应收冲应付是指用某客户的应收账款冲抵某供应商的应付款项。系统通过应收冲应付功能将应收款业务在客户和供应商之间进行转账,实现应收业务的调整,解决应收债权与应付债务的冲抵。

(二)应收冲应收

应收冲应收是指将一家客户的应收款转到另一家客户中。通过应收冲应收功能可将应收款业务在客商之间进行转入、转出,实现应收业务的调整,解决应收款业务在不同客商之间入错户或合并户问题。

(三)预收冲应收

预收冲应收是指处理客户的预收款和该客户应收欠款的转账核销业务。即某一个客户有预收款时,可用该客户的一笔预收款冲其一笔应收款。

(四)红票对冲

红票对冲可实现某客户的红字应收单与其蓝字应收单、收款单与付款单之间进行冲抵。例如,当发生退票时,用红字发票对冲蓝字发票。红票对冲通常可以分为系统自动冲销和手工冲销两种处理方式。自动冲销可同时对多个客户依据红票对冲规则进行红票对冲,提高红票对冲的效率。手工冲销对一个客户进行红票对冲,可自行选择红票对冲的单据,提高红票对冲的灵活性。

五、坏账处理

所谓"坏账"是指购货方因某种原因不能付款,造成货款不能收回的信用风险。坏账处理就是对"坏账"采取的措施,主要包括计提坏账准备、坏账发生、坏账收回、生成输出催款单等。

> **思考与理解**
> 应付款管理子系统有坏账处理吗?

(一)计提坏账准备

计提坏账准备的方法主要有销售收入百分比法、应收账款余额百分比法和账龄分析法。

1. 销售收入百分比法

由系统自动计算出当年销售收入总额,并根据计提比率计算出本次计提金额。

初次计提时,如果没有预先的设置,则应先进行初始设置。设置的内容包括提取比率和坏账准备期初余额。销售总额的默认值为本会计年度发票总额,企业可以根据实际情况进行修改,但计提比率不能在此修改,只能到初始设置中修改。

2. 应收账款余额百分比法

由系统自动计算出当年应收账款余额,并根据计提比率计算出本次计提金额。

初次计提时,如果没有预先的设置,应先进行初始设置。设置的内容包括提取比率及坏账准备期初余额。应收账款的余额默认值为本会计年度最后一天所有未结算完的发票和应收单据余额之和减去预收款数额所得的差值。有外币账户时,用其本位币余额。企业可以根据实际情况对默认值进行修改。计提比率在此不能修改,只能在初始设置中修改。

3. 账龄分析法

账龄分析法是根据应收账款入账时间的长短来估计坏账损失的方法。它是企业加强应收账款回收与管理的重要方法之一。一般说来,账款拖欠的时间越长,发生坏账的可能性就越大。

由系统自动计算出各区间应收账款余额,并根据计提比率计算出本次计提金额。

初次计提时,如果没有预先设置,应先进行初始设置。各区间余额由系统自动生成(即由本会计年度最后一天所有未结算完的发票和应收单据余额之和减去预收款数额所得的差值),企业也可以根据实际情况对其进行修改。但计提比率在此不能修改,只能在初始设置中修改。

(二) 坏账发生

发生坏账损失业务时,一般需输入以下内容:客户名称、日期(指发生坏账日期,该日期应大于已经记账的日期,小于当前业务日期)、业务员(指业务员编号或业务员名称)以及部门(指部门编号或部门名称,如果不输入部门,表示选择所有的部门)等。

(三) 坏账收回

处理坏账收回业务时,一般需输入以下内容:客户名称、收回坏账日期(输入的日期应大于已经记账日期,小于当前业务日期;如果不输入日期,系统默认为当前业务日期)、收回的金额、业务员编号或名称、部门编号或名称、选择所需要的币种、结算单号(系统将调出该客户所有未经过处理并且金额等于收回金额的收款单,可选择该次收回业务所形成的收款单)。

(四) 生成输出催款单

催款单是对客户或本单位职工的欠款催还的管理方式。催款单用于设置有辅助核算的应收账款和其他应收款的科目中。

根据不同行业催款单预制的不同格式,其内容主要包括两个部分:系统预置的文字性叙述和由系统自动取数生成的应收账款或其他应收款对账单。通常可以对其内容进行修改编辑,在退出修改时,系统会自动保存本月所做的最后一次修改。

催款单打印输出时,既可以打印所有客户的应收账款或所有职员的其他应收款(备用金)情况,也可以有选择地打印某一个客户或某一位职员的催款单。催款单中还可以按条件显示所有的账款和未核销的账款金额。

六、制单处理

使用制单功能进行批处理制单,可以快速地、成批地生成凭证。制单类型包括应收单据制单、结算单制单、坏账制单、转账制单、汇兑损益制单等。企业可根据实际情况选取需要制单的类型。制单时一般包括以下几项内容:制单日期、凭证类别、选择要进行制单的单据和进入凭证界面编制凭证。

制单方式包括立即制单和批量制单。

七、账表查询

应收款管理子系统的一般查询主要包括单据查询和业务账表查询。用户在账表查询结果的基础上可以进行业务账表分析,该功能主要包括应收账款账龄分析、收款账龄分析、欠款分析、收款预测等。通过上述查询和分析,企业可以了解各个客户应收款的周转天数、周转率,了解各个账龄区间内应收款、收款及往来情况,及时发现问题,加强对往来款项的动态管理。

(一)单据查询

单据查询包括发票、应收单、结算单和凭证的查询。可以查询已经审核的各类型应收单据的收款、结余情况,也可以查询结算单的使用情况,还可以查询本系统所生成的凭证,并且对其进行修改、删除、冲销等操作。

1. 凭证查询

通过凭证查询可以查看、修改、删除、冲销应收款管理子系统传递到账务子系统中的凭证,同时还可查询凭证对应的原始单据。

2. 单据查询

单据查询包括对发票、应收单及结算单的查询。可以查询已经审核的各类型应收单据的收款情况、结余情况,也可以查询结算单的使用情况。

(二)业务账表查询

业务账表查询可以进行业务总账表、业务明细账、业务余额表和对账单的查询,并可以实现总账、明细账、单据之间的联查。

1. 业务总账表查询

通过业务总账表查询可以查看客户、客户分类、地区分类、部门、业务员、客户总公司、主管业务员、主管部门在一定月份期间所发生的应收、收款以及余额情况。

2. 业务明细账查询

通过业务明细账查询可以查看客户、客户分类、地区分类、部门、业务员、存货分类、存货、客户总公司、主管业务员、主管部门在一定期间内发生的应收及收款的明细情况。

3. 业务余额表查询

通过业务余额表查询可以查看客户、客户分类、地区分类、部门、业务员、客户总公司、主管业务员、主管部门在一定期间所发生的应收、收款以及余额情况。

4．对账单查询

通过对账单查询可以获得一定期间内各客户、客户分类、客户总公司、地区分类、部门、业务员、主管部门、主管业务员的对账单并生成相应的催款单。

（三）业务账表分析

业务账表分析是应收款管理的一项重要功能，对于资金往来比较频繁、业务量大、金额也比较大的企业，业务账表分析功能更能满足企业的需要。业务账表分析功能主要包括应收账款账龄分析、收款账龄分析、欠款分析、收款预测等。

1．应收账款账龄分析

应收账款账龄分析主要是分析客户、存货、业务员、部门或单据的应收款余额的账龄区间分布，计算出各种账龄应收账款占总应收账款的比例，以帮助财务人员了解分析应收账款的资金占用情况，便于企业及时催收款项，同时还可以设置不同的账龄区间进行分析。既可以进行应收款的账龄分析，也可以进行预收款的账龄分析。

2．收款账龄分析

收款账龄分析主要分析客户、产品、单据的收款账龄。

3．欠款分析

欠款分析提供多对象分析，可以分析截止到某一日期时客户、部门或业务员的欠款构成、欠款数额、信用额度使用情况、报警级别和最后业务信息。

4．收款预测

收款预测可以预测将来的某一段日期范围内，客户、部门或业务员等对象的收款情况，而且可以提供比较全面的预测对象、显示格式。

八、期末处理

企业在期末主要应完成计算汇兑损益和月末结账两项业务处理工作。

（一）汇兑损益

如果客户往来有外币核算，且在应收款管理子系统中核算客户往来款项，则在月末需要计算外币单据的汇兑损益并进行相应的处理。在计算汇兑损益之前，应首先在系统初始设置中选择汇兑损益的处理方法。通常系统会提供两种汇兑损益的处理方法：月末计算汇兑损益和单据结清时计算汇兑损益。

（二）月末结账

如果确认本月的各项业务处理已经结束，可以选择执行月末结账功能。结账后本月不能再进行单据、票据、转账等任何业务的增加、删除、修改等处理。另外，如果上个月没有结账，则本月不能结账，同时一次只能选择一个月进行结账。

如果用户觉得某月的月末结账有错误，可以取消月末结账。但取消结账操作只有在该月账务子系统未结账时才能进行。如果启用了销售管理子系统，销售管理子系统结账后，应收款管理子系统才能结账。

结账时还应注意本月的单据（发票和应收单）在结账前应该全部审核；若本月的结算单还有未核销的，不能结账；如果结账期间是本年度最后一个期间，则本年度进行的所有核销、坏账、转账等处理必须制单,否则不能向下一个年度结转,而且对于本年度外币余额为零的单据必须将本币余额结转为零,即必须执行汇兑损益。

1. 应收款管理子系统的主要功能有哪些?
2. 简述应收款管理子系统与其他子系统的主要关系。
3. 应收款管理子系统初始化时设置的参数有哪些?
4. 应收款管理子系统日常业务处理的主要内容有哪些?
5. 坏账处理包括哪些内容?
6. 应收款管理子系统可以进行哪些统计分析?

完成与本书配套的《会计信息系统实验》(第六版)教材实验九的实验内容。

第八章

供应链管理子系统初始化

【本章学习目标】

知识目标
- 了解供应链管理子系统的功能及应用方案
- 掌握供应链管理子系统初始设置的相关内容

能力目标
- 能结合企业实际,进行供应链管理子系统的初始设置

【本章知识导图】

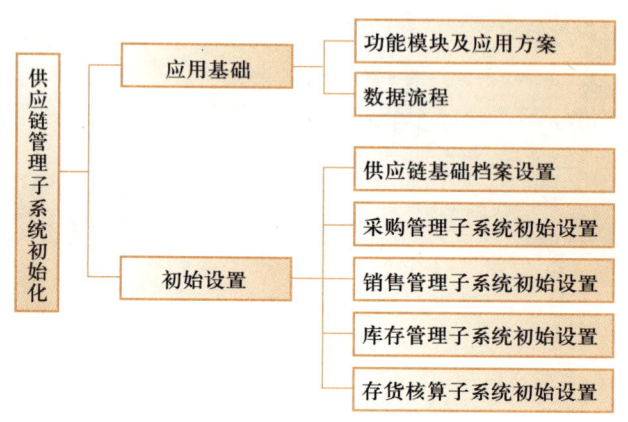

第一节 供应链管理子系统应用基础

供应链管理子系统是用友 ERP-U8 管理软件的重要组成部分，它突破了会计核算软件单一财务管理的局限，实现了从财务管理到企业财务业务的一体化全面管理，实现了物流、资金流管理的统一。

一、供应链管理子系统功能模块及应用方案

用友 ERP-U8 供应链管理子系统是用友 ERP-U8 企业应用软件的重要组成部分，它以企业购销存业务环节中的各项活动为对象，记录各项业务的发生，有效跟踪其发展过程，为财务核算、业务分析、管理决策提供依据，并实现财务业务一体化全面管理，实现物流、资金流、信息流管理的统一。

（一）供应链管理子系统功能模块

用友 ERP-U8 供应链管理子系统主要包括合同管理、采购管理、委外管理、销售管理、库存管理、存货核算、售前分析、质量管理八个模块。主要功能包括增加预测的准确性，减少库存，提高发货供货能力；减少工作流程周期，提高生产效率，降低供应链成本；减少总体采购成本，缩短生产周期，加快市场响应速度。同时，在这些模块中提供了对采购、销售等业务环节以及对库存资金占用的控制，完成对存货出入库成本的核算，使企业的管理模式更符合实际情况，制定出最佳的企业运营方案，实现管理的高效率、实时性、安全性、科学性。

从上面的介绍可以看到，用友 ERP-U8 软件由众多模块构成，功能强大，应用复

杂。为了方便广大学生学习,并从实际应用的角度考虑,本书将重点介绍供应链管理子系统的采购管理、销售管理、库存管理、存货核算四个模块。各模块主要功能简述如下:

1. 采购管理

采购管理帮助企业对采购业务的全部流程进行管理,包括请购、订货、到货、检验、入库、开票、采购结算在内的完整采购流程,支持普通采购、受托代销、直运等多种类型的采购业务,支持按询价比价方式选择供应商,支持以订单为核心的业务模式。企业还可以根据实际情况进行采购流程的定制,既可选择按规范的标准流程操作,又可按最简约的流程来处理实际业务,方便企业构建自己的采购业务管理平台。

2. 销售管理

销售管理帮助企业对销售业务的全部流程进行管理,提供报价、订货、发货、开票的完整销售流程管理,支持普通销售、委托代销、分期收款、直运、零售、销售调拨等多种类型的销售业务,支持以订单为核心的业务模式,并可对销售价格和信用进行实时监控。企业可以根据实际情况进行销售流程的定制,构建自己的销售业务管理平台。

3. 库存管理

库存管理主要是从数量的角度管理存货的出入库业务,能够满足采购入库、销售出库、产成品入库、材料出库、其他出入库、盘点管理等业务需要,提供多计量单位使用、仓库货位管理、批次管理、保质期管理、出库跟踪、入库管理、可用量管理等全面的业务应用。通过对存货的收发存业务处理,及时、动态地掌握各种库存信息,对库存安全性进行控制,提供各种储备分析,避免库存积压占用资金或材料短缺影响生产。

4. 存货核算

存货核算是从资金的角度管理存货的出入库业务,掌握存货耗用情况,及时、准确地把各类存货成本归集到各成本项目和成本对象上。存货核算主要用于核算企业的入库成本、出库成本、结余成本,反映和监督存货的收发、领退和保管情况;反映和监督存货资金的占用情况,动态反映存货资金的增减变动,提供存货资金周转和占用分析,以降低库存,减少资金积压。

(二)供应链管理子系统应用方案

供应链管理子系统的每个模块既可以单独应用,也可与相关模块联合应用。

二、供应链管理子系统的数据流程

在企业的日常工作中,采购供应部门、仓库、销售部门、财务部门等都涉及购销存业务及其核算的处理,各个部门的管理内容是不同的,工作间的延续性通过单据在不同部门间的传递来完成。那么,这些工作在软件中是如何体现的?计算机环境下的业务处理流程与手工环境下的业务处理流程肯定存在差异,如果缺乏对供应链管理子系统业务流程的了解,那么就无法实现部门间的协调配合,进而会影响系统的效率。

供应链管理子系统数据流程如图8-1所示。

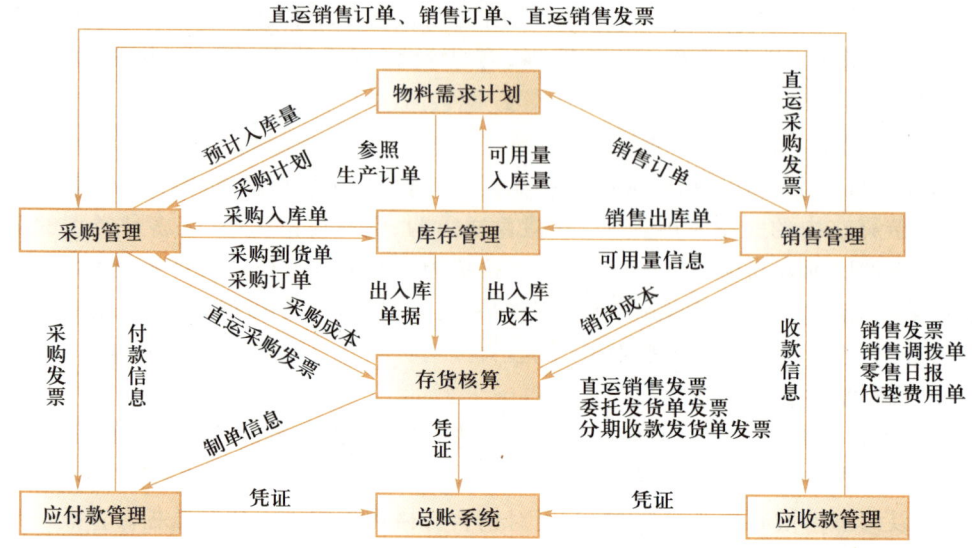

图8-1 供应链管理子系统数据流程

第二节 供应链管理子系统初始设置

供应链管理子系统的初始设置包括与供应链相关的基础档案设置、采购管理子系统初始设置、销售管理子系统初始设置、库存管理子系统初始设置、存货管理子系统初始设置。供应链管理子系统的所有初始设置都在本章介绍，后面采购管理、销售管理、库存管理和存货核算各章中将不再介绍初始设置的内容。

前面介绍了与财务相关的基础档案的设置。这里介绍的是与业务相关的供应链各子系统所需要的基础档案。

一、供应链基础档案设置

使用供应链管理子系统之前，应做好手工基础数据的准备工作，如对存货合理分类、准备存货的详细档案、进行库存数据的整理及与账面数据的核对等。供应链管理子系统需要增设的基础档案信息包括以下几项：

（一）存货分类

如果企业存货较多，需要按照一定的方式进行分类管理。存货分类是指按照存货固有的特征或属性将存货划分为不同的类别，以便于分类核算与统计。如工业企业可以将存货划分为原材料、产成品、应税劳务；商业企业可以将存货分为商品、应税劳务等。

在企业日常购销业务中，经常会发生一些劳务费用，如运输费、装卸费等，这些费用也是构成企业存货成本的一个组成部分。为了能够正确反映和核算这些劳务费用，一般在存货分类中单独设置一类，如"应税劳务"或"劳务费用"。

（二）计量单位

企业中存货种类繁多，不同的存货存在不同的计量单位。有些存货财务计量单位、库存计量单位、销售发货单位可能是一致的，如自行车的三种计量单位均为"辆"。同一种存货用于不同的业务，其计量单位也可能不同。如对某种药品来说，其核算单位可能是"板"，也就是说，财务上按"板"计价；而其库存单位可能按"盒"，1盒=20板；对客户发货时可能按"箱"，1箱=100盒。

在设置计量单位前，需先设置计量单位组。

（三）存货档案

在"存货档案"窗口中包括四个选项卡：基本、成本、控制和其他。

在"基本"选项卡中，有六个复选框，用于设置存货属性。设置存货属性的目的是在填制单据参照存货时缩小参照范围。

（1）销售。用于发货单、销售发票、销售出库单等与销售有关的单据参照使用，表示该存货可用于销售。

（2）外购。用于购货所填制的采购入库单、采购发票等与采购有关的单据参照使用。在采购发票、运费发票上一起开具的采购费用，也应设置为外购属性。

（3）生产耗用。存货可在生产过程被领用、消耗。生产产品耗用的原材料、辅助材料等在开具材料领料单时参照。

（4）自制。由企业生产自制的存货，如产成品、半成品等，主要用在开具产成品入库单时参照。

（5）在制。在制指尚在制造加工中的存货。

（6）应税劳务。应税劳务指在采购发票上开具的运输费、包装费等采购费用及开具在销售发票或发货单上的应税劳务、非应税劳务等。

在"控制"选项卡中，有三个复选框。

（1）是否批次管理。它对存货是否按批次进行出入库进行管理。该项必须在库存系统账套参数中选中"有批次管理"后，方可设定。

（2）是否保质期管理。有保质期管理的存货必须有批次管理。因此该项也必须在库存管理子系统账套参数中选中"有批次管理"后，方可设定。

（3）是否呆滞积压。存货是否呆滞积压，完全由用户自行决定是否设置。

例8-1 设置如下存货档案。

操作路径：基础档案→存货→存货档案。设置存货档案如图8-2所示。

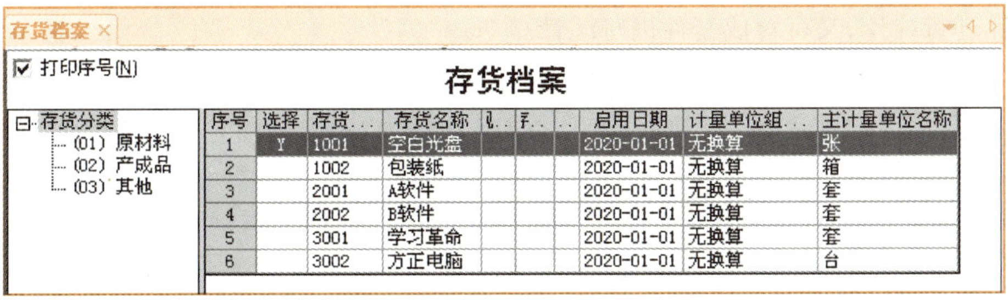

序号	选择	存货编码	存货名称	启用日期	计量单位组	主计量单位名称
1	Y	1001	空白光盘	2020-01-01	无换算	张
2		1002	包装纸	2020-01-01	无换算	箱
3		2001	A软件	2020-01-01	无换算	套
4		2002	B软件	2020-01-01	无换算	套
5		3001	学习革命	2020-01-01	无换算	套
6		3002	方正电脑	2020-01-01	无换算	台

存货分类：
- (01) 原材料
- (02) 产成品
- (03) 其他

图8-2 设置存货档案

（四）仓库档案

存货一般是存放在仓库中进行保管的。对存货进行核算管理，就必须建立仓库档案。

（五）收发类别

收发类别用来表示存货的出入库类型，便于对存货的出入库情况进行分类汇总统计。

（六）采购类型/销售类型

定义采购类型和销售类型，能够按采购、销售类型对采购、销售业务数据进行统计和分析。采购类型和销售类型均不分级次，根据实际需要设立。

（七）费用项目

销售过程中有很多不同的费用发生，如代垫费用、销售支出等，在系统中将其设为费用项目，以方便记录和统计。

（八）货位档案

货位档案用于设置企业各仓库所使用的货位。设置内容一般包括货位编码、货位名称、所属仓库、最大体积、最大重量、对应条形码、备注等。货位可以分级设置。货位有下级货位时，不可修改，不可删除；非末级货位不可使用。货位一经使用，只能修改货位名、备注等信息，不能删除。在企业中，仓库的存放货位一般用数字描述。例如，3212 表示第 3 排第 2 层第 12 个货架。

（九）产品结构

产品结构指产品的组成成分及其数量，又称为物料清单（Bill of Material, BOM），即企业生产的产品由哪些材料组成。定义了产品结构之后，才可以通过 MRP 运算得出采购计划、生产计划所需的物料数量。商业企业或没有产品结构的工业企业不需定义产品结构。正确使用与维护 BOM 是系统运行期间十分重要的工作。BOM 对准确性要求很高，企业必须足够重视。

有多级结构的产品需要一级一级输入。比如计算机由显示器、主机、键盘、鼠标组成；主机由机箱、光驱、硬盘、主板、CPU 等组成。假设在存货档案中已经定义好这些物料的编号、名称、规格型号等，输入产品结构时需要先输入计算机的下一层结构，然后再输入主机的下一层结构。产品结构定义的内容包括产品结构父项栏目和子项栏目。

（十）成套件

由多个存货组成，且不能拆开单独使用或销售的存货为成套件。成套件不能进行组装、拆卸。定义成套件的组成，便于对成套件及其明细进行统计管理。主要用于库存管理和销售管理。对于没有成套件管理的企业，用户可以不设置。有成套件管理时，既可对成套件中每个单件进行统计，又可对成套件进行统计。

二、采购管理子系统初始设置

采购管理子系统初始设置主要包括参数设置和期初数据录入。

（一）参数设置

由于供应链业务的复杂性和多样性，供应链各子系统一般都会提供较多的参数设置。在进行系统初始化时一定要理解各系统参数的含义，并结合企业实际情况仔细地进行设置，它将决定使用供应链系统的业务流程和业务控制。采购管理子系统的主要参数如下。

1. 业务参数

业务参数包括采购业务是否必有订单、是否启用受托代销业务、是否允许超订单到货及入库等内容。

2. 权限控制参数

权限控制参数包括是否进行最高进价控制、是否进行数据权限控制、是否进行金额权限控制等内容。

（二）期初数据录入

采购管理子系统期初数据录入包括期初数据的内容和期初记账。

1. 采购管理子系统期初数据的内容

为了保持业务的连续性，在启用采购管理子系统时，应该将手工操作下与尚未结算的采购业务相关的入库单和发票录入到系统中去，以便日后进行采购结算。

采购管理子系统的期初数据主要包括以下三个方面：

（1）期初暂估入库。期初暂估入库是指启用采购管理子系统之前尚未取得采购发票、不能进行采购结算的暂估入库单，应该将这些期初暂估入库货物以期初入库单的形式输入到系统中以便日后取得发票后进行采购结算。当然，期初暂估入库单的日期应该在采购管理子系统启用日之前。

（2）期初在途存货。期初在途存货是指启用采购管理子系统之前已取得采购发票但尚未入库的货物。应该将这些期初在途存货以期初发票的形式输入到系统中以便日后货物入库后进行采购结算。当然，期初在途存货发票日期应该在采购管理子系统启用日之前。

（3）期初受托代销商品。期初受托代销商品一般是针对商品流通企业的，应将启用采购管理子系统之前尚未与供应商结算完毕的受托代销商品数据输入系统，以便日后在受托代销商品销售后进行受托代销结算。

2. 期初记账

期初记账时会将采购期初数据记入有关采购账、代销商品采购账中。期初记账后，期初数据便不能再增加、修改和删除。特别需要注意的是，没有期初数据时也应该进行期初记账。

三、销售管理子系统初始设置

销售管理子系统初始设置包括参数设置和期初数据录入。

（一）参数设置

参数设置主要包括业务参数、权限控制、信用控制和可用量控制的设置。

1. 业务参数

业务参数主要用于设置企业有无某些特定业务类型以及各类销售业务是否必须要求有订单管理，具体包括普通销售业务是否必须有订单；是否有零售日报业务、是否有销售调拨业务、是否有分期收款业务，以及这些是否必须有订单；是否有直运销售业务以及直运业务是否必须有订单；是否有委托代销业务以及委托代销业务是否必须有订单；是否对超订单量发货进行控制;是否自动生成销售出库单等内容。

2. 权限控制

权限控制包括是否有最低售价控制、是否进行数据权限控制等内容。

3. 信用控制

信用控制包括是否对客户、部门和业务员信用进行控制等内容。

4. 可用量控制

可用量控制包括是否允许超可用量发货、可用量控制公式设置、可用量检查公式设置等内容。

(二) 期初数据录入

在启用销售管理子系统时,应该做好期初销售数据的整理并输入到系统中,以便日后能对这些尚未完成的单据进行处理。销售管理子系统的期初数据主要包括期初发货单、期初委托代销发货单等。

1. 期初发货单

期初发货单用于录入启用日之前已经发货、出库但尚未开发票的业务,以便日后开票、结算。期初发货单的发货日期应小于销售管理子系统的启用日期。

2. 期初委托代销发货单

期初委托代销发货单用于录入启用日之前已经发生但尚未完全结算的委托代销发货单,以便日后结算。当然,期初委托代销发货单的发货日期也应在销售管理子系统的启用日期之前。

四、库存管理子系统初始设置

库存管理子系统初始设置包括参数设置和期初数据录入。

(一) 参数设置

系统选项也称系统参数、业务处理控制参数,是指在企业业务处理过程中所使用的各种控制参数。系统参数的设置将决定用户使用系统的业务模式、业务流程、数据流向。用户在进行选项设置之前,一定要详细了解各选项对业务处理流程的影响,并结合企业的实际业务需要进行设置。由于有些选项在日常业务开始后不能随意更改,最好在业务开始前进行全盘考虑,尤其是一些对其他系统有影响的选项设置更要考虑清楚。

库存管理子系统的系统选项设置中有通用设置、专用设置、可用量控制设置和可用量检查设置等主要参数的设置。

(二) 期初数据录入

初次使用库存管理子系统时,应先输入全部存货的期初数据。期初数据包括期初结存和期初不合格品。

1. 期初结存

期初结存用于录入使用库存管理子系统前各仓库各存货的期初结存情况。不进行批次、保质期管理的企业,只需录入各存货期初结存的数量;进行批次管理、保质期管理、出库跟踪入库管理的企业,需录入各存货期初结存的详细数据,如批号、生产日期、失效日期、入库单号等;进行货位管理的企业,还需录入货位。

如果库存管理子系统和存货核算子系统的期初数据分别录入处理,则库存管理子系统和存货核算子系统可分别先后启用,不必一起启用。即允许先启用存货核算子系统,再启用库存管理子系统;反之亦可。如果分别录入处理库存管理子系统和存货核算子系统的期初数据,则需将库存管理子系统的期初数据与存货核算子系统相同月份的期初数据进行核对。

2. 期初不合格品

期初不合格品用于录入使用库存管理子系统前发生的未处理的不合格品结存量,以不合格品记录单的形式录入。期初不合格品记录单可进行不合格品处理。

五、存货核算子系统初始设置

存货核算子系统初始设置的内容包括用户进行参数设置、科目设置、期初数据录入、分类体系、基础档案、单据设计、其他设置等设置工作。其中,分类体系、基础档案等已在以前的章节中叙述过,这里仅对参数设置、科目设置、期初数据录入、其他设置进行介绍。

(一)参数设置

存货核算子系统的系统参数包括核算方式选项定义、控制方式选项定义、最高最低控制。

(二)科目设置

科目设置用于设置本系统中生成凭证所需要的各种存货科目、差异科目、分期收款发出商品科目、委托代销科目、运费科目、税金科目、结算科目、对方科目等,以便自动生成完整的凭证内容。

(三)期初数据录入

为保证账簿数据的连贯性,存货核算子系统初次使用时,应先录入全部末级存货的期初余额。

录入存货核算系统使用前各存货的期初结存情况,期初余额和库存管理子系统的期初余额分开录入,用户可以从库存系统取期初数,并与其对账。

企业若有分期收款发出商品业务或委托代销发出商品业务,则应录入发出商品期初余额和委托代销发出商品余额。该数据来源于销售系统,可通过取数功能从销售系统取期初数。录入完毕后,可执行记账功能,完成期初数据记账。期初数据录入并执行期初记账后,系统把期初差异分配到期初单据上,并把期初单据的数据记入存货总账、存货明细账、差异账、委托代销商品明细账、分期收款发出商品明细账。只有期初记账后,用户才能进行日常业务、账簿查询、统计分析等操作。

当使用存货核算时,如果不需要输入期初差异,可在录入期初余额、分期收款发出商品余额、委托代销商品余额后,进行期初记账;如果需要录入期初差异,则在期初余额录入完成后,要先录入存货差异,再对期初余额进行期初记账。

在对期初数据记账前,用户可修改期初数据、存货计价方式和核算方式,但期初记账后就不能修改了。如果没有期初数据,可以不录入期初数据,但必须执行期初记账操作。

例 8-2 输入原料库存货期初数据。

操作路径：存货核算→期初数据→期初余额。输入存货期初数据如图 8-3 所示。

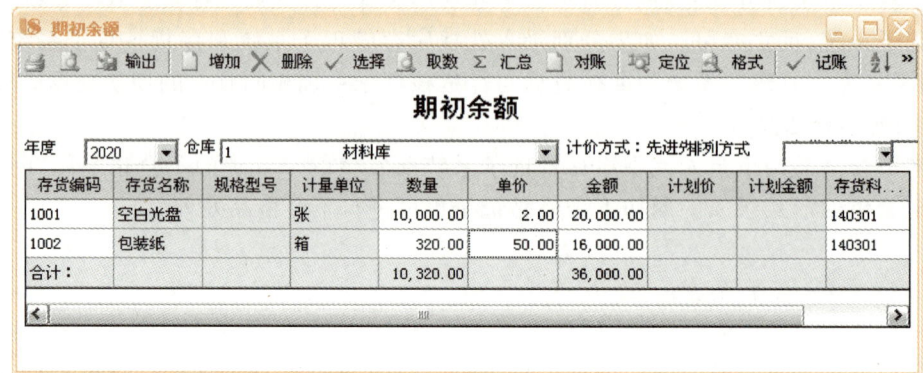

图 8-3 输入存货期初数据

> **思考与理解**
>
> 结合上机实验，仔细体会库存管理子系统与存货核算子系统期初数据的相互取数。

（四）其他设置

其他设置主要有差异率（或差价率）控制设置和仓库存货对照表设置。

思考题

1. 供应链管理子系统主要包括哪些子系统？各子系统的主要功能是怎样的？
2. 供应链管理子系统的数据流程是怎样的？
3. 供应链管理子系统基础档案包括哪些内容？
4. 销售管理子系统的参数设置包括哪些内容？
5. 供应链各子系统的期初数据主要包括哪些内容？

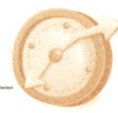

应用实践

完成与本书配套的《会计信息系统实验》（第六版）教材实验十的实验内容。

第九章

采购管理子系统

【本章学习目标】

知识目标
- 了解采购管理子系统的功能
- 明确采购管理子系统与其他子系统之间的关系、其他采购业务类型
- 掌握普通采购业务、采购现付业务以及采购退货业务

能力目标
- 能结合企业实际,进行采购管理子系统的日常业务及期末业务处理

【本章知识导图】

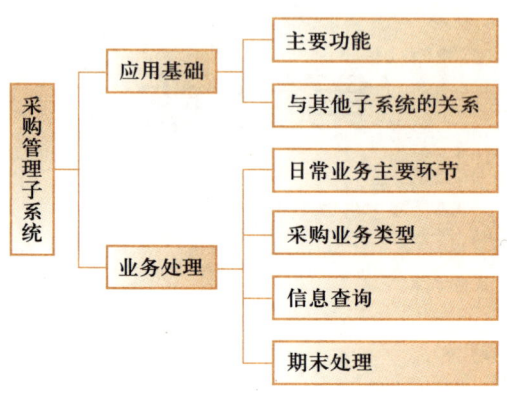

第一节　采购管理子系统应用基础

一、采购管理子系统的主要功能

采购管理子系统的主要功能包括系统初始化、日常业务处理、信息查询和期末处理。

（一）系统初始化
采购管理子系统初始化内容主要包括系统参数设置、基础信息设置以及期初数据录入。

（二）日常业务处理
从业务环节看，采购管理子系统的日常业务处理主要包括请购、订货、到货、入库、采购发票、采购结算等环节；从业务类型看，一个完善的采购管理子系统不但可以处理普通采购业务，还可以处理采购现付业务、采购退货业务、直运业务、受托代销业务等特殊业务类型。

（三）信息查询
采购管理子系统提供丰富的信息查询功能，不仅可以查询各种原始单据，还可以查询采购明细表、采购账簿。另外，还能够从多角度进行采购分析，如采购成本分析、采购类型结构分析、采购资金比重分析等。

（四）期末处理
采购管理子系统的期末处理比较简单，主要是月末结账。

二、采购管理子系统与其他子系统的关系

采购管理子系统与其他子系统的关系如图9-1所示。

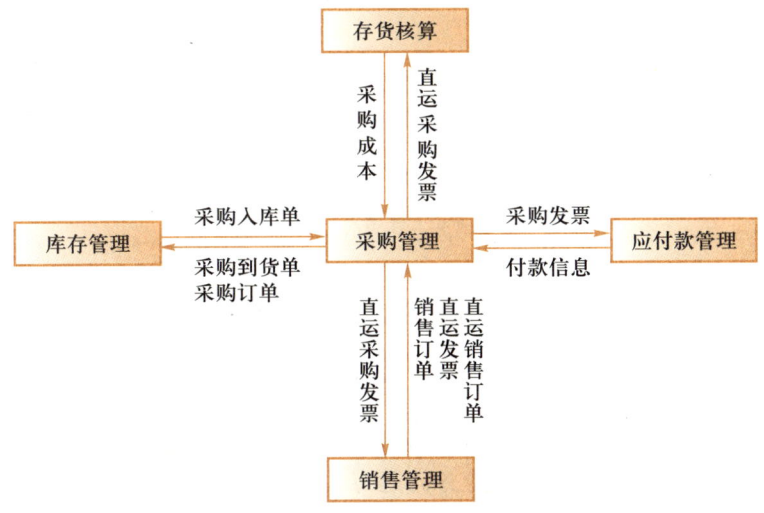

图 9-1 采购管理子系统与其他子系统的关系

(一)采购管理子系统与库存管理子系统的关系

当采购管理子系统与库存管理子系统集成应用时,可以在库存管理子系统中根据采购到货单或采购订单自动生成采购入库单,完成入库业务;采购入库单又可以回传给采购管理子系统,以供查询、采购结算等操作。

(二)采购管理子系统与应付款管理子系统的关系

当采购管理子系统与应付款管理子系统集成应用时,采购发票是在采购管理子系统中录入的,然后传递到应付款管理子系统进行审核、登记应付款明细账、制单并传递到总账子系统;在应付款管理子系统中进行付款并核销相应应付单据后,将向采购管理子系统提供付款核销信息。

(三)采购管理子系统与销售管理子系统的关系

在采购管理子系统中,可以根据销售管理子系统中的销售订单生成采购订单。在直运业务中,如果要求必须有订单,直运采购订单则参照直运销售订单生成,而直运采购发票必须根据直运采购订单生成;如果没有订单,直运采购发票和直运销售发票可以相互参照。

(四)采购管理子系统与存货核算子系统的关系

存货核算子系统可为采购管理子系统提供相关的采购成本信息;在直运业务中,存货核算子系统将根据直运采购发票记账、登记存货明细表、制单并传递到总账子系统。

在以上关系中,最主要的是采购管理子系统与库存管理子系统、应付款管理子系统的关系,可以反映普通采购业务的物流、资金流,所以用粗箭头表示;而采购管理子系统与销售管理子系统、存货核算子系统的关系一般是针对直运业务这一特殊业务的或者只是信息参照,所以用细箭头表示。

第二节 采购管理子系统业务处理

一、采购管理子系统日常业务的主要环节

从业务处理环节看,采购管理子系统提供的日常业务处理功能主要包括采购请购、采购订货、采购到货、采购入库、采购发票、采购结算、采购付款等。

(一)采购请购

采购请购是指企业内部各部门向采购部门提出采购申请,或由采购部门汇总企业内部采购需求列出采购清单。请购是采购业务的起点,可以根据审核后的采购请购单生成采购订单。在采购业务处理流程中,请购环节是可选的。

(二)采购订货

采购订货是指企业通过与供应商签订采购合同或采购协议确认货物需求,主要包括采购什么货物、采购多少、由谁供货、什么时间到货、到货地点、运输方式、价格、运费等内容。供应商将根据采购订单组织货源,而企业则根据采购订单进行验收。采购订单可以手工录入,也可以根据审核后的采购请购单、销售订单或其他采购订单生成。是否必须有采购订单可在系统参数中设置。

在有订单的采购业务中,订单是整个采购业务的核心,整个业务流程的执行都会将相应信息回写到采购订单中,从而可以利用采购订单跟踪采购业务的执行情况,如累计入库数量和金额、累计开票数量和金额、累计付款金额等。可以对拖期的订单打印催货函以向供应商催货。

采购订单审核后才能执行,执行完毕即货物已全部入库、开票、付款后可以自动关闭,对于尚未执行完毕的订单如果确实需要的话也可以手工关闭。

例 9-1　录入采购订单。

1月2日,采购中心周伟向北京方正电脑公司订方正电脑一批,数量为 50 台,单价为 6 000 元。

操作路径:执行"采购管理→采购订货→采购订单"命令。录入采购订单如图 9-2 所示。

(三)采购到货

采购到货是采购订货和采购验收入库的中间环节,一般由采购业务员根据供货方通知或送货单填写,确认对方所送货物、数量、价格等信息,以到货单的形式传递到仓库作为保管员收货依据。采购到货单可以直接填写,也可以根据审核后的采购订单生成。在库存管理子系统中可以根据审核后的到货单生成采购入库单。在采购业务处理流程中,到货处理是可选的。

(四)采购入库

采购入库是指将供应商提供的货物检验合格后,放入指定仓库的业务。当货物入库时,

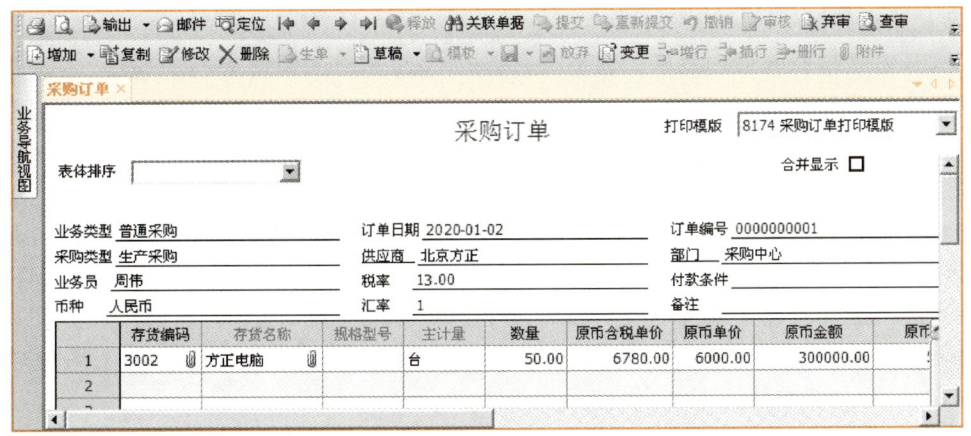

图9-2　录入采购订单

仓库保管员应当根据采购到货签收的实收数量填制采购入库单。采购入库单按业务性质分为蓝字入库单和红字入库单。红字入库单用于采购退货业务处理。在采购业务处理流程中,采购入库是必要的。

采购入库单既可以手工填写,也可以根据审核后的采购订单和采购到货单生成。在采购业务必有订单时,入库单必须根据审核后的采购订单生成。当采购管理子系统与库存管理子系统集成应用时,采购入库业务在库存中进行处理;当采购管理子系统单独应用时,采购入库业务在采购管理子系统中处理。

录入采购入库单时,可以只填写数量,不填写金额。金额的处理有两种方式:一是在发票已到的情况下通过采购结算后由系统自动计算而得;二是在发票未到的情况下,进行暂估入库。总之,采购入库单必须有金额才能在存货核算子系统中记账、制单。

例9-2　录入采购入库单。

1月6日,采购中心周伟收到方正电脑,数量为50台,商品已验收入硬件库。

操作路径:执行"库存管理→入库业务→采购入库单"命令。录入采购入库单如图9-3所示。

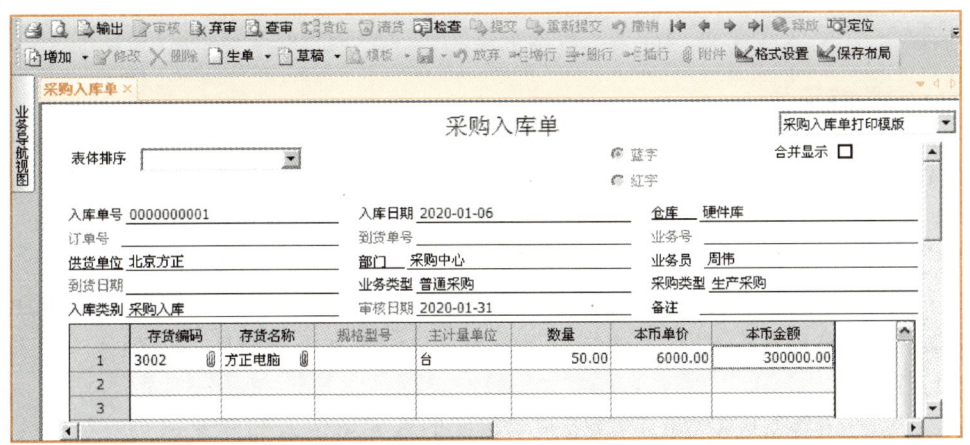

图9-3　录入采购入库单

(五）采购开票

采购开票是指开具采购发票。采购发票是供应商开出的销售货物的凭证，系统将根据采购发票确认采购成本，并据此登记应付账款。采购发票按发票类型可分为增值税专用发票、普通发票、运杂费发票等类型。发票按业务性质分为蓝字发票和红字发票。红字发票用于采购退货业务处理。在采购业务处理流程中，录入采购发票是必要的。

采购发票可以直接手工填制，也可以根据审核后的采购订单和采购入库单或者其他审核/未审核采购发票生成。在必有采购订单的采购业务中，采购发票必须根据审核后的采购订单生成。当采购管理子系统与应付款管理子系统集成应用时，采购发票在采购管理子系统中进行处理；当应付款管理子系统单独应用时，采购发票在应付款管理子系统中进行处理。

例9-3 录入采购专用发票。

1月6日，收到专用发票一张，数量50台，单价6 000元，增值税税率13%，价税合计339 000元。

操作路径：执行"采购管理→采购发票→专用采购发票"命令。录入专用采购发票如图9-4所示。

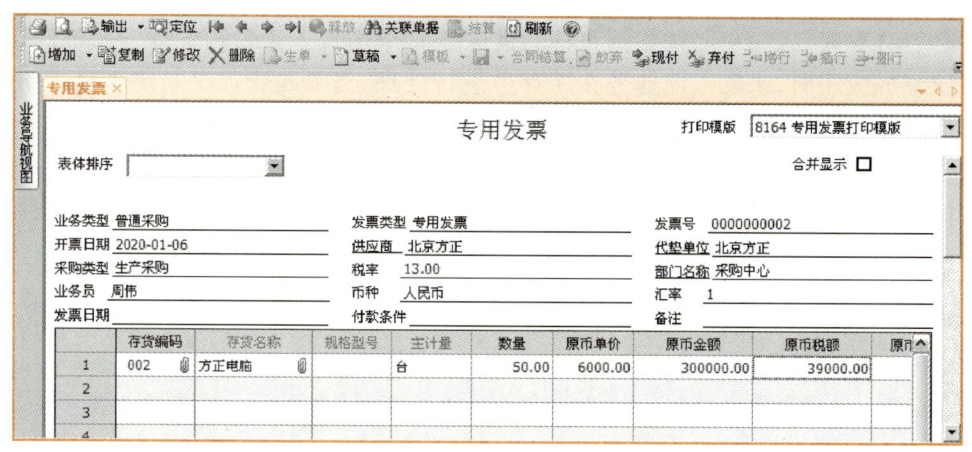

图9-4 录入专用采购发票

(六）采购结算

采购结算也称采购报账，在手工业务中，采购业务员拿着经主管领导审批过的采购发票和仓库确认的入库单到财务部门，由财务人员确认采购成本并进行相应的账务处理。在信息化方式下，采购结算即针对采购入库单，根据发票确认其采购成本，是必须执行的操作。采购结算后，系统会自动填写采购入库单单价、金额，同时生成采购结算单。采购结算单是记载采购入库单与采购发票对应关系的结算对照表，查看采购结算单可以了解采购成本的确认过程。根据实现方式不同，采购结算可分为自动结算和手工结算。

1. 自动结算

自动结算可以将供应商、存货、数量完全相同的入库单记录和发票记录进行结算，生成结算单；将供应商相同、存货相同、数量绝对值相等但符号相反的红蓝入库单行记录进行对应结算,生成结算单;将供应商相同、存货相同、金额绝对值相等但符号相反的采购发票记录对应结算,生成结算单。

2. 手工结算

手工结算可以进行正数入库单与负数入库单结算、正数发票与负数发票结算、正数入库单与正数发票结算;可以任意选择发票和入库单,发票和入库单的关系可以是一对一、一对多、多对一、多对多;发票和入库单所属供应商可以不同,即支持三角债的结算、到下级单位采购而付款给其上级主管单位的结算;可以进行费用分摊和溢余短缺处理。

工业企业在采购过程中所发生的一切运输费、装卸费、保险费、包装费、仓储费、入库前的挑选整理费用等都需要计入采购成本。因此,可利用手工结算将有关费用分摊计入采购成本。可以按金额分摊,也可以按数量分摊。

在进行采购结算时,如果存货入库数量与发票存货数量相当,说明不存在损耗,此时存货的采购总成本等于发票金额加上应分摊的费用金额,单位采购成本等于采购总成本除以存货入库数量。

如果入库存货数量大于发票存货数量,可以有两种处理方法:一是存在溢余,按照会计制度规定,合理损耗计入采购成本,所以此时只需录入合理损耗数量,使得入库存货数量加上合理损耗数量等于发票数量即可。此时总成本等于发票金额加上应分摊的费用额,单位采购成本等于总成本除以存货入库数量。二是把多余数量当作赠品处理,这样只是降低了存货入库单价。

如果入库存货数量小于发票存货数量,说明存在短缺,这种短缺有可能是合理损耗,也可能是意外损耗,并且按照会计制度规定意外损耗不允许计入采购成本,所以必须录入合理损耗数量、意外损耗数量及意外损耗金额,使得:入库存货数量+合理损耗数量+意外损耗=发票数量。此时总成本等于发票金额加上应分摊的费用额减去意外损耗金额,单位成本等于总成本除以实际入库数量。存在非合理损耗时,还应该选择非合理损耗类型,以便存货核算子系统根据结算单记录的非合理损耗类型自动生成凭证。

若存在一次入库、分次开票的情况,可采用两种方法处理。一种方法是等待发票开齐后再进行结算处理;另一种方法是填写入库单时根据约定好的开票数将存货分成若干行,将来每一行可以与对应的发票单独进行结算。

(七)采购付款

采购付款是采购业务的最后环节。需在"应付款管理"系统中填制付款单,完成采购业务的付款工作,并生成相应的付款凭证。

二、采购业务类型

(一)普通采购业务

普通采购业务是指适合于大多数企业的日常采购业务,与其他子系统协同提供对采购请购、采购订货、采购入库、采购发票、采购结算、采购付款等环节的全程管理。按照采购发票和货物到达的先后顺序不同,可将采购业务分为单货同行业务、货到票未到即暂估入库业

微课:
普通采购
业务流程

务、票到货未到即在途存货业务三种类型。

1. 单货同行业务

单货同行业务是指发票已收到、货物已验收入库的采购业务。此时可以进行采购结算以确认采购成本。当供应链各子系统集成应用时,完整的单货同行普通采购业务流程如图9-5所示。

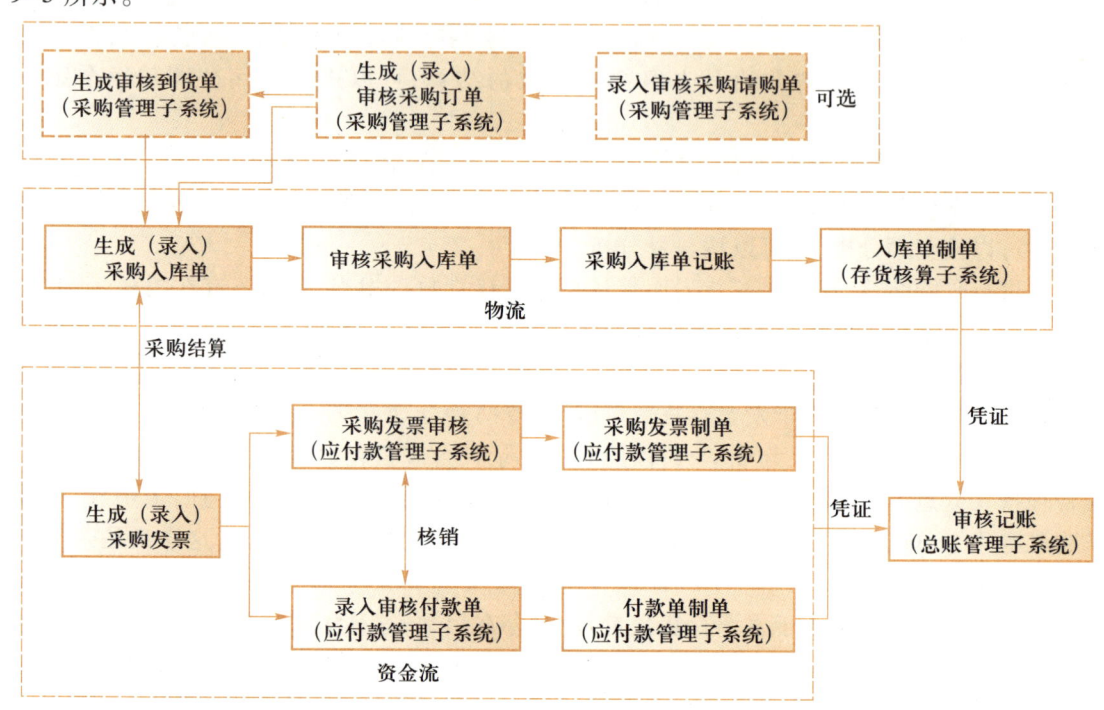

图9-5 普通采购业务处理流程

（1）在采购管理子系统中填制并审核采购请购单。采购请购单是可选单据。

（2）在采购管理子系统中填制或根据审核后的采购请购单、销售订单或其他审核未审核采购订单生成采购订单。是否必有采购订单一般取决于系统参数设置。

（3）在采购管理子系统中填写或根据审核后的采购订单生成到货单。到货单是可选单据。

（4）在库存管理子系统中填写或根据审核后的采购订单和采购到货单生成采购入库单,在必有采购订单的采购业务中,采购入库单必须根据审核后的采购订单生成。采购入库单是必有单据。

（5）在采购管理子系统中填制或根据审核后的采购订单和采购入库单或者其他审核未审核采购发票生成采购发票。在必有采购订单的采购业务中,采购发票必须根据审核后的采购订单生成。采购发票是必有单据。

（6）对采购发票和采购入库单进行采购结算。

（7）在库存管理子系统中审核采购入库单。

（8）在存货核算子系统中对采购入库单记账,登记存货明细账。采购入库单要想记账必须有金额,而金额可以通过两种方式获取:一是在单货同行情况下,经过采购结算由系统自动计算入库单价和金额;二是在货到票未到情况下,在存货核算子系统中直接填写暂估价格。

(9)在存货核算子系统中对采购入库单进行制单,生成的凭证会自动传递到账务子系统,在账务子系统中对该凭证进行审核、记账。生成的凭证反映存货入库信息,例如:

借:库存商品(原材料)
　　贷:材料采购(在途物资)

以上介绍的基本上是采购业务的物流过程,主要是在采购管理子系统、库存管理子系统和存货核算管理子系统中完成的。

(10)在应付款管理子系统中对采购发票进行审核,登记应付账款明细账。

(11)在应付款管理子系统中对审核后的采购发票进行制单,生成的凭证会自动传递到账务子系统,在账务子系统中对该凭证进行审核、记账。生成的凭证反映采购成本、进项税额和应付账款信息,例如:

借:材料采购(在途物资)
　　应交税费——应交增值税(进项税额)
　　贷:应付账款

(12)到期还款时,在应付款管理子系统中录入并审核付款单。

(13)在应付款管理子系统中,将审核后的付款单和审核后的采购发票进行核销,登记应付账款明细账。

(14)在应付款管理子系统中,对审核后的付款单制单,生成的凭证会自动传递到账务子系统,在账务子系统中对该凭证进行审核、记账。生成的凭证反映还款信息,例如:

借:应付账款
　　贷:银行存款

以上介绍的基本上是采购业务的资金流过程,主要是在应付款管理子系统中完成的。

2. 暂估入库业务

暂估入库是指本月存货已验收入库但尚未收到采购发票,因而不能确定存货的入库成本。为了核算存货的库存成本,在手工方式下,一般是在月末将这些存货暂估入账,然后下月初再用红字冲回。

在信息化方式下,暂估可以在月末进行,也可以在录入入库单后马上暂估。而暂估的处理可以有以下三种方式。

(1)月初回冲。这种方式的处理流程如下:

① 到下月初,存货核算管理子系统会自动生成与暂估入库内容完全相同的红字回冲单,同时登记相应的存货明细账,以冲回存货明细账中上月的暂估入库。同时,应该对红字回冲单制单,以便在账务子系统回冲上月的暂估凭证。

② 收到并录入采购发票后,对采购入库单和采购发票进行采购结算。关于结算后的发票制单、付款与核销等操作与单货同行业务相同。

③ 结算后,在存货核算管理子系统中执行暂估处理,以生成与对应的入库单完全相同的蓝字回冲单。

④ 在存货核算子系统中对蓝字回冲单进行制单。

（2）单到回冲。

① 下月初不做处理，待收到并录入采购发票后，对采购入库单和采购发票进行采购结算。

② 结算后，在存货核算管理子系统中执行暂估处理，此时系统会同时生成红字回冲单和蓝字回冲单，同时据以登记存货明细账。红字回冲单的金额为暂估金额，蓝字回冲单的入库金额为已报销金额。

③ 在存货核算管理子系统中对红字回冲单和蓝字回冲单进行制单。

（3）单到补差。

① 下月初不做处理，待收到并录入采购发票后，对采购入库单和采购发票进行采购结算。

② 结算后，在存货核算管理子系统中执行暂估处理，此时系统会依据报销金额与暂估金额的关系进行不同的处理。如果报销金额与暂估金额不相等，系统会生成一张调整单，并据以登记存货明细账；如果报销金额与暂估金额相等，系统不生成调整单。

③ 如果报销金额与暂估金额不相等，应该在存货核算子系统中对调整单进行制单。

3. 在途存货业务

在途存货业务是指已收到采购发票但货物尚未验收入库的采购业务。对于该类业务在信息化方式下可以有两种处理方式：一是压单处理，即收到的发票暂不录入系统，待货物验收入库后再录入到系统中与采购入库单进行采购结算；另一种方式是收到发票后便录入到系统当中去，这样可以实时统计在途货物情况，当货物验收入库后再进行采购结算。

（二）现付业务

所谓现付业务，是指采购业务发生时企业直接付款并由供货单位开具发票。现付业务与普通采购业务的区别在于对发票的处理不同。由前面的内容我们可以看出，在应付款管理子系统中对发票的默认处理方式是看作未付款，发票审核后会登记应付账款明细账，并生成确认采购成本、进项税额和应付账款的凭证传递到账务子系统。所以，发生现付业务后需要一些特殊处理。当然，不同软件设计思路不同，数据库结构也会不同，这都会影响某些业务的处理模式。例如，可以采取以下策略处理现付业务。

1. 现付处理

进行现付处理时，只需在采购管理子系统中录入发票以后直接选择现付处理即可。但一定要注意现付处理的时机是在发票录入之后、在应付款管理子系统审核发票之前。现付处理后，一般系统会自动出现付款单供用户填写。当然，现付业务不会形成应付账款，也就不必进行核销操作了。

2. 现结制单

在应付款管理子系统中，因为发票制单会形成应付账款，所以必须通过现结制单功能来生成采购凭证，例如：

借：材料采购（在途物资）
　　应交税费——应交增值税（进项税额）
　贷：银行存款

除以上两点外,现付业务的处理流程与普通采购业务类似,不再赘述。

(三)采购退货业务

有时因为货物质量等原因,企业会发生采购退货,因此采购退货业务处理是采购管理子系统的重要功能。在信息化方式下,针对退货业务发生的时机不同,所采取的方法也会有所不同。如果收到货物但尚未办理入库手续,只要把货物直接退给供应商即可,而系统中不必进行处理;如果采购业务在系统中尚未完全处理完毕如入库单尚未记账、发票尚未付款的话,可以采取"无痕迹修改",即通过一系列逆操作和删改操作完成全部或部分退货处理;如果采购业务已完全处理完毕即已采购结算、入库单已记账、发票已付款,此时应该采取"有痕迹修改",即通过录入退货单和红字发票来处理,其处理流程如图9-6所示。

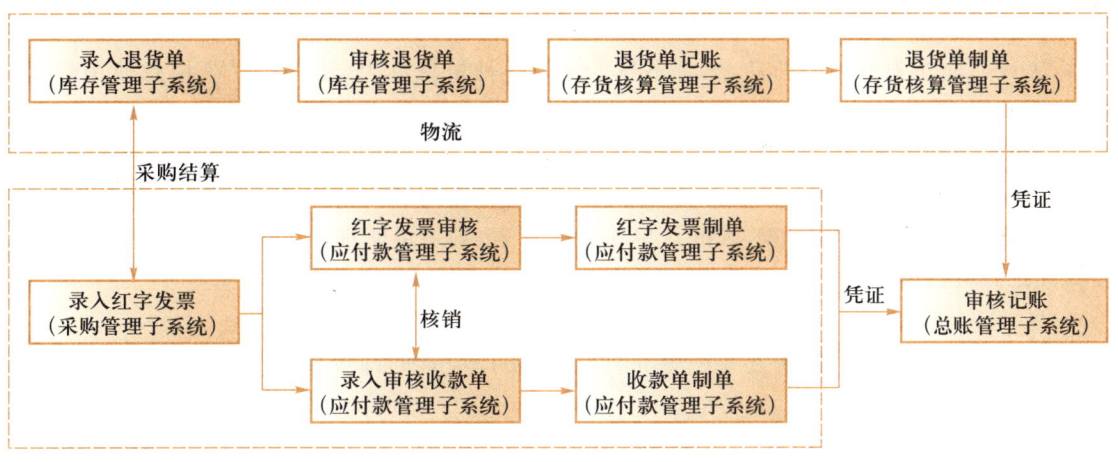

图9-6 采购退货业务处理流程

(四)直运采购业务

直运采购业务是指商品不经过入库,而是由企业供应商直接将商品发给企业客户的购销业务,常见于大型电器、汽车、设备等商品的购销。直运采购业务包括直运销售业务和直运采购业务。直运业务没有实物的出入库,货物流向是直接从供应商到客户,财务结算通过直运销售发票和直运采购发票完成。由此可以看出,直运业务与普通销售业务和采购业务相比有自身的特点,因此直运采购业务需要特殊的方法单独处理。

(五)受托代销业务

商品流通企业有时会从事受托代销业务。所谓受托代销业务是指商业企业接受其他企业的委托,为其代销商品,代销商品售出后企业再与委托方结算,由委托方开具正式销售发票,商品所有权实现转移。可以将受托代销业务看作是一种先销售后与委托代销商结算的采购模式。所以受托代销业务处理也是采购管理子系统的功能之一,其业务处理流程与普通采购业务类似,简要介绍如下:

(1)受托方接收货物,在库存管理子系统填制审核受托代销入库单。

(2)受托方售出代销商品后,手工开具代销商品清单交委托方。

(3)由委托方为受托方开具发票。

(4)受托方在采购管理子系统中进行受托代销结算,系统会自动生成受托代销发票和受托代销结算单。

（5）在存货核算管理子系统中对受托代销入库单记账、制单。

（6）在应付款管理子系统中对发票制单。

（7）在应付款管理子系统中付款并制单。

（8）在应付款管理子系统中对发票和付款单进行核销。

三、采购管理子系统信息查询

一个良好的系统应该尽可能多地为用户提供各种相关信息，特别是供应链各子系统更是如此，毕竟使用系统的目的是获取各种有用信息以加强控制、提高管理水平、辅助管理者进行决策。而作为系统使用者，只有熟悉系统的各种信息输出，才能够提高信息使用效率。采购管理子系统的信息输出主要有以下几个方面。

（一）原始单据

在采购管理子系统中，可以对各种原始单据进行查询，如入库明细表、发票明细表、采购结算明细表、采购订单明细表、采购订单执行统计表、到货单明细表、请购单明细表等。

（二）采购明细表

1. 采购明细表

采购明细表是根据采购发票产生的，可以按用户设置的筛选条件列出发票中各种货物的采购明细情况。

2. 入库明细表

入库明细表是根据采购入库单产生的，可以按用户设置的筛选条件列出采购入库单中各种货物的采购入库情况。

3. 采购结算明细表

采购结算明细表是根据采购结算单产生的，可以按用户设置的筛选条件列出结算单中各种货物的结算情况。

4. 未完成业务明细表

未完成业务明细表是根据发票和入库单产生的，可以按用户设置的条件查询未完成业务的单据明细情况，包括货到票未到即暂估入库和票到货未到即在途存货。

5. 受托代销结算明细表

受托代销结算明细表是根据受托代销入库单产生的，可以按用户设置的筛选条件列出受托代销采购入库单中各种货物的入库、结算明细情况。

6. 增值税抵扣明细表

增值税抵扣明细表是根据已报账的采购发票产生的，可以反映某月份增值税专用发票的增值税额抵扣明细情况。

7. 采购费用明细表

采购费用明细表是根据运费发票及发票中的费用项目产生的，可以按用户设置的筛选条件列出各种费用的明细情况。

（三）采购账表

1. 在途货物余额表

在途货物余额表是普通采购业务采购发票结算情况的滚动汇总表，可以反映每个月各个供货单位的采购发票上的货物采购发生、采购结算以及未结算的在途货物情况。

2. 暂估入库余额表

暂估入库余额表是普通采购业务的采购入库单结算情况的滚动汇总表，可以反映每个月各个供货单位的采购入库单上的货物采购发生、采购结算以及未结算的暂估货物情况。

3. 代销商品台账

代销商品台账可以按委托商和商品序时反映每一笔代销商品的入库、结算情况。

4. 代销商品余额表

代销商品余额表是代销商品台账的汇总表，可以综合反映每个月各委托商的代销商品入库、结算和结余情况。

（四）采购分析

采购管理子系统可以根据各原始单据为用户提供各种采购分析信息，主要包括以下几种。

1. 采购成本分析

采购成本分析是根据采购发票，对某时期内的存货结算成本与其参考成本、计划价进行对比分析。

2. 采购类型结构分析

采购类型结构分析是根据采购发票，对某时期内各种采购类型的业务比重进行分析。

3. 采购资金比重分析

采购资金比重分析是根据采购发票，从供应商、业务员、地区、存货大类、采购类型等角度对某段时期内各种货物占采购资金总额的比重进行分析。

4. 供应商价格对比分析

供应商价格对比分析是根据采购发票，对某种货物各供货单位的实际供货价格进行对比分析。

5. 采购货龄分析

采购货龄分析可以对截至某日的采购入库未结算的存货货龄进行分析。

6. 采购费用分析

采购费用分析可以根据采购发票，对某段时期内各种采购费用占所购货物的比重进行分析。

四、采购管理子系统期末处理

采购管理子系统期末处理主要是月末结账。月末结账后，系统会将当月的采购单据数据封存，并将当月的采购数据记入有关账表中。进行月末结账时，主要注意以下问题：

（1）月末结账后，当月便不能再增加、修改、删除采购单据了。

（2）只有采购管理子系统月末结账后，库存管理子系统和应付款管理子系统才能进行月末结账。

1. 采购管理子系统包括哪些主要功能？
2. 简述采购管理子系统和其他子系统的主要关系。
3. 采购管理子系统日常业务处理包括哪些业务？
4. 什么是现付业务？你认为现付业务应该怎样处理？
5. 货到票未到（暂估入库）业务的系统处理方法有哪几种，分别怎样处理？
6. 采购退货业务的处理流程是怎样的？
7. 采购管理子系统提供哪些采购业务明细表和采购分析表？

完成与本书配套的《会计信息系统实验》（第六版）教材实验十一的实验内容。

第十章

销售管理子系统

【本章学习目标】

知识目标
- 了解销售管理子系统的功能
- 明确销售管理子系统与其他子系统之间的关系、其他销售业务类型
- 掌握普通销售业务、销售现收业务以及销售退货业务

能力目标
- 能结合企业实际,进行销售管理子系统的日常业务及期末业务处理

【本章知识导图】

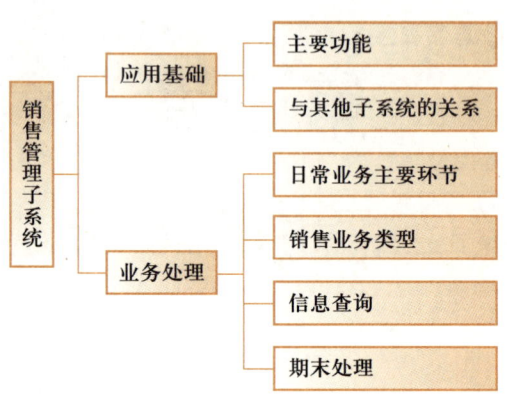

第一节 销售管理子系统应用基础

一、销售管理子系统主要功能

销售管理子系统的主要功能包括系统初始化、日常业务处理、信息查询和期末处理。

（一）系统初始化
销售管理子系统的初始化内容主要包括系统参数设置、基础信息设置以及期初数据录入。

（二）日常业务处理
从业务环节看，销售管理子系统的日常业务处理主要包括销售报价、销售订货、销售发货、销售开票、销售出库等；从业务类型看，一个完善的销售管理子系统不但可以处理普通销售业务，还可以处理现收业务、销售退货业务、零售业务、分期收款销售业务、销售调拨业务、直运销售业务、委托代销业务等特殊业务类型。

（三）信息查询
销售管理子系统提供了丰富的信息查询功能，不仅可以查询各种原始单据，还可以查询销售明细账表、销售统计表。此外，还能够从多角度进行各种销售分析。

（四）期末处理
销售管理子系统的期末处理比较简单，主要是月末结账。

二、销售管理子系统与其他子系统的关系

销售管理子系统与其他子系统的关系如图10-1所示。

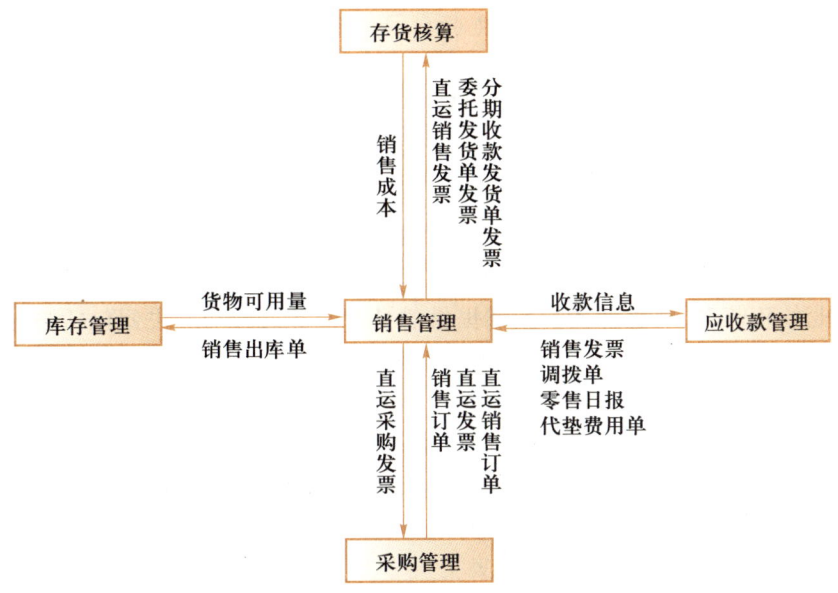

图 10-1 销售管理子系统与其他子系统的关系

（一）销售管理子系统与库存管理子系统的关系

在销售管理子系统中，可以根据发货单自动生成销售出库单然后传递到库存管理子系统。当然也可以在库存管理子系统中根据销售管理子系统的单据生成销售出库单。库存管理子系统可以为销售管理子系统提供货物可用量信息。

（二）销售管理子系统与应收款子系统的关系

当销售管理子系统与应收款管理子系统集成应用时，销售发票、销售调拨单、零售日报、代垫费用单是在销售管理子系统中录入的，然后传递到应收款管理子系统进行审核、登记应收款明细账、制单并传递到总账子系统；在应收款管理子系统中进行收款并核销相应销售单据后，将向销售管理子系统提供收款核销信息。

（三）销售管理子系统与采购管理子系统的关系

采购管理子系统可以根据销售管理子系统的销售订单生成采购订单；在直运业务必有订单模式下，直运采购订单必须参照直运销售订单生成；对于非必有订单直运业务而言，直运采购发票和直运销售发票可以相互参照生成。

（四）销售管理子系统与存货核算子系统的关系

直运销售发票、委托代销发货单发票、分期收款发货单发票在存货核算子系统登记存货明细账、制单并将生成的凭证传递到总账子系统审核记账；存货核算子系统为销售管理子系统提供销售成本信息。

在以上关系中，最主要的是销售管理子系统与库存管理子系统、应收款管理子系统的关系，可以反映普通销售业务的物流、资金流，所以用粗箭头表示；而销售管理子系统与采购管理子系统、存货核算子系统的关系是针对某些特殊业务的或者只是信息参照，所以用细箭头表示。

第二节 销售管理子系统业务处理

一、销售管理子系统日常业务的主要环节

从销售业务环节看,销售管理子系统提供的日常业务处理功能主要包括销售报价、销售订单、销售发货、销售开票、销售出库、销售收款等。

(一)销售报价

销售报价是企业向客户提供货品、规格、价格、结算方式等信息,双方达成协议后,可根据审核后的销售报价单生成销售订单。在销售业务处理流程中,销售报价环节是可选的,企业可以根据实际情况决定是否采用。

(二)销售订货

销售订货环节需填制销售订单。销售订单是反映由企业和客户双方确认的客户要货需求的单据,它或者是企业销售合同中关于货物的明细内容,或者是一种订货的口头协议。企业应该根据订单组织进货或生产,以按时向客户交货。销售订单可以手工录入,也可以根据其他销售订单或审核后的报价单生成。是否必须有销售订单可在系统参数中设置。

在有订单的销售业务中,订单是整个销售业务的核心,整个业务流程的执行都会将相应信息回写到销售订单中,从而可以利用销售订单跟踪销售业务的执行情况,如累计发货数量和金额、累计开票数量和金额、累计收款金额等。系统应该提供相应的查询功能,可以对某日到期的订单进行查询,以方便企业备货发货。

销售订单审核后才能执行,执行完毕(即货物已全部发出、开票、收款)后,可以自动关闭,对于尚未执行完毕的订单如果确实需要的话也可以手工关闭。

例 10-1 录入销售订单。

1月3日,销售一部赵红收到北京飞宇中学订单一张,订购A软件100套,无税单价200元。

操作路径:执行"销售管理→销售订货→销售订单"命令。录入销售订单如图10-2所示。

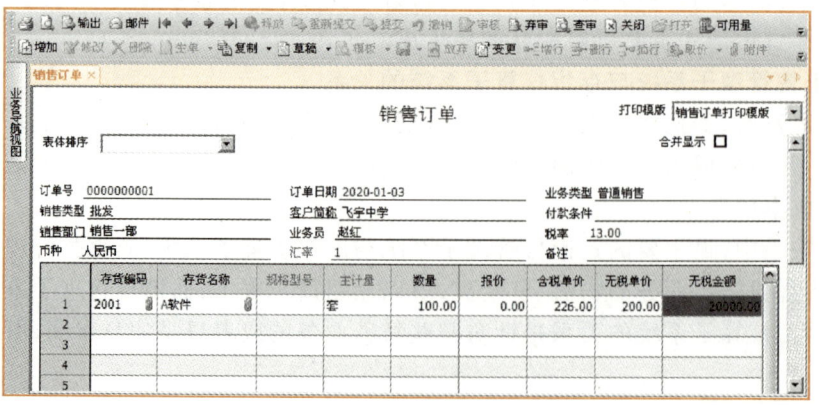

图 10-2 录入销售订单

(三)销售发货

销售发货是企业执行与客户签订的销售合同或销售订单,将货物发往客户的行为,是销售业务的执行阶段。销售发货是处理销售业务必要的环节。

在必有订单销售模式下,发货单必须根据审核后的销售订单生成,可以一张订单多次发货,也可以多张订单一次发货,但是否可以超订单量发货取决于系统参数的设置。在非必有销售订单情况下,如果是先发货后开票销售模式,先由销售部门根据销售订单、其他发货单生成或直接手工填写发货单,然后根据审核后的发货单生成销售发票;如果是开票直接发货销售模式,销售部门根据销售订单、其他发票生成或直接填写销售发票并审核后,系统将自动生成销售发货单,生成的发货单只能查询,不能进行编辑操作。

例 10-2 录入销售发货单。

1月5日,销售一部赵红向北京飞宇中学发出A软件100套,无税单价200元,增值税税率13%,价税合计22 600元。

操作路径: 执行"销售管理→销售发货→销售发货单"命令。录入销售发货单如图10-3所示。

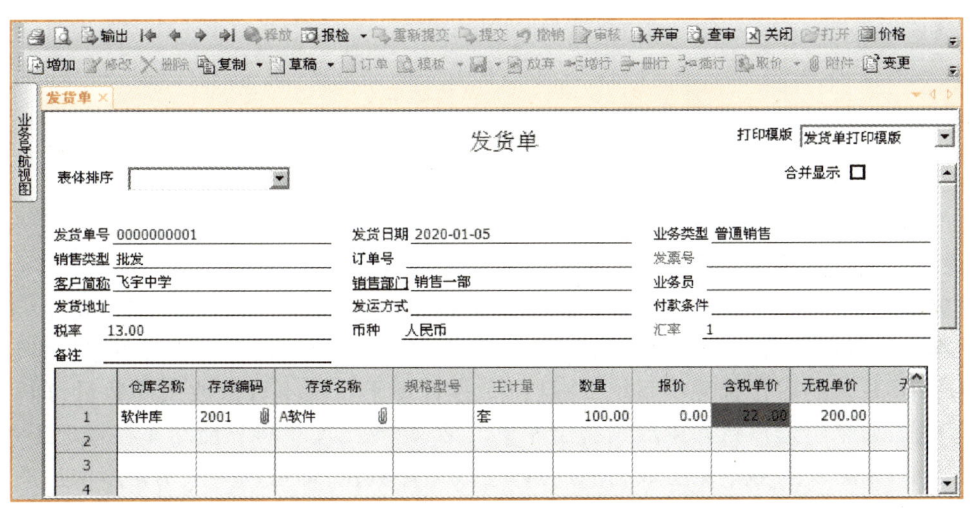

图 10-3 录入销售发货单

(四)销售开票

销售开票是在销售过程中,企业给客户开具销售发票及其所附清单的过程。销售发票是确认销售收入、应收账款、税金和计算结转销售成本的依据,也是销售业务流程中的必要环节。

在必有订单销售模式下,销售发票必须根据审核后的销售订单生成,可以一张订单多次开票,也可以多张订单一次开票。在非必有销售订单情况下,如果是先发货后开票销售模式,销售发票根据审核后的发货单生成;如果是开票直接发货销售模式,销售发票可由销售部门根据销售订单、其他发票生成或直接填写,审核后自动生成销售专用发票。

例 10-3 录入销售专用发票。

1月5日，针对上述发出货物，开出销售专用发票一张。

操作路径：执行"销售管理→销售开票→销售专用发票"命令。录入销售专用发票如图10-4所示。

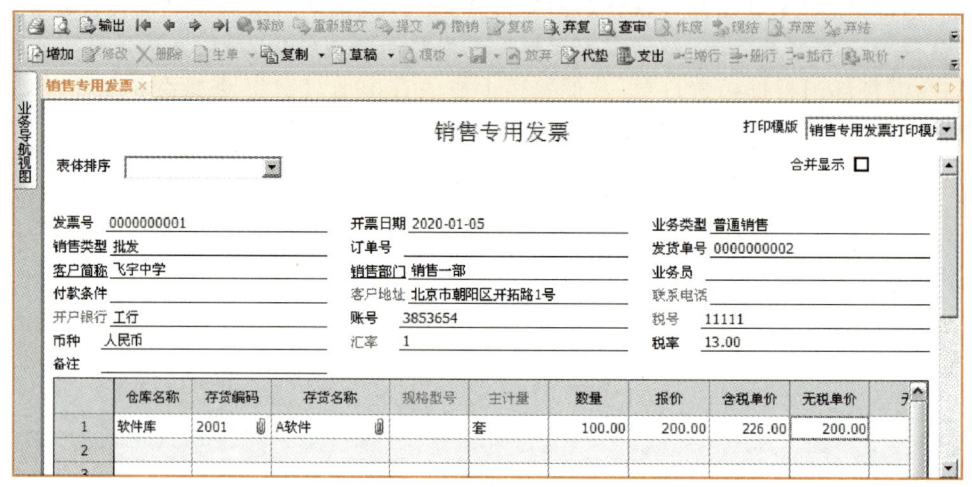

图 10-4 录入销售专用发票

（五）销售出库

销售出库也是销售业务处理的必要环节。销售出库单在库存管理子系统中用于核算存货出库数量，在存货核算子系统中用于核算存货出库成本。

销售出库单不能手工填写，只能根据相关单据生成。销售出库单如何生成取决于系统参数设置。如果设置为自动生成销售出库单，则在审核发货单、销售发票等单据后自动生成销售出库单，并传到库存管理子系统，并且在库存管理子系统不可修改出库数量，即一次销售全部出库；如果不选择自动生成销售出库单的话，销售出库单将只能在库存管理子系统中根据发货单、销售发票等单据生成，并且可以修改出库数量，即可以一次销售多次出库。

（六）销售收款

销售收款是销售业务的最后环节。需在"应收款管理"系统中填制收款单，完成销售业务的收款工作，并生成相应的收款凭证。

二、销售业务类型

（一）普通销售业务

普通销售业务适合于大多数企业的日常销售业务，与其他系统协同提供对销售报价、销售订货、销售发货、销售开票、销售出库、结转销售成本、销售收款结算等环节的全程管理。普通销售业务有两种模式：先发货后开票模式和先开票后发货模式。下面以先发货后开票模式为例介绍普通销售业务的处理流程。当供应链各子系统集成应用时，先发货后开票业

微课：
普通销售
业务流程

务模式处理流程如图10-5所示。

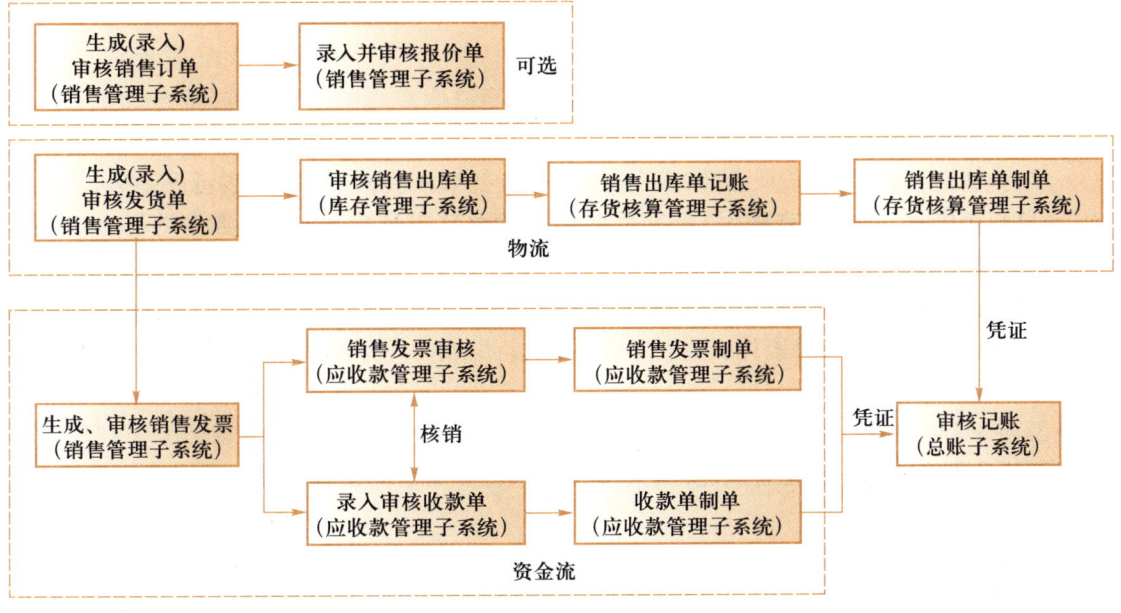

图10-5 先发货后开票业务模式处理流程

（1）在销售管理子系统中录入并审核报价单。

（2）在销售管理子系统中根据其他销售订单或审核后的报价单生成或直接录入销售订单并审核。

（3）在销售管理子系统中根据其他发货单或审核后的销售订单生成或直接录入发货单并审核。如果在系统参数中设置为必有销售订单，则必须根据审核后的销售订单生成发货单。

（4）如果在系统参数中设置为自动生成销售出库单，则在审核发货单后自动生成销售出库单，并传到库存管理子系统；如果不选择自动生成销售出库单，则在库存管理子系统中根据发货单生成销售出库单。在库存管理子系统中审核销售出库单。

（5）在存货核算管理子系统中对销售出库单记账，登记存货明细账。

（6）对销售出库单记账后，在存货核算子系统中对销售出库单制单并自动传递到账务子系统，在账务子系统中对该凭证进行审核记账。生成的凭证反映销售出库信息和销售成本信息，例如：

借：主营业务成本
　　贷：库存商品

以上介绍的基本上是销售业务的物流过程，主要是在销售管理子系统、库存管理子系统和存货核算管理子系统中完成的。

（7）在销售管理子系统中根据审核后的发货单生成销售发票并进行审核。

（8）在应收款管理子系统中对销售发票进行审核，登记应收账款明细账。

（9）在应收款管理子系统中对审核后的销售发票制单并自动传递到账务子系统，在账务子系统中对该凭证进行审核记账。生成的凭证反映销售收入、销项税额和应收账款信息，例如：

　　借：应收账款
　　　　贷：主营业务收入
　　　　　　应交税费——应交增值税（销项税额）

　　（10）到期收款时，在应收款管理子系统中录入并审核收款单。

　　（11）在应收款管理子系统中，将审核后的收款单和审核后的销售发票进行核销，登记应收账款明细账。

　　（12）在应收款管理子系统中，对审核后的收款单制单，生成的凭证会自动传递到账务子系统，在账务子系统中对该凭证进行审核、记账。生成的凭证反映收款信息，例如：

　　借：银行存款
　　　　贷：应收账款

　　以上介绍的基本上是销售业务的资金流过程，主要是在应收款管理子系统中完成的。

（二）现收业务

　　所谓现收业务，是指销售业务发生时企业直接收款并向客户开具发票。现收业务与普通销售业务的区别在于对发票的处理不同。由前面的内容我们可以看出，在应收款管理子系统中对发票的默认处理方式是看作未收款，在发票审核后会登记应收账款明细账，并生成确认销售收入、销项税额和应收账款的凭证，再传递到账务子系统。所以，发生现收业务后需要一些特殊处理。当然不同软件设计思路不同，数据库结构也会不同，这都会影响某些业务的处理模式。例如，可以采取以下策略处理现收业务。

　　1. 现收处理

　　进行现收处理时，只需要在销售管理子系统中录入发票以后、审核发票之前选择现收处理即可。但一定要注意现收处理的时机是在发票录入之后，应收款管理子系统审核发票之前。现收处理后，一般系统会自动出现收款单供用户填写。当然，现收业务不会形成应收账款，也就不必进行核销操作了。

　　2. 现结制单

　　在应收款管理子系统中，因为发票制单会形成应收账款，所以必须通过现结制单功能来生成销售凭证，例如：

　　借：银行存款
　　　　贷：主营业务收入
　　　　　　应交税费——应交增值税（销项税额）

　　除以上两点外，现收业务的处理流程与普通销售业务类似，不再赘述。

（三）销售退货业务

　　有时因为货物质量、品种、数量等不符合要求，可能会发生销售退货，因此销售退货业务处理是销售管理子系统的重要功能。在信息化方式下，针对退货业务发生的时机不同，所采取的方法也会有所不同。如果退货时尚未开具发票，可以采取"无痕迹修改"，即通过一系列逆操作和删改操作完成全部或部分退货处理；如果已经根据发货单开具销售发票，此时应该采取"有痕迹修改"，即通过录入退货单和红字发票来处理，其处理流程如图10-6所示。

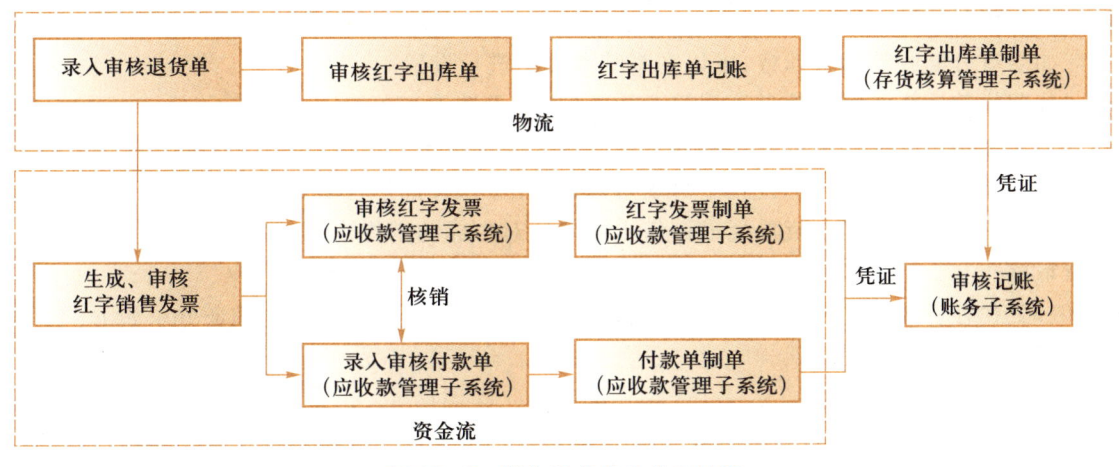

图 10-6 销售退货业务处理流程

开具红字发票时,要遵循相关规定。在购买方已经支付货款并已完成账务处理,发票联和抵扣联无法退还的情况下,购买方必须取得当地主管税务机关开具的进货退出及索取折让证明单送交销售方,作为销售方开具红字专用发票的合法依据。红字专用发票的存根联、记账联作为销售方扣减当期销项税额的凭证,其发票联、税款抵扣联作为购买方扣减进项税额的凭证。

(四)零售业务

零售业务是指商业企业将商品销售给零售客户的销售业务。因为零售业务发生频繁,所以为了简化操作,系统可以提供零售日报功能。零售日报是由相应的销售发票按日汇总而得到的,并不是销售业务的原始单据。

要进行零售日报处理,可在系统参数中进行选择。零售业务的处理流程如下:

(1)对当日的销售发票进行汇总后,在销售管理子系统中填制零售日报。

(2)在销售管理子系统中对零售日报进行审核。审核后系统会自动生成发货单;如果在系统参数中设置了自动生成销售出库单,则还会自动生成该单据,否则必须在库存管理子系统中根据零售日报自动生成的发货单生成销售出库单。对生成的销售出库单在库存管理子系统中进行审核。

(3)在存货核算子系统中,对销售出库单记账,登记存货明细账。

(4)在存货核算子系统中,对销售出库单制单,并自动传递到账务子系统,在账务子系统中对该凭证审核记账。

(5)在应收款管理子系统中,审核零售日报,审核后自动登记应收账款明细账。

(6)在应收款管理子系统中对零售日报制单,生成凭证并将其传递到账务子系统,在账务子系统中对该凭证进行审核记账。

(7)收款时,在应收款管理子系统中录入审核收款单,并制单、核销零售日报。

(五)分期收款销售业务

在分期收款销售业务中,企业将货物提前一次性地交给客户,然后分期收回货款。每次收款时,企业向客户开具销售发票,确认销售收入,同时按照全部销售成本与全部销售收入的比率计算并结转本期的销售成本。

如果有分期收款销售业务,可以在系统参数中进行设置。

分期收款销售业务的处理流程简要如下(假定无销售订单):

(1)在销售管理子系统中填制并审核分期收款发货单。

(2)如果在系统参数中设置了自动生成销售出库单,就会自动生成此单据,否则必须在库存管理子系统中根据发货单生成销售出库单。对生成的销售出库单在库存管理子系统中进行审核。

(3)在存货核算子系统中对分期收款发出商品记账,并生成凭证。凭证分录如下:

借:分期收款发出商品
　　贷:库存商品

(4)每次结算时,在销售管理子系统中根据发货单生成并审核销售发票,并将开票数量修改为本次实际结算数量。

(5)在应收款管理子系统中审核销售发票并制单,分录如下:

借:应收账款
　　贷:主营业务收入
　　　　应交税费——应交增值税(销项税额)

(6)在存货核算管理子系统中对销售发票记账并制单,凭证如下:

借:主营业务成本
　　贷:分期收款发出商品

(7)收款时,在应收款管理子系统中录入审核收款单,并制单、核销应收账款。

(六)销售调拨业务

销售调拨一般是指集团企业内部有销售结算关系的销售部门或分公司之间的销售业务。销售调拨单是给有销售结算关系的客户即有结算关系的集团内部销售部门或分公司开具的原始销售票据,客户通过销售调拨单取得货物的所有权。与普通销售业务相比,销售调拨业务只确认销售收入而不会涉及销售税金。销售调拨业务必须在当地税务机关许可的前提下使用,否则处理内部销售调拨业务必须开具发票。

如果要处理销售调拨业务的话,可以在系统参数中进行设置。

销售调拨业务的业务处理流程如下:

(1)在销售管理子系统中填制并审核销售调拨单。

(2)销售调拨单审核后会生成发货单。如果在系统参数中设置了自动生成销售出库单,就会自动生成该单据,否则必须在库存管理子系统中根据发货单生成销售出库单。对生成的销售出库单在库存管理子系统中进行审核。

(3)在存货核算子系统中对销售出库单记账,登记存货明细账。

(4)在存货核算子系统中对销售出库单制单,并自动传递到账务子系统,在账务子系统中对该凭证审核记账。

(5)在应收款管理子系统中审核销售调拨单,审核后自动登记应收账款明细账。

(6)在应收款管理子系统中对审核后的销售调拨单制单,生成凭证传递到账务子系统,在账务子系统中对该凭证进行审核记账。

（7）收款时，在应收款管理子系统中录入审核收款单，并制单、核销应收账款。

（七）直运销售业务

如果要处理直运销售业务，可以在系统参数中进行设置。直运销售业务的处理分为必有订单和非必有订单两种模式。在非必有订单模式下，直运采购发票和直运销售发票可以相互参照生成。在必有订单模式下，直运销售订单是整个业务的逻辑起点，直运销售发票和直运采购订单必须根据直运销售订单生成，而直运采购发票必须根据直运采购订单生成。以必有订单直运销售业务为例，其处理流程如下：

（1）在销售管理子系统中填制并审核直运销售订单。
（2）在采购管理子系统中根据直运销售订单生成并审核直运采购订单。
（3）在采购管理子系统中根据直运采购订单生成直运采购发票。
（4）在应付款管理子系统中审核直运采购发票。
（5）在销售管理子系统中根据直运销售订单生成并审核直运销售发票。
（6）在存货核算子系统中对采购发票和销售发票进行直运销售记账。
（7）在存货核算子系统中对直运采购发票和直运销售发票制单。

直运采购发票生成如下凭证：

借：库存商品
　　应交税费——应交增值税（进项税额）
　　贷：应付账款

直运销售发票生成如下凭证：

借：主营业务成本
　　贷：库存商品

（8）在应收款管理子系统中，对直运销售发票审核并制单，其凭证如下：

借：应收账款
　　贷：主营业务收入
　　　　应交税费——应交增值税（销项税额）

（9）向客户收款时，在应收款管理子系统中录入并审核收款单；对审核后的收款单制单并核销销售发票。

（10）向供应商付款时，在应付款管理子系统中录入并审核付款单；对审核后的付款单制单并核销采购发票。

（八）委托代销业务

所谓委托代销业务，是指企业将商品委托其他企业进行销售，但商品所有权仍归本企业所有的销售方式。待委托代销商品销售后，受托代销方与企业进行结算，企业开具销售发票，商品所有权转移给代销方，此时企业再确认销售收入，结转销售成本。其处理流程如下：

（1）在销售管理子系统中，填写并审核委托代销发货单。
（2）如果在系统参数中设置了自动生成销售出库单，就会自动生成该单据，否则必须在库存管理子系统中根据委托代销发货单生成销售出库单。对生成的销售出库单在库存管理子系统中进行审核。

（3）在存货核算子系统中对委托代销发货单记账并制单，生成如下凭证：
借：委托代销商品
　　贷：库存商品
（4）在销售管理子系统中根据委托代销发货单生成委托代销结算单，若是部分结算，可以修改结算数量。审核生成的委托代销结算单，此时会自动生成销售发票。
（5）在应收款管理子系统中审核销售发票并制单，生成以下凭证：
借：应收账款
　　贷：主营业务收入
　　　　应交税费——应交增值税（销项税额）
（6）在存货核算管理子系统中对委托代销销售发票记账、制单，生成以下凭证：
借：主营业务成本
　　贷：委托代销商品
（7）收款时，在应收款管理子系统中填制审核收款单，并制单、核销销售发票。

三、销售管理子系统信息查询

（一）原始单据

在销售管理子系统中，可以对各种原始单据进行查询，如销售明细表、发货明细表、销售发票明细表、销售调拨明细表、零售日报明细表、委托代销发货单明细表等。

（二）销售明细账表

1．销售明细表

销售明细表主要是根据销售发票、销售调拨单产生的，可以按用户设置的筛选条件列出销售发票中各种货物的销售明细信息。

2．发货明细表

发货明细表主要是根据发货单产生的，可以按用户设置的筛选条件列出发货单中各种货物的发货明细信息。

3．销售收入明细账

销售收入明细账主要是根据销售发票产生的，可以详细提供每笔销售业务的收入信息及凭证信息，如销售数量、销售单价、销售收入、销售税额、价税合计、销售折扣、凭证号、凭证日期、摘要等，可以兼顾会计和业务的不同需要。

4．销售成本明细账

销售成本明细账主要是根据销售出库单产生的，可以详细提供每笔销售业务的成本信息及凭证信息，如销售数量、单位成本、销售成本、凭证号、凭证日期、摘要等，可以兼顾会计和业务的不同需要。

5．销售明细账

销售明细账主要是根据销售发票、销售出库单产生的，可以提供每笔业务的销售收入、销售成本、销售毛利等项目的明细信息。

(三)销售统计表

1. 销售统计表

销售统计表主要是根据销售发票和销售出库单产生的,能够提供某期间的销售数量、销售金额、销售成本、销售税金、价税合计、销售毛利、销售折扣等信息。

2. 发货统计表

发货统计表主要是根据发货单产生的,可以统计存货的发货、开票、结存等业务数据。

3. 进销存统计表

进销存统计表主要是根据存货明细账、采购发票和销售发票产生的,仅用于商业企业,可以提供采购、暂估、其他入库、销售、出库、成本、毛利的统计信息。

4. 销售综合统计表

销售综合统计表主要是根据销售订单、发货单、销售发票、销售出库单、收款单等产生的,可以提供企业的订货、发货、开票、出库、回款的统计信息。

5. 发货单开票收款勾对表

发货单开票收款勾对表主要是根据发货单、销售发票、收款单等产生的,可以查询发货、开票、收款的统计信息。

6. 发票使用明细表

发票使用明细表是根据销售发票产生的,为会计人员在月末向税务局申报增值税提供信息。

7. 委托代销统计表

委托代销统计表是根据委托代销的发货、结算和结存记录产生的,可以提供企业的委托代销货物发出情况、结算情况及发货未结算的余额。

(四)销售分析

销售分析具体是指对以下各项进行分析。

1. 销售增长分析

销售增长分析可以按货物、部门或客户等要素来分析本期销售与前期销售相比的增长情况以及本年累计的销售情况。分析指标包括发货金额、销售金额、销售收入、销售成本和销售毛利。

2. 货物流向分析

货物流向分析可以按客户、地区、行业等要素分析某期间企业所经营货物或货物分类的销售流向。分析指标包括发货金额、发货数量、销售金额、销售数量等。

3. 销售结构分析

销售结构分析可以按货物、部门、业务员、客户、地区等要素分析某期间销售构成情况。分析指标包括销售金额、发货金额、发货折扣、销售折扣、销售收入、销售税金、销售成本、销售毛利、退货金额等。

4. 销售毛利分析

销售毛利分析可以按月或季分析货物的毛利变动及数量、售价、成本对毛利的影响额。

5. 市场分析

市场分析可以反映某期间内部门、业务员所负责的客户或地区销售、回款、业务应收

（发货未开票）的比例情况。

6. 货龄分析

货龄分析可以按货物、客户、地区、部门、业务员等要素分析各货龄区间发货未开票或发货未收款的情况。

7. 商品周转率分析

商品周转率分析一般用于商业企业，可以分析某时间范围内某部门所经营商品的周转速度。

8. 动销分析

动销分析一般用于商业企业，可以按商品、部门分析任意时间段经营商品中动销率及未动销货物的时间构成，包括经营品种数、动销率、动销品种数、未动销品种数、分析天数内未动销品种数、分析天数内未动销百分比等。

9. 畅适滞分析

畅适滞分析一般用于商业企业，能按商品、部门分析查询某期间内经营货物畅销、适销、滞销构成信息。为了进行分析，用户应该设置以下信息：月平均周转次数、畅销大于平均的百分比、滞销小于平均的百分比。分析栏目包括经营品种数、畅销品种数、滞销品种数、适销品种数。

10. 经营状况分析

经营状况分析一般用于商业企业，能按部门分析某时间范围的多种经营指标的对比情况。

四、销售管理子系统期末处理

销售管理子系统期末处理通常主要是月末结账。月末结账后，系统会将当月的销售单据数据封存，并将当月的销售数据记入有关账表中。进行月末结账时，应该注意以下问题：

（1）月末结账后，当月便不能再增加、修改、删除销售单据了。

（2）只有销售管理子系统月末结账后，库存管理子系统和应收款管理子系统才能进行月末结账。

思 考 题

1. 销售管理子系统包括哪些主要功能？
2. 简述销售管理子系统和其他系统的主要关系。
3. 销售管理子系统日常业务处理包括哪些业务？
4. 何谓现收业务？你认为现收业务应该怎样处理？
5. 如果发生销售退货业务，应该如何处理？
6. 零售业务应该如何处理？

7. 什么是分期收款销售业务？应该如何处理？
8. 委托代销业务应该如何处理？
9. 销售管理子系统提供了哪些业务明细表、统计表和销售统计功能？

应用实践

完成与本书配套的《会计信息系统实验》(第六版)教材实验十二的实验内容。

第十一章 库存管理子系统

【本章学习目标】

知识目标
- 了解库存管理子系统的功能
- 明确库存管理子系统与其他子系统之间的关系、其他库存业务类型
- 掌握入库业务处理和出库业务处理

能力目标
- 能结合企业实际,进行库存管理子系统的日常业务及期末业务处理

【本章知识导图】

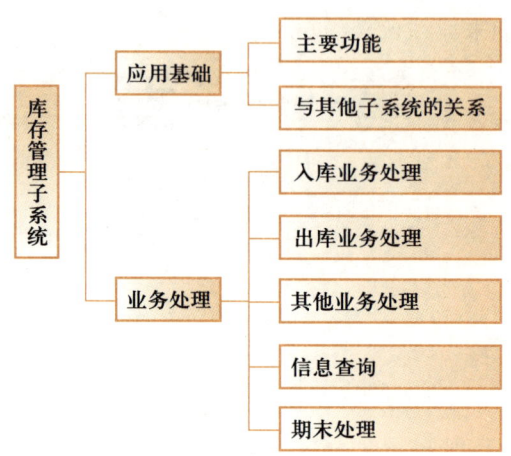

第一节 库存管理子系统应用基础

库存管理子系统是供应链管理的重要子系统,能够满足采购入库、销售出库、产成品入库、材料出库、其他出入库、盘点管理等业务需要,提供仓库货位管理、批次管理、保质期管理、出库跟踪入库管理、可用量管理等全面的业务应用。一般库存管理子系统可以单独使用,也可以与采购管理子系统、销售管理子系统、存货核算子系统集成使用,发挥更加强大的应用功能。

一、库存管理子系统的主要功能

库存管理子系统的主要功能包括系统初始化、日常业务处理、库存控制、信息查询和期末处理。

(一)系统初始化

库存管理子系统的初始化内容主要包括系统参数设置、基础信息设置以及期初数据录入。

(二)日常业务处理

库存管理子系统的日常业务处理主要包括对采购管理子系统、销售管理子系统及由本系统填制的各种出入库单据进行审核,并对存货的入库数量、出库数量、结存数量进行核算管理。此外,还需处理仓库间的调拨业务、盘点业务、组装拆卸业务、形态转换业务等。

(三)库存控制

库存管理子系统支持批次管理、保质期管理、不合格品管理、现存量(可用量)管理、安全库存管理,对超储、短缺、呆滞积压、超额领料等情况会进行报警。

(四) 信息查询

库存管理子系统可以提供入库流水账、库存台账、受托代销商品备查簿、委托代销商品备查簿、积压、呆滞存货备查簿等。另外,还能够从多角度进行各种库存分析,提供各种统计汇总表。

(五) 期末处理

库存管理子系统的期末处理比较简单,主要是月末结账和年末结账。

二、库存管理子系统与其他子系统的关系

库存管理子系统与其他子系统的关系如图11-1所示。

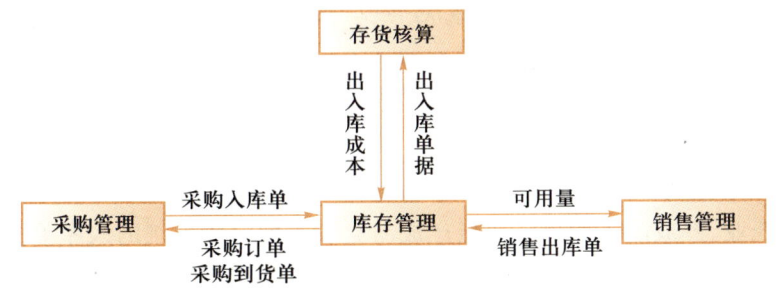

图11-1 库存管理子系统与其他子系统的关系

(一) 库存管理子系统与采购管理子系统的关系

在库存管理子系统中,可以参照采购管理子系统的采购订单、采购到货单生成或直接填制采购入库单,库存管理子系统将入库情况反馈到采购管理子系统。

(二) 库存管理子系统与销售管理子系统的关系

根据系统设置,销售出库单可以在库存管理子系统中填制、生成,也可以在销售管理子系统生成后传递到库存管理子系统,在库存管理子系统中进行审核确认。如果在库存管理子系统中生成,则需要参照销售管理子系统的发货单、销售发票。库存管理子系统为销售管理子系统提供存货的可销售量。

(三) 库存管理子系统与存货核算子系统的关系

库存管理子系统为存货核算子系统提供各种出入库单据。所有出入库单均由库存管理子系统提供,存货核算子系统只能填写出入库单的单价、金额。存货核算子系统对出入库单进行记账操作,核算出入库存货成本,并将出入库成本信息反馈到库存管理子系统。

第二节 库存管理子系统业务处理

从库存业务环节看,库存管理子系统提供的日常业务处理功能主要包括入库业务、出库业务、调拨业务、盘点业务、组装与拆卸业务、形态转换业务、限额领料业务、不合格品管理、调整存货货位等。

一、入库业务处理

仓库收到采购或生产的货物,仓库保管员将验收货物的数量、质量、规格型号等,确认验收无误后入库,并登记库存账。入库业务单据主要包括日常业务的采购入库单、产成品入库单和其他入库单。

(一)采购入库单

采购入库单是根据采购到货签收的实收数量填制的单据。对于工业企业,采购入库单一般指采购原材料验收入库时所填制的入库单据。对于商业企业,采购入库单一般指商品进货入库时所填制的入库单据。采购入库单按进出仓库方向分为:蓝字采购入库单、红字采购入库单;按业务类型分为:普通采购入库单、受托代销入库单(商业)。当采购管理子系统与库存管理子系统集成应用时,采购入库单可以在库存管理子系统中根据到货单、采购发票等生成;当库存管理子系统单独使用时,采购入库单在库存管理子系统中直接录入。采购入库单生成或录入后,应该对其审核。

(二)产成品入库单

对于工业企业,产成品入库单一般指产成品验收入库时所填制的入库单据,是工业企业入库单据的主要部分。只有工业企业才有产成品入库单,商业企业没有此单据。产成品一般在入库时无法确定产品的总成本和单位成本,所以在填制产成品入库单时,一般只有数量,没有单价和金额。产成品入库单录入后应进行审核。

例 11-1 录入产成品入库单。

1月5日,收到生产部送来的 B 软件 200 套,验收入软件库。

操作路径:执行"库存管理→入库业务→产成品入库单"命令。录入产成品入库单如图 11-2 所示。

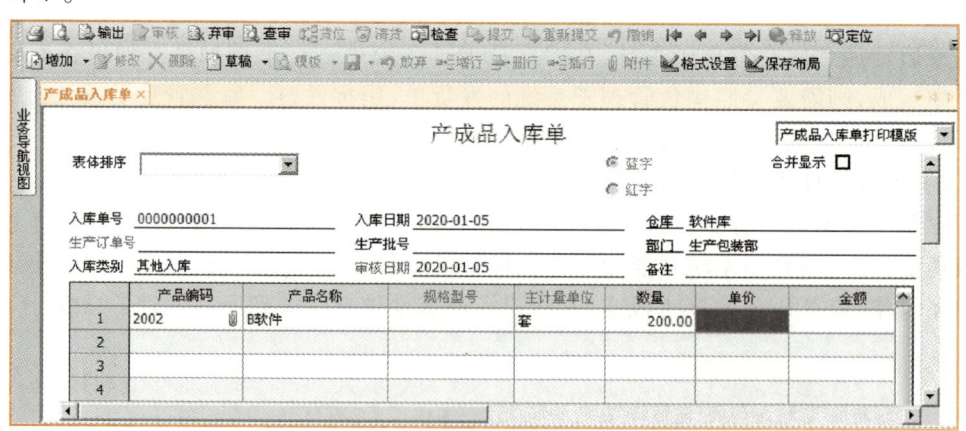

图 11-2 录入产成品入库单

(三)其他入库单

其他入库单是指除采购入库、产成品入库之外的其他入库业务,如调拨入库、盘盈入库、组装拆卸入库、形态转换入库等业务形成的入库单。其他入库单一般由系统根据其他业务单据自动生成,也可手工填制。其他入库单填制后应进行审核。

二、出库业务处理

库存管理子系统的出库业务一般包括销售出库、材料出库和其他出库。出库业务的单据包括销售出库单、材料出库单、其他出库单。

（一）销售出库单

销售出库单是销售出库业务的主要凭据,在库存管理子系统用于存货出库数量核算,在存货核算子系统用于存货出库成本核算(如果销售成本的核算选择依据销售出库单)。对于工业企业,销售出库单一般指产成品销售出库时所填制的出库单据。对于商业企业,销售出库单一般指商品销售出库时所填制的出库单。销售出库单按进出仓库方向分为蓝字销售出库单、红字销售出库单;按业务类型分为:普通销售出库单、委托代销出库单和分期收款出库单。当销售管理子系统与库存管理子系统集成应用时,销售出库单可以在发货单、销售发票等单据审核后自动生成,但出库数量不能修改,即一次发货一次出库。当然,也可以在库存管理子系统中根据发货单手工生成,并且可以修改出库数量,即一次发货多次出库。当库存管理子系统单独使用时,销售出库单直接在库存核算子系统中手工录入。生成或录入销售出库单后应进行审核。

（二）材料出库单

对于工业企业,材料出库单是领用材料时所填制的出库单据,当从仓库中领用材料用于生产时,就需要填制材料出库单。只有工业企业才有材料出库单,商业企业没有此单据。材料出库单可以手工增加,可以配比出库,或根据限额领料单生成。

1. 材料出库业务流程

材料出库业务流程如图 11-3 所示。

图 11-3　材料出库业务流程

（1）在库存管理子系统中录入材料出库单。
（2）在库存管理子系统中审核材料出库单。
（3）在存货核算子系统中根据材料出库单进行出库存货的成本核算。

2. 材料退库业务流程

材料退库业务流程如图 11-4 所示。

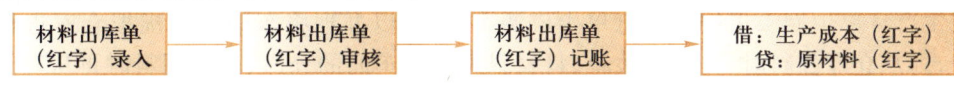

图 11-4　材料退库业务流程

（1）在库存管理子系统中录入材料出库单(红字)。
（2）在库存管理子系统中审核材料出库单(红字)。

（3）在存货核算子系统中根据材料出库单（红字）进行出库存货的成本核算。

例 11-2 录入材料出库单。

1 月 8 日，生产部从材料库领用空白光盘 100 张，单价 2 元，用于生产 A 软件。

操作路径：执行"库存管理→出库业务→材料出库单"命令。录入材料出库单如图 11-5 所示。

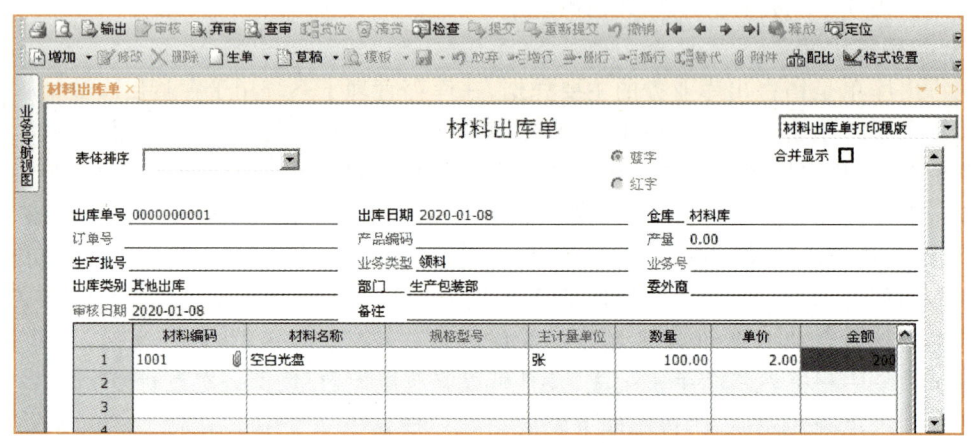

图 11-5 录入材料出库单

（三）其他出库单

其他出库单指除销售出库、材料出库之外的其他出库业务，如调拨出库、盘亏出库、组装拆卸出库、形态转换出库以及不合格品记录等业务形成的出库。其他出库业务的出库单一般由系统根据其他业务单据自动生成，也可手工填制。其他出库单也需要审核。

三、其他业务处理

其他业务指除入库业务、出库业务之外的其他库存管理业务，包括调拨业务、盘点业务、组装与拆卸业务、形态转换业务、限额领料业务等。

（一）调拨业务

调拨业务是指用于仓库之间存货的转库业务或部门之间的存货调拨业务。同一张调拨单上，如果转出部门和转入部门不同，表示部门之间的调拨业务；如果转出部门和转入部门相同，但转出仓库和转入仓库不同，表示仓库之间的转库业务。调拨单可以手工录入，也可以参照生产订单填制。根据生产订单生成调拨单，可以办理将车间作为虚拟仓库进行处理的业务，即从仓库领料时，先作调拨单，将材料调拨到车间的仓库，车间用料时再从车间的仓库作材料出库单或限额领料单进行领料。

调拨业务处理流程如下：

（1）在库存管理子系统中录入调拨单。

（2）在库存管理子系统中审核调拨单。调拨单审核后生成其他出库单、其他入库单。

（3）在库存管理子系统中审核调拨单后自动生成的其他出库单、其他入库单。

（二）盘点业务

为了保证企业库存资产的安全和完整，做到账实相符，企业必须对存货进行定期或不定期的清查，查明存货盘盈、盘亏、损毁的数量以及造成的原因，并据以编制存货盘点报告表，按规定程序，报有关部门审批。经有关部门批准后，应进行相应的账务处理，调整存货账的实存数，使存货的账面记录与库存实物核对相符。

盘点时系统提供多种盘点方式，如按仓库盘点、按批次盘点、按类别盘点、对指定保质期临近具体天数的存货进行盘点等，还可以对各仓库或批次中的全部或部分存货进行盘点，盘盈、盘亏的结果自动生成其他出入库单。

1．盘点业务流程

（1）选择盘点方式，增加一张新的盘点表。

（2）打印空盘点表。

（3）进行实物盘点，并将盘点的结果记录在盘点表的盘点数和原因中。

（4）实物盘点完成后，根据盘点表，将盘点结果录入计算机的盘点表中。

（5）打印盘点表，并将打印出的盘点报告按规定程序报经有关部门批准。

（6）将经有关部门批准后的盘点表进行审核处理。

2．业务规则

（1）盘点单审核时，根据盘点表生成其他出入库单，业务号为盘点单号，单据日期为当前的业务日期。

（2）所有盘盈的存货生成一张其他入库单，业务类型为盘盈入库。

（3）所有盘亏的存货生成一张其他出库单，业务类型为盘亏出库。

（4）盘点单弃审时，同时删除生成的其他出入库单；生成的其他出入库单如已审核，则相对应的盘点单不可弃审。

（三）组装与拆卸业务

有些企业中的某些商品既可单独出售，又可与其他商品组装在一起销售。如计算机销售公司既可将显示器、主机、键盘等单独出售，又可按客户的要求将它们组装成计算机销售，这时就需要对计算机进行组装；如果企业库存中只存有组装好的计算机，但客户只需要买显示器，此时又需将计算机进行拆卸，然后将显示器卖给客户。

组装指将多个散件组装成一个配套件的过程，拆卸指将一个配套件拆卸成多个散件的过程。配套件是由多个存货组成，但又可以拆开或销售的存货。配套件和散件之间是一对多的关系，用户在组装、拆卸之前应先在产品结构中设置它们之间的关系，进行产品结构定义，否则无法进行组装。配套件与成套件不同，配套件可以组装、拆卸，而成套件不能进行组装、拆卸。

1．组装业务处理流程

（1）在库存管理子系统中录入组装单。

（2）在库存管理子系统中审核组装单，审核后会自动生成配套件的其他入库单和散件的其他出库单。

（3）在库存管理子系统中审核组装单，审核后自动生成的其他出库单、其他入库单。

（4）在存货核算管理子系统中对其他出库单、其他入库单记账、制单。

2．拆卸业务处理流程

（1）在库存管理子系统中录入拆卸单。

（2）在库存管理子系统中审核拆卸单，审核后会自动生成配套件的其他出库单和散件的其他入库单。

（3）在库存管理子系统中审核拆卸单，审核后自动生成的其他出库单、其他入库单。

（4）在存货核算管理子系统中对其他出库单、其他入库单记账、制单。

（四）形态转换业务

如果某种存货在存储过程中，由于环境或本身原因，使其形态发生变化，由一种形态转化为另一形态，从而引起存货规格和成本的变化，则在库存管理子系统中需对此进行管理记录。例如，特种烟丝变为普通烟丝；煤块由于风吹、雨淋，天长日久变成了煤渣；活鱼由于缺氧变成了死鱼等。库管员需根据存货的实际状况填制形态转换单，报请主管部门批准后进行调账处理。

形态转换业务处理流程如下：

（1）在库存管理子系统中录入形态转换单。

（2）在库存管理子系统中审核形态转换单。形态转换单审核后生成其他出库单、其他入库单。

（3）在库存管理子系统中审核形态转换单，审核后自动生成的其他出库单、其他入库单。

（五）限额领料业务

对于管理比较严格的工业企业，只靠配比出库功能并不能满足企业在领料出库方面的管理需要，用户可以采用限额领料单加强管理。限额领料单可以手工填制，在ERP系统中也可以根据物料需求计划系统的生产订单生成。限额领料单分单后系统自动生成一张或多张材料出库单，可以一次领料、多次签收；限额领料单审核后可以再次分单领料。

四、库存管理子系统信息查询

（一）原始单据

在库存管理子系统中，可以对各种原始单据进行查询、打印或以文件形式输出，如各种入库单明细表、出库单明细表、调拨单明细表、盘点单明细表、组装单明细表、拆卸单明细表、形态转换单明细表、限额领料单明细表等。

（二）库存账表

1．库存账

用户可以查询的各种库存账，查询内容包括现存量、出入库流水账、库存台账、代管账、委托代销备查簿、受托代销备查簿、不合格品备查簿、呆滞积压备查簿、供应商库存、入库跟踪表等。

2．批次账

批次账的查询包括批次台账、批次汇总表、保质期预警等。

3．货位账

货位账的查询包括查询货位卡片和货位汇总表。

4．统计表

统计表查询包括库存展望、收发存汇总表、存货分布表、业务类型汇总表、限额领料汇总表、组装拆卸汇总表和形态转换汇总表的查询等。

5．储备分析报表

储备分析报表查询包括安全库存预警、超储存货查询、短缺存货查询、呆滞积压分析、库龄分析、缺料表查询等。

五、库存管理子系统期末处理

库存管理子系统期末处理主要是月末结账。月末结账是将每月的出入库单据逐月封存，并将当月的出入库数据记入有关账表中。结账只能每月进行一次。结账后本月不能再填制单据。

如果库存管理和采购管理、销售管理集成使用，只有在采购管理、销售管理结账后，库存管理才能进行结账；如果库存管理和存货核算集成使用，只有库存管理结账后，存货核算才能结账。

思 考 题

1．库存管理子系统包括哪些主要功能？
2．简述库存管理子系统和其他系统的主要关系。
3．库存管理子系统日常业务处理中的入库业务和出库业务分别包括哪些内容？
4．库存管理子系统日常业务处理中的其他业务包括哪些内容？
5．简述产成品入库业务处理流程。
6．简述材料出库业务处理流程。
7．库存管理子系统可以提供哪些库存业务明细账表、统计表以及库存分析功能？

应用实践

完成与本书配套的《会计信息系统实验》(第六版)教材实验十三的实验内容。

第十二章 存货核算子系统

【本章学习目标】

知识目标
- 了解存货核算子系统的功能
- 明确存货核算子系统与其他子系统之间的关系
- 掌握各种类型的存货记账方法、产品成本分配

能力目标
- 能结合企业实际,进行存货核算子系统的日常业务及期末业务处理

【本章知识导图】

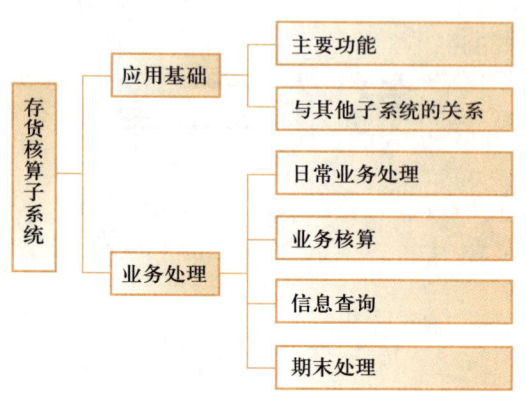

第一节 存货核算子系统应用基础

一、存货核算子系统的主要功能

存货核算子系统的主要功能包括系统初始化、日常业务、业务核算、财务核算、存货跌价准备核算、信息查询和期末处理。

（一）系统初始化

存货核算子系统的初始化内容主要包括系统参数设置、基础信息设置以及期初数据录入。

（二）日常业务

存货核算子系统的日常业务主要是进行日常存货核算业务数据的录入和成本核算。在与采购、销售、库存等系统集成使用时，本系统主要完成从系统传过来的各种业务类型下的各种存货的出入库单据、调整单据的查询及其部分项目的修改、成本计算。在单独使用本系统时，完成各种出入库单据的增加、修改、查询、调整和成本计算。

（三）业务核算

业务核算功能是对单据进行出入库成本的计算、结算成本的处理、产成品成本的分配和期末处理。

（四）财务核算

财务核算是系统在进行出入库核算后，完成的凭证生成、修改、查询等操作。存货核算系统生成的记账凭证会自动传递到总账系统，实现财务和业务的一体化操作。

（五）存货跌价准备核算

存货跌价准备核算是指按照"账面成本与可变现净值孰低法"原则，在会计期末计提存货跌价准备。

（六）信息查询

存货核算子系统可以提供明细账、总账、出入库流水账、发出商品明细账、个别计价明细账、计价辅助数据等账簿的查询；也可以提供入库汇总表、出库汇总表、差异分摊表、收发存汇总表、暂估材料/商品余额表等汇总表的查询；还可以提供存货周转率分析、ABC 成本分析、库存资金占用分析、库存资金占用规划、入库成本分析等分析表的查询。

（七）期末处理

存货核算子系统的期末处理包括：计算存货的全月平均单价及其本月出库成本；计算存货的差异率/差价率及其本月的分摊差异/差价；对已完成日常业务的仓库/部门/存货做处理标志；完成月末结账和年末结账工作。

二、存货核算子系统与其他子系统的关系

存货核算子系统与其他子系统的主要关系如图 12-1 所示。

（一）存货核算子系统与采购管理子系统的关系

采购管理子系统录入的采购入库单，传递到存货核算子系统中进行记账，以确认存货的入库成本，并生成入库记账凭证。采购管理子系统可对所购存货暂估入库，报销时，存货核算子系统可根据用户选择的暂估处理方式进行不同处理。

（二）存货核算子系统与销售管理子系统的关系

存货核算子系统从销售管理子系统取分期收款发出的商品期初数据和委托代销发出的商品期初数据，并可对销售管理子系统生成的销售出库单进行记账并生成凭证。存货核算子系统将计算出来的存货销售成本信息传递回销售管理子系统。

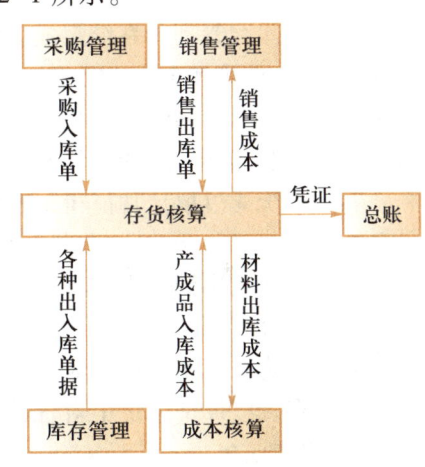

图 12-1　存货核算子系统与其他子系统的关系

（三）存货核算子系统与库存管理子系统的关系

存货核算子系统对库存管理子系统生成的出、入库单进行记账并生成凭证。

（四）存货核算子系统与总账子系统的关系

存货核算子系统生成的记账凭证，最后都传递到总账子系统进行审核、记账。

（五）存货核算子系统与成本核算子系统的关系

产成品成本分配单可以取成本核算子系统计算出的产成品单位成本。存货核算子系统先对存放材料的库进行单据记账，然后进行期末处理，此时成本核算子系统可以统计材料出库成本，以便进行产成品成本的计算。存货核算子系统利用取成本功能取成本核算子系统中所计算出的产成品的单位成本，分配到未记账的产成品单据上，然后记账并进行期末处理。

第二节　存货核算子系统业务处理

一、日常业务处理

存货核算子系统的日常业务主要是进行日常存货核算业务数据的录入和成本核算。在与采购、销售、库存等子系统集成使用时,本系统主要完成从库存管理子系统传过来的出入库单据的查询及其部分项目的修改、成本计算。在单独使用本系统时,主要是完成各种出入库单据的增加、修改、查询及出入库单据的调整、成本计算。

(一)入库业务

入库业务单据包括:企业外部采购物资形成的采购入库单,生产车间加工产品形成的产成品入库单,以及盘点、调拨、调整、组装、拆卸等业务形成的其他入库单。

入库业务处理流程如下:

(1)当存货核算子系统单独应用时,在存货核算子系统中直接录入各种入库单;当存货核算子系统与库存管理子系统集成应用时,各种入库单在库存管理子系统中录入,但一般只录入存货数量,单价和金额则是在存货核算子系统中填写的。其中,采购入库单的单价和金额可通过采购结算自动给出。如果用户同时启用成本核算管理子系统,且在成本核算管理子系统中的系统选项中选择直接材料来源于存货核算子系统,则在材料出库单记账后,成本核算管理子系统通过取数功能得到存货核算子系统中的材料出库数据,再通过成本核算管理子系统中对料、工、费的分配,得到完工入库产品成本。因此存货核算子系统可以通过产成品成本分配功能取到成本核算管理子系统中产成品的成本,对产成品入库单进行批量分配成本,填入入库单。

(2)在存货核算子系统中对各种入库单记账。

(3)在存货核算子系统中对各种入库单制单,并将记账凭证传递至账务子系统。

(二)出库业务

出库业务单据包括:销售出库形成的销售出库单,车间领用材料形成的材料出库单,以及盘点、调拨、调整、组装、拆卸等业务形成的其他出库单。

出库业务处理流程如下:

(1)当存货核算子系统单独应用时,在存货核算子系统中直接录入各种出库单;当存货核算子系统与库存管理子系统集成应用时,在库存管理子系统中录入各种出库单,但一般只录入存货数量,而单价和金额可以在存货核算子系统中填写。

(2)在存货核算子系统中对各种出库单记账,此时对于未填写出库成本的出库单会按照该存货的计价方法自动计算出库成本。如果对存货采用全月加权平均法核算,此时不能计算出库成本,只有到月末成本处理后才能得到平均单价和出库成本。

(3)在存货核算子系统中对各种出库单制单,并将记账凭证传递至账务子系统。

（三）调整业务

调整业务包括入库调整业务和出库调整业务，调整业务单据包括用户填制的入库调整单、出库调整单、系统自动生成的调整单，以及计划价/售价调整单。

1．入库调整单

入库调整单是对存货的入库成本进行调整的单据，它只调整存货的金额，不调整存货的数量；它被用来调整当月的入库金额，并相应地调整存货的结存金额；可针对单据进行调整，也可针对存货进行调整。

入库调整单的处理规则如下：

（1）以计划价或售价核算时，调整金额记入差异账或差价账中，形成一笔差异调整。

（2）以实际价核算时，调整金额记入存货明细账中，形成一笔存货调整。

（3）调整单据时，被调整单据号应录入本月单据号；记账时，查找对应的单据并调整对应存货的金额。

（4）采用全月平均方式核算时，系统自动调整本月对应入库单据上存货的入库成本。

移动平均方式核算时，系统自动调整本月对应入库单据上存货的入库成本，并重新计算明细账中调整记录以下的出库成本及结存成本，并回填出库单。计算公式如下：

$$现入库成本 = 原入库成本 + 调整金额$$

（5）采用先进先出方式核算时，系统自动调整本月对应入库单据上存货的入库成本，并重新计算明细账中该入库单所对应的出库成本，并回填出库单。

（6）采用计划价或售价方式核算时，系统自动调整本月对应入库单据上存货的入库成本差异，即：

$$现入库成本差异 = 原入库成本差异 + 调整差异$$

（7）采用个别计价法核算的仓库不能做入库调整业务。

2．出库调整单

出库调整单是对存货的出库成本进行调整的单据，它只调整存货的金额，不调整存货的数量；它被用来调整当月的出库金额，并相应地调整存货的结存金额；只能针对存货进行调整，不能针对单据进行调整。

出库调整单的处理规则如下：

（1）调整单记账时，在明细账中记录一笔只有金额没有数量的记录。

（2）采用计划价方式核算时，调整金额记入差异账或差价账中，形成一笔差异调整。

（3）采用个别计价法核算的仓库不允许进行出库调整。

（4）以实际价核算时，调整金额记入存货明细账中，形成一笔存货调整。

3．系统自动生成的调整单

对于系统自动生成的出入库调整单，用户可进行修改。

调整单生成的来源有：

（1）单据记账。单据记账时，如果用户选择"账面负结存时入库单记账自动生成出库调整单"，则在单据记账时，一旦账面负结存，入库单记账系统就会自动生成出库调整单。

（2）存货结算成本处理。结算成本处理时，生成入库调整单或出库调整单。

（3）期末处理。期末处理可自动生成调整单。

4. 计划价/售价调整单

系统提供计划价/售价随时调整的功能,并于调整后自动计算调整差异/差价,同时记账。

(四)假退料业务

假退料业务可用于车间已领用的材料,在月末尚未消耗完,下月需要继续耗用的情况,此时可不办理退料业务,而是制作假退料单进行成本核算。

假退料单的业务处理规则如下:

(1)假退料单记账或期末处理时的成本核算方法同材料出库单。如果是个别计价核算的存货,假退料单和假退料的回冲单记账时不能指定对应的入库单,其他单据也不能指定假退料单和假退料的回冲单。

(2)月末结账时,根据当月已记账的假退料单自动生成假退料的回冲单,数量、金额的符号与假退料单相反,单据号同原假退料单单号,日期是下个月的第一天。假退料回冲单月末结账时自动记账,记账时的成本核算方法同材料出库单。恢复月末结账时,则将假退料单生成的蓝字回冲单一起恢复。

(3)如果用户在选项中选择"先进先出法",假退料单就不记入计价库,假退料单及假退料回冲单记账时都不记入计价辅助数据;不然则要记入计价辅助数据,参与成本计算。

二、业务核算

(一)单据记账

单据记账用于将用户所输入的单据登记存货明细账、差异明细账/差价明细账、受托代销商品明细账和受托代销商品差价账。

先进先出、移动平均、个别计价这三种计价方式的存货在单据记账时进行出库成本核算;全月平均、计划价/售价法计价的存货在进行期末处理时进行出库成本核算。具体核算方法如下:

(1)蓝字入库单据记账时取单据上的成本,若单据上无成本则取系统选项"入库单成本选择"中的选项成本。计划价/售价法核算的存货则取其计划价、售价记账。

(2)红字入库单记账时取单据上的成本,若单据上无成本则取系统选项"入库单成本选择"中的选项成本。计划价/售价法核算的存货则取其计划价、售价记账。个别计价法核算的红字入库单在单据记账时指定入库批次。

(3)蓝字出库单记账时取出库单上的成本,若单据上无成本则依据计价方式进行计算,核算出库成本。全月平均、计划价/售价法计价的存货在期末处理时进行出库成本核算。

(4)红字出库单记账时取单据上的成本,若单据上无成本且计价方式为先进先出,则存货取系统选项"红字出库单成本选择"中的选项成本;若单据上无成本且计价方式为移动平均、个别计价、全月平均、计划价/售价法核算的存货则依据其具体计价方式进行计算。全月平均与计划价/售价法计价的存货在期末处理时进行存货成本计算。

(5)若用户在选项中选择时对于调拨入库单、组装入库单取不到对应出库成本,则可以取系统选项成本即入库单成本;否则手工输入。

（6）个别计价的红字采购入库单必须全部未结算或全部结算才允许记账。

（二）发出商品记账

1．分期收款发出商品记账

只有销售管理子系统启用时，存货管理子系统才能对分期收款发出商品业务进行核算。

2．委托代销商品记账

系统提供委托代销业务的两种处理方式。一种是视同普通销售，另一种是按发出商品核算。用户若在存货核算的系统选项中选择按普通销售核算，则在正常单据记账中进行成本核算；若选择按发出商品核算，则先在此进行单据记账，再进行成本核算。

（三）直运销售记账

直运销售记账对直运销售业务进行核算。只有销售管理子系统启用时，存货才能对直运销售进行核算。对直运业务采购发票记账，增加直运商品；对直运业务销售发票记账，则减少直运商品，并结转销售成本。

（四）特殊单据记账

特殊单据记账主要功能是向用户提供对组装单、调拨单、形态转换单进行成本计算，记入存货明细账的功能。组装单、调拨单、形态转换单可按特殊单据记账也可按正常单据记账；以全月平均、计划价/售价方式核算的存货，按特殊单据记账时，生成的其他出入库单按存货上月的平均单价或差异率计算成本。按正常单据记账时，生成的其他出入库单按存货当月的平均单价或差异率计算成本。如果调拨单、组装单、形态转换单等单据已通过特殊单据记账功能记账，则不允许由其生成的其他出入库单再记账。

（五）恢复单据记账

一般系统会提供恢复记账功能，用于将用户已登记明细账的单据恢复到未记账状态。

（六）暂估成本录入

对于没有成本的采购入库单，可以进行暂估成本成批录入。暂估成本录入时需注意：如果存货、供应商、客户档案已录入停用日期，则不能再显示此存货、供应商、客户的记录信息，不允许再做任何业务处理。

（七）结算成本处理

结算成本处理也叫存货暂估结算处理。存货暂估是指在外购入库的货物发票未到，不知道具体单价时，财务人员期末暂时按估计价格入账，下月用红字予以冲回的业务。系统提供月初回冲、单到回冲、单到补差来处理暂估业务。依据用户在系统选项"暂估方式"中勾选的选项进行处理。

在进行暂估结算处理时，用户可以将采购运费分摊给先进先出、后进先出计价法下的入库单，选择运费分摊时可选择是按数量分摊还是按金额分摊。

（八）产成品成本分配

产成品成本分配用于对已入库未记明细账的产成品进行成本分配。成本分配时，先求出平均单价，如某存货的金额除以数量为此存货的单价，再将详细信息中此存货每笔记录的数量乘以此单价，算出每笔记录的金额，填到对应的产成品入库单中。成本分配完后，直接退出，用户可以调出产成品入库单，查看成本分配的情况。

当与成本核算管理子系统集成使用时，如果成本核算管理子系统本月已结账并且已计算出产成品的单位成本,本系统产成品的入库成本可以取成本核算管理子系统的产成品单位成本,然后计算出列表中各记录的金额。可以只取一种产成品的单位成本,也可以把所列示的所有产成品的单位成本都取出。

例 12-1 1月5日,随后收到财务部门提供的完工产品成本,B 软件的总成本 8 000 元,立即做成本分配。

操作路径: 执行"存货核算→业务核算→产成品成本分配"命令。产成品成本分配如图 12-2 所示。

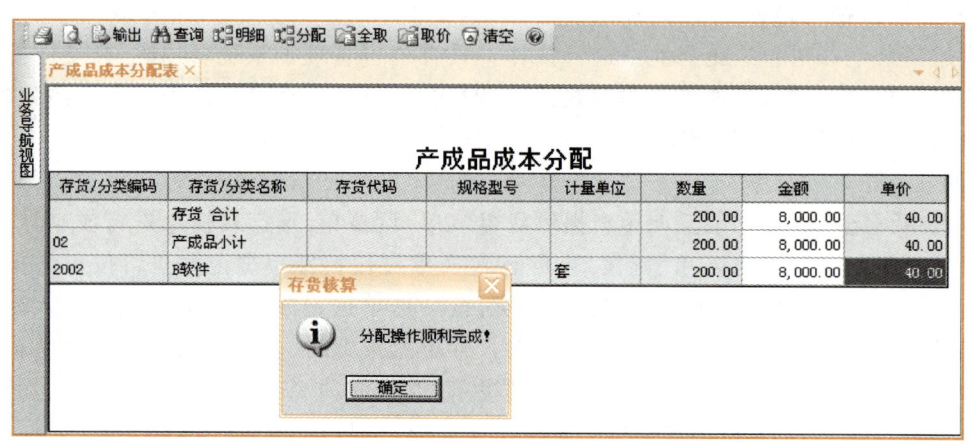

图 12-2 产成品成本分配

(九)平均单价计算

系统提供用户随时了解全月平均单价的功能,包括以下两部分:计算本月未进行期末处理的全月平均单价;查询以前月份或本月已进行期末处理的全月平均单价。只有按全月平均法计价的仓库、部门、存货才能进入本功能。此处所计算的本月平均单价,不是本会计月的最终结果,只用于用户随时了解本月平均单价的情况;只有进行期末处理时所计算的平均单价,才用于计算出库成本。

三、存货核算子系统信息查询

存货核算子系统信息查询主要包括以下四项内容。

(一)原始单据

在存货核算子系统中,可以对各种原始单据进行查询、打印或以文件形式输出,如采购入库单列表、产成品入库单列表、其他入库单列表、销售出库单列表、材料出库单列表、假退料单列表、其他出库单列表、入库调整单列表、出库调整单列表、价格调整单列表等。

(二)存货账簿

在存货核算子系统中,可以对各种账簿进行查询、打印或以文件形式输出,如明细账、总账、出入库流水账、发出商品明细账、个别计价明细账、计价辅助数据等。

（三）存货汇总表

在存货核算子系统中，可以对各种汇总表进行查询、打印或以文件形式输出，如入库汇总表、出库汇总表、差异分摊表、收发存汇总表、暂估材料/商品余额表等。

（四）分析表

在存货核算子系统中，可以对各种分析表进行查询、打印或以文件形式输出，如存货周转率分析、ABC成本分析、库存资金占用分析、库存资金占用规划、入库成本分析等。

四、存货核算子系统期末处理

存货核算子系统期末处理通常包括期末成本处理和月末结账。

（一）期末成本处理

当日常业务全部完成后，用户可进行期末处理，功能是：计算按全月平均方式核算的存货的全月平均单价及其本会计月出库成本；计算按计划价/售价方式核算的存货的差异率/差价率及其本会计月的分摊差异/差价；对已完成日常业务的仓库、部门、存货做处理标志。

（二）月末结账

当月全部业务处理完毕，并进行期末处理后，可以进行月末结账。如果和库存管理子系统、采购管理子系统、销售管理子系统集成使用，那么必须在采购管理子系统、销售管理子系统、库存管理子系统结账后，存货核算子系统才能进行结账。

1. 简述存货核算子系统的主要功能。
2. 简述存货核算子系统与其他子系统的关系。
3. 存货核算子系统日常业务处理功能包括哪些内容？
4. 调整单据包括哪几种类型？
5. 存货核算子系统的业务核算功能包括哪些内容？
6. 普通单据记账的具体核算方法是什么？
7. 简述结算成本的处理业务规则。

完成与本书配套的《会计信息系统实验》（第六版）教材中实验十四的实验内容。

附录 教学与学习资源一览表

序号	资源名称	资源形式	资源说明	使用对象
1	教学大纲	Word 文档	由于每个学校此课程的学分、学时不同,此大纲仅供参考	教师
2	授课教案	Word 文档	此教案设计详细,每章教学安排包括教学内容、教学方法、建议学时、教学活动等	教师
3	教学课件	PPT 文档	此课件精心制作,突出授课重点,直接与操作视频链接,极大方便教师开展课堂教学	教师
4	微课	视频	讲解重要知识点及实验注意问题	学生 教师
5	思考题答案	Word 文档	给出各章思考题参考答案	教师
6	实验报告实验体会参考答案	Word 文档	所有实验报告中实验体会部分的问题的参考答案	教师
7	上机实验问题总结	PPT 文档	总结学生在每个实验中容易出现的共性问题,包括原因是什么,解决办法有哪些	教师
8	笔试模拟试卷及参考答案	Word 文档	笔试模拟试卷及参考答案。题型包括:单选、多选、判断、简答和综合	教师
9	上机测试试卷	Word 文档	总账+报表:1 套; 总账+报表+工资+固定资产:1 套	教师
10	教学软件	安装程序	版本:用友 ERP-U8V10.1 学习版; 可下载安装,供练习实验用	学生 教师
11	实验操作视频	mp4 文件	与每个实验的具体操作步骤对应	学生 教师
12	实验账套	压缩文件	每个实验的结果账套既是该实验的结果,又是进行其他实验的基础	学生 教师

参考文献

[1] 2019年全国职业院校技能大赛赛项规程(赛项名称:会计技能).
[2] 毛华扬,邹淑.会计业务一体化实验教程(用友ERP-U8V10.1版)[M].北京:清华大学出版社,2014.
[3] 王新玲.会计信息系统实验教程(用友ERP-U8V10.1版)(微课版)[M].北京:清华大学出版社,2017.
[4] 郭艳萍,杨婧.会计信息系统原理与实验[M].北京:中国铁道出版社,2013.
[5] 韩庆兰.会计信息系统[M].北京:机械工业出版社,2011.
[6] 用友网络科技股份有限公司.用友软件U8V10.1发版说明及操作手册[Z],2011.
[7] 何日胜.云会计[M].北京:清华大学出版社,2017.
[8] 陈虎,孙彦丛,赵旖旎,等.财务机器人-RPA的财务应用[M].北京:中国财政经济出版社,2019.
[9] 张庆龙,聂兴凯,潘丽靖.中国财务共享服务中心典型案例[M].北京:电子工业出版社,2016.
[10] 陈虎,孙彦丛.财务共享服务[M].北京:中国财政经济出版社,2014.

主编简介

汪刚,北京信息科技大学副教授,计算机学士、会计学硕士,中国注册会计师非执业会员,用友集团畅捷通信息技术股份有限公司培训教育部外聘专家。长期从事会计专业技术资格考试相关课程的培训工作和高校"会计信息系统"课程的教学与相关科研工作。主编或参编"会计信息系统"相关教材30余部。主持科研项目多项,发表论文多篇。

郑重声明

高等教育出版社依法对本书享有专有出版权。任何未经许可的复制、销售行为均违反《中华人民共和国著作权法》，其行为人将承担相应的民事责任和行政责任；构成犯罪的，将被依法追究刑事责任。为了维护市场秩序，保护读者的合法权益，避免读者误用盗版书造成不良后果，我社将配合行政执法部门和司法机关对违法犯罪的单位和个人进行严厉打击。社会各界人士如发现上述侵权行为，希望及时举报，我社将奖励举报有功人员。

反盗版举报电话　（010）58581999　58582371
反盗版举报邮箱　dd@hep.com.cn
通信地址　北京市西城区德外大街4号　高等教育出版社法律事务部
邮政编码　100120

读者意见反馈

为收集对教材的意见建议，进一步完善教材编写并做好服务工作，读者可将对本教材的意见建议通过如下渠道反馈至我社。

咨询电话　400-810-0598
反馈邮箱　gjdzfwb@pub.hep.cn
通信地址　北京市朝阳区惠新东街4号富盛大厦1座
　　　　　高等教育出版社总编辑办公室
邮政编码　100029

防伪查询说明

用户购书后刮开封底防伪涂层，使用手机微信等软件扫描二维码，会跳转至防伪查询网页，获得所购图书详细信息。

防伪客服电话
（010）58582300

网络增值服务使用说明

授课教师如需获取本书配套教辅资源，请登录"高等教育出版社产品信息检索系统"（http://xuanshu.hep.com.cn/），搜索本书并下载资源。首次使用本系统的用户，请先注册并进行教师资格认证。

高教社高职会计教师交流及资源服务QQ群（在其中之一即可，请勿重复加入）：
QQ3群:675544928　QQ2群:708994051(已满)　QQ1群:229393181(已满)

高等职业教育财会类专业 经典传承 务本维新 系列教材

会计基础（第三版）……………………高丽萍　梅　研	成本会计教程（第七版）……………………江希和　向有才
会计基础（第四版）……………………………孔德兰	成本会计案例与实训（第七版）……………江希和　向有才
基础会计（第六版）……………………………高香林	会计制度设计（第二版）……………………………高翠莲
会计学原理（第六版）……………………………葛　军	企业内部控制（第二版）……………………………高翠莲
会计学原理实训（第六版）………………葛　军　李文杰	审计基础与实务（第七版）…………………………高翠莲
出纳实务（第五版）……………………………李　华	审计基础与实务（第七版）习题集…………………高翠莲
企业出纳实务（第二版）………………张瑞芳　左桂云	纳税实务（第七版）…………………………………张　敏
会计基本技能（第二版）………………………高翠莲	税法（第五版）………………………………………左卫青
财务会计实务（第四版）………………………陈　强	政府会计（第六版）…………………………………刘有宝
财务会计习题与全真实训（第四版）…………陈　强	行业会计比较（第六版）……………………………黄启国
财务会计（第六版）……………………刘尚林　邓　青	实用会计英语（第四版）……………………………葛　军
财务会计习题集（第六版）……………………刘尚林	Excel 在会计中的应用（第三版）……………………伊　娜
财务会计分岗核算实务（第三版）……………杨智慧	Excel 在财务管理中的应用（第四版）………………刘捷萍
财务会计分岗核算实训（第三版）……………杨智慧	会计信息化应用教程（第三版）（用友 T3 版）………孙莲香
财务管理实务（第二版）………………陈　娟　杨　勇	会计信息化上机实验（第三版）（用友 T3 版）………孙莲香
财务管理（第七版）……………………张玉英　毛爱武	**会计信息系统**（第六版）（用友 ERP-U8V10.1 版）
财务管理（第四版）……………………宋秋萍　李　飞	……………………………………………………汪　刚
企业财务分析（第三版）………………………陈　强	会计信息系统实验（第六版）（用友 ERP-U8V10.1 版）
管理会计（第三版）……………………李　勇　陈祥碧	……………………………………………………汪　刚
管理会计实务（第二版）………………丁增稳　牛秀粉	ERP 财务管理系统（第二版）（用友 U8V10.1 版）
管理会计实务（第二版）………………杜学森　王　娜	………………………………贺旭红　何万能　侯乐鹍
成本核算与管理（第三版）……………………张桂春	ERP 供应链管理系统（第二版）（用友 U8V10.1 版）
	………………………………贺旭红　何万能　侯乐鹍

ISBN 978-7-04-053076-6

定价 39.80 元